DR. OETKER
GEMÜSE VON A–Z

DR. OETKER
GEMÜSE VON A–Z

Dr. Oetker Verlag

Abkürzungen

EL	=	Esslöffel
TL	=	Teelöffel
Msp.	=	Messerspitze
Pck.	=	Packung/Päckchen
g	=	Gramm
kg	=	Kilogramm
ml	=	Milliliter
l	=	Liter
evtl.	=	eventuell
geh.	=	gehäuft
gestr.	=	gestrichen
gem.	=	gemahlen
ger.	=	gerieben
TK	=	Tiefkühlprodukt
°C	=	Grad Celsius
Ø	=	Durchmesser

Kalorien-/Nährwertangaben

E	=	Eiweiß
F	=	Fett
Kh	=	Kohlenhydrate
kJ	=	Kilojoule
kcal	=	Kilokalorien
BE	=	Broteinheiten

Bei den Nährwertangaben in den Rezepten handelt es sich um auf- bzw. abgerundete ganze Werte. Lediglich die Broteinheiten werden mit einer Stelle nach dem Komma angegeben.
Aufgrund von ständigen Rohstoffschwankungen und/oder Rezepturveränderungen bei Lebensmitteln, kann es zu Abweichungen kommen. Die Nährwertangaben dienen daher lediglich Ihrer Orientierung und eignen sich nur bedingt für die Berechnung eines Diätplans, zum Beispiel bei Krankheiten wie Diabetes.
Bei krankheitsbedingten Diäten richten Sie sich daher bitte nach den Anweisungen Ihres Diätassistenten bzw. Ihres Arztes.

Allgemeine Hinweise zu den Rezepten

Lesen Sie bitte vor der Zubereitung – besser noch vor dem Einkauf – das Rezept einmal vollständig durch. Oft werden Arbeitsabläufe oder -zusammenhänge dann klarer.

Zutatenliste

Die Zutaten sind in der Reihenfolge ihrer Verarbeitung aufgeführt.

Arbeitsschritte

Die Arbeitsschritte sind einzeln hervorgehoben, in der Reihenfolge, in der sie von uns ausprobiert wurden.

Backofeneinstellung und Garzeiten

Die in den Rezepten angegebenen Gartemperaturen und -zeiten sind Richtwerte, die je nach individueller Hitzeleistung Ihres Backofens über- oder unterschritten werden können. Bitte beachten Sie deshalb bei der Einstellung des Backofens die Gebrauchsanleitung des Herstellers.
Die Temperaturangaben in diesem Buch beziehen sich auf Elektrobacköfen. Die Temperatureinstellungsmöglichkeiten für Gasbacköfen variieren je nach Hersteller, sodass wir keine allgemeingültigen Angaben machen können.

Zubereitungszeiten

Die Zubereitungszeit ist ein Anhaltswert für die Zeit der Vorbereitung und der eigentlichen Zubereitung. Garzeiten, die nicht in diese Zeit fallen, sind gesondert ausgewiesen. Längere Wartezeiten wie z. B. Kühl- und Auftauzeiten sind nicht mit einbezogen.

Vorwort

Gemüse hat immer Saison! Wir zeigen Ihnen mit über 210 Rezepten, wie Sie aus der Fülle der Gemüsesorten leckere Gerichte zubereiten können.

Vom Nebenschauplatz „Beilage" haben sich Möhren, Bohnen und Tomaten inzwischen zum „Hauptdarsteller" hochgearbeitet. Frisches Saisongemüse bildet dabei die entscheidende Grundlage.

Sie wissen nicht, wie das eine oder andere Gemüse zubereitet wird? Trauen Sie sich mit der Schritt-für-Schritt-Beschreibung an die alltagstauglichen Rezepte.

Sie werden begeistert sein, wenn sich Auberginen, Blumenkohl und Spargel als Allroundtalente präsentieren, die sich braten, dünsten und überbacken lassen. Kohlrabi, Paprika und Gurke schmecken pur schon gut, doch gefüllt, im Salat und in der Suppe offenbart sich ihr ganzer Geschmack.

Testen Sie unsere Gemüserezepte, die mal vegetarisch, mit Fleisch oder auch mit Fisch daherkommen: Denn so isst man heute Gemüse.

Ganz besonders empfehlen wir Ihnen:
Frühlingsgratin, denn so *einfach* ist Gemüse.
Spargelsüppchen, denn so *fein* ist Gemüse.
Grünkohl in Senfsauce, denn so *regional* ist Gemüse.
Pak Choi mit Fischfilet, denn so *international* ist Gemüse.
Wurzelgemüse mit Kasseler, denn so *familienfreundlich* ist Gemüse.
Zucchini-Tomaten-Pfanne, denn so *figurfreundlich* ist Gemüse.

Kurze Infos zu verschiedenen Gemüsesorten finden Sie ebenso von A–Z sortiert wie die Rezepte. Wir haben alle Rezepte ausprobiert und so beschrieben, dass Sie Ihnen leicht gelingen.

Arabischer Gemüseeintopf mit Hähnchenfleisch I

Exotisch

4 Portionen

Pro Portion: E: 40 g, F: 7 g, Kh: 40 g, kJ: 1606, kcal: 383, BE: 3,0

2 Hähnchenbrustfilets (ohne Haut, etwa 290 g)
2 kleine Hähnchenkeulen (ohne Haut, etwa 290 g)
1 l Gemüsebrühe

350 g Steckrübe
400 g Möhren
450 g Zucchini
4 Knoblauchzehen
1 Bund glatte Petersilie
265 g abgetropfte Kichererbsen (aus der Dose)

80 g Couscous
400 ml Wasser
Salz
gem. Pfeffer
1–2 EL Limettensaft

Zubereitungszeit: 50 Minuten

1. Die Hähnchenfilets und -keulen unter fließendem kalten Wasser abspülen und trocken tupfen. Das Fleisch von den Keulen schneiden und mit den Filets in Stücke schneiden.

2. Die Gemüsebrühe in einem großen Topf zum Kochen bringen. Die Hähnchenfleischstücke hinzugeben, wieder zum Kochen bringen und etwa 10 Minuten köcheln lassen.

3. In der Zwischenzeit Steckrübe und Möhren putzen, schälen, abspülen, abtropfen lassen und in mundgerechte Stücke schneiden.

4. Die Steckrüben- und Möhrenstücke in den Topf geben und das Ganze anschließend weitere etwa 10 Minuten kochen.

5. Zucchini abspülen, abtrocknen und die Enden abschneiden. Zucchini ebenfalls in mundgerechte Stücke schneiden.

6. Knoblauch abziehen, in Scheiben schneiden. Petersilie abspülen, gut trocken tupfen und die Blätter von den Stängeln zupfen. Einige Blättchen zum Garnieren beiseitelegen.

7. Die Zucchinistücke, Knoblauchscheiben, Kichererbsen und Petersilienblättchen in den Topf geben und den Eintopf weitere etwa 10 Minuten kochen.

8. Inzwischen Couscous mit Wasser nach Packungsanleitung zubereiten.

9. Zum Schluss Couscous in den Eintopf geben und unterrühren.

10. Den Eintopf mit Salz, Pfeffer und Limettensaft abschmecken, mit den beiseitegelegten Petersilienblättchen garniert servieren.

Beilage: Ofenwarmes Zwiebelbaguette.

Tipps: Statt Hähnchenfleisch schmeckt auch Putenfleisch. Den Couscous können Sie auch durch Bulgur (nach Packungsanleitung zubereitet) ersetzen. Einige Korianderblättchen aromatisieren den Eintopf noch.

Artischocke

Die Artischocke ist eine mehrjährige, vor allem im Mittelmeerraum angebaute Staude und inzwischen fast ganzjährig zu haben. Als Gemüse werden die fleischigen Blütenböden und die unteren verdickten Teile der Kelchblätter (von den Knospen) verzehrt. Artischocken sind reich an Mineralstoffen und sekundären Pflanzenstoffen.

Artischocken mit sahniger Champignonfüllung I

Etwas aufwendiger

4 Portionen

Pro Portion: E: 34 g, F: 35 g, Kh: 43 g, kJ: 2617, kcal: 625, BE: 2,5

8 große Artischocken (je 400 g)
2 Bio-Zitronen (unbehandelt, ungewachst)
Salz

Für die Füllung:

250 g Champignons
250 g Zwiebeln
200 g ger. Emmentaler
150 g Semmelbrösel
200 g Schlagsahne
2 Eier (Größe M)
gem. Pfeffer

Außerdem:

Küchengarn

Zubereitungszeit: 50 Minuten
Garzeit: 60–65 Minuten

1. Die Stiele der Artischocken entfernen, mit einer Schere die Spitzen der einzelnen Artischocken abschneiden. Artischocken abspülen und abtropfen lassen.

2. Die Zitronen heiß abwaschen, abtrocknen und in 16 dünne Scheiben schneiden. Jede Artischocke oben und unten mit jeweils 1 Zitronenscheibe belegen und mit Küchengarn (überkreuz) festbinden.

3. In einem großen Topf oder 2 Töpfen Salzwasser zum Kochen bringen und die Artischocken darin etwa 45 Minuten garen.

4. Anschließend die Artischocken aus dem Sud nehmen, umgedreht auf einem Rost abtropfen lassen. Küchengarn und Zitronenscheiben entfernen.

5. In der Zwischenzeit für die Füllung Champignons putzen, gegebenenfalls kurz abspülen und trocken tupfen. Die Champignons ganz fein schneiden.

6. Die Zwiebeln abziehen und fein würfeln. Zerkleinerte Champignons und Zwiebelwürfel in eine Schüssel geben. Geriebenen Käse, Semmelbrösel, Sahne und Eier hinzugeben und alles gut verkneten. Die Füllung mit Salz und Pfeffer abschmecken.

7. Den Backofen vorheizen.
Ober-/Unterhitze: etwa 180 °C
Heißluft: etwa 160 °C

8. Das Herz der abgetropften Artischocken (das sind die inneren 6 Blätter) herausdrehen, mit einem Kaffeelöffel das „Heu" von den Böden entfernen.

9. Die Füllung in den Artischocken verteilen, glatt streichen und die Artischocken auf ein Backblech (mit Backpapier belegt) setzen.

10. Das Backblech auf mittlerer Einschubleiste in den vorgeheizten Backofen schieben. Die Artischocken **15–20 Minuten garen.**

Tipps: Dazu Sauce hollandaise oder Sauce béarnaise reichen und die Artischocken mit gehackten Petersilienblättchen bestreut servieren.

Artischocken mit verschiedenen Dips | Etwas aufwendiger

4 Portionen

Pro Portion: E: 22 g, F: 47 g, Kh: 19 g, kJ: 2443, kcal: 586, BE: 0,5

8 große Artischocken (je 400 g)
2 Bio-Zitronen (unbehandelt, ungewachst)
Salz

Für den bunten Vinaigrette-Dip:

je 1 kleine rote, grüne und gelbe Paprikaschote
1 Zwiebel
2 Knoblauchzehen
4 EL Obst-Essig
1 TL mittelscharfer Senf
6 EL Olivenöl
gem. Pfeffer

Für den Crème-fraîche-Dip mit Kräutern:

je 1 kleines Bund Schnittlauch, Kerbel und Dill
300 g Crème-fraîche

Für die marinierten Garnelen:

1–2 EL Limettensaft
3 EL Olivenöl
200 g kleine Garnelen (gegart, geschält)

Außerdem:

Küchengarn

Zubereitungszeit: 40 Minuten
Garzeit: etwa 45 Minuten

1. Die Stiele der Artischocken entfernen, mit einer Schere die Spitzen der einzelnen Artischocken abschneiden. Artischocken abspülen und abtropfen lassen.

2. Die Zitronen heiß abwaschen, abtrocknen und in 16 dünne Scheiben schneiden. Jede Artischocke oben und unten mit jeweils 1 Zitronenscheibe belegen und mit Küchengarn (überkreuz) festbinden.

3. In einem großen Topf oder 2 Töpfen Salzwasser zum Kochen bringen und die Artischocken darin etwa 45 Minuten garen.

4. Anschließend die Artischocken aus dem Sud nehmen, umgedreht auf einem Rost abtropfen lassen. Küchengarn und Zitronenscheiben entfernen.

5. In der Zwischenzeit die Dips vorbereiten. Für den Vinaigrette-Dip die Paprikaschoten halbieren, entstielen, entkernen und die weißen Scheidewände entfernen. Schoten abspülen, abtropfen lassen und in kleine Würfel schneiden.

6. Zwiebel abziehen und würfeln. Knoblauch abziehen und durch eine Presse drücken oder fein hacken. Essig mit Senf und Olivenöl verschlagen. Knoblauch unterrühren, mit Salz und Pfeffer würzen. Vorbereitete Paprikawürfel unter den Dip rühren. Den Dip zugedeckt etwa 20 Minuten durchziehen lassen.

7. Für den Crème-fraîche-Dip die Kräuter abspülen und auf Küchenpapier abtropfen lassen. Schnittlauch in feine Röllchen schneiden. Vom Kerbel die Blätter und vom Dill die Spitzen abzupfen und fein hacken. Crème fraîche in einer Schüssel mit den Kräutern verrühren und danach den Dip mit Salz und Pfeffer abschmecken.

8. Für die marinierten Garnelen Limettensaft mit Olivenöl verschlagen, mit Salz und Pfeffer würzen. Die Marinade mit den Garnelen vermischen.

9. Das Herz der abgetropften Artischocken (das sind die inneren 6 Blätter) herausdrehen, mit einem Kaffeelöffel das „Heu" von den Böden entfernen und das Herz im umgekehrten Zustand in das entstandene Loch stecken.

10. Die Artischocken mit den Dips und den marinierten Garnelen servieren.

Beilage: Dazu Knoblauch-Baguette-Scheiben reichen.

Asia-Gemüse mit mariniertem Tofu I

Würzig

4 Portionen

Pro Portion: E: 26 g, F: 15 g, Kh: 62 g, kJ: 2069, kcal: 494, BE: 5,0

400 g	*Tofu natur (aus dem Kühlregal)*
4–5 EL	*Sojasauce*
1 EL	*Essig, z. B. Reis- oder Weißweinessig*
1 TL	*flüssiger Honig (6 g)*
2 EL	*Sesamöl (20 g)*
½	*kleiner Chinakohl (etwa 300 g)*
4	*Möhren (etwa 400 g)*
1 kleines Bund	*Frühlingszwiebeln (etwa 150 g)*
1	*rote Chilischote*
1 EL	*Speiseöl, z. B. Soja-, Erdnuss- oder Sonnenblumenöl (10 g)*
250 g	*Mie-Nudeln (asiatische Instant-Nudeln ohne Ei)*
180 g	*abgetropfte Bambusschösslinge in Streifen (aus dem Glas)*
2–3 EL	*Gemüsebrühe*
1 Msp.	*gem. Ingwer*
	gem. Pfeffer
1–2 EL	*Zitronensaft*
3–4 Stängel	*Koriander*

Zubereitungszeit: 30 Minuten

1. Tofu in etwa 1 ½ cm dicke Scheiben schneiden. 3 Esslöffel von der Sojasauce mit Essig, Honig und 1 Esslöffel von dem Sesamöl verrühren. Tofuscheiben darin etwa 20 Minuten marinieren, dabei zwischendurch 2–3-mal wenden.

2. In der Zwischenzeit Chinakohl putzen, halbieren und den Strunk herausschneiden. Chinakohl abspülen, abtropfen lassen und in feine Streifen schneiden. Die Möhren putzen, schälen, abspülen und abtropfen lassen. Möhren in schräge Scheiben schneiden.

3. Die Frühlingszwiebeln putzen, abspülen, abtropfen lassen und in etwa 3 cm lange Scheiben schneiden. Chilischote längs aufschneiden, entkernen und die Scheidewände herausschneiden. Schote abspülen, trocken tupfen und in schmale Streifen schneiden.

4. Das Speiseöl mit dem restlichen Sesamöl in einem Wok oder einer großen Pfanne erhitzen. Die Tofuscheiben aus der Marinade nehmen und abtropfen lassen. Die Marinade beiseitestellen. Die Tofuscheiben von jeder Seite bei mittlerer bis großer Hitze 3–4 Minuten goldbraun anbraten, herausnehmen und warm stellen.

5. In der Zwischenzeit die Nudeln nach Packungsanleitung zubereiten. Nudeln abtropfen lassen.

6. Die Chinakohlstreifen, Möhrenscheiben, Frühlingszwiebelscheiben und Chilistreifen in die Pfanne geben und in dem verbliebenen heißen Bratöl unter gelegentlichem Rühren bei mittlerer bis starker Hitze in etwa 4 Minuten bissfest garen.

7. Die Bambusstreifen hinzufügen und das Gemüse 2–3 Minuten unter gelegentlichem Rühren weitergaren lassen.

8. Die Gemüsebrühe mit der beiseitegestellten Marinade hinzugießen. Alles einmal aufkochen lassen und 3–4 Minuten garen, bis die Flüssigkeit fast vollständig verdampft ist. Das Asia-Gemüse mit Ingwer, Pfeffer, Zitronensaft und der restlichen Sojasauce abschmecken. Die Tofuscheiben zugeben und kurz darauf erwärmen.

9. Vor dem Servieren Koriander abspülen, trocken tupfen und die Blättchen von den Stängeln zupfen. Blättchen grob hacken und unter das Gemüse mischen. Tofuscheiben mit dem bunten Asia-Gemüse und den abgetropften Nudeln servieren.

Tipps: Den Zitronensaft können Sie durch etwas gemahlenes Zitronengras ersetzen. Statt Chinakohl können Sie auch die gleiche Menge Spitzkohl nehmen. Tofu gibt es auch geräuchert und aromatisiert im Kühlregal zu kaufen. Im Kühlschrank hält sich Tofu angebrochen bis zu 1 Woche, wenn Sie ihn mit Wasser bedecken und das Wasser täglich wechseln. Wenn Sie keinen Koriander mögen, können Sie stattdessen die gleiche Menge glatte Petersilie verwenden.

Asia-Gemüse mit Schweinefilet

Schnell

4 Portionen

Pro Portion: E: 49 g, F: 18 g, Kh: 61 g, kJ: 2551, kcal: 609, BE: 5,0

250 g Langkornreis
1 EL geschälte Sesamsamen

350 g Chinakohl
100 g Zuckerschoten
1 gelbe Paprikaschote
2 Möhren
150 g grüne Sojabohnenkerne oder 200 g breite grüne Bohnen

600 g Schweinefilet
2 EL Maiskeimöl
Salz
gem. Pfeffer

100 ml Gemüsebrühe
4 EL Schlagsahne
2–3 EL Sojasauce
½ TL gem. Ingwer

Zubereitungszeit: 35 Minuten

1. Den Reis nach Packungsanleitung zubereiten, anschließend warm halten. Sesam in einer Pfanne ohne Fett goldbraun rösten, dann auf einen Teller geben.

2. Inzwischen von dem Chinakohl die äußeren, welken Blätter entfernen. Den Chinakohl halbieren und den Strunk herausschneiden. Chinakohl abspülen, gut abtropfen lassen und in schmale Streifen schneiden.

3. Zuckerschoten putzen, evtl. abfädeln, abspülen, abtropfen lassen und in schmale Streifen schneiden.

4. Paprikaschote halbieren, entstielen, entkernen und die weißen Scheidewände entfernen. Schote abspülen, abtropfen lassen und in Streifen schneiden.

5. Möhren putzen, schälen, abspülen, abtropfen lassen und in feine Stifte schneiden.

6. Die Bohnenkerne abspülen, abtropfen lassen oder die Bohnen putzen, abfädeln, abspülen, abtropfen lassen und in Stücke schneiden.

7. Das Schweinefilet trocken tupfen und in 12 Scheiben schneiden. Maiskeimöl in einer großen Pfanne erhitzen. Die Schweinefilets darin von jeder Seite etwa 4 Minuten braun braten.

8. Die Schweinefilets mit Salz und Pfeffer würzen, dann herausnehmen und warm stellen.

9. Vorbereitetes Gemüse portionsweise in der Pfanne im verbliebenen Bratfett unter Rühren anbraten.

10. Das gesamte Gemüse wieder in die Pfanne geben, die Gemüsebrühe hinzugießen und alles 6–8 Minuten garen, dabei ab und zu umrühren.

11. Sahne und Sojasauce hinzugießen und alles aufkochen lassen. Das Gemüse mit Salz, Pfeffer, Ingwer und evtl. etwas Sojasauce pikant abschmecken.

12. Das Gemüse mit Reis und Schweinefilet mit Sesam bestreut servieren.

Tipp: Noch einfacher geht es, wenn Sie statt Zuckerschoten, Paprikaschote, Möhren und grünen Sojabohnenkernen eine 500 g TK-Gemüse-Mischung „Asiatische Art" (für die Pfanne) verwenden.

Aubergine

Die Aubergine ist ein wärmeliebendes Nachtschattengewächs. Bei uns werden meist die dunkelvioletten, länglich ovalen Früchte verkauft. Auberginen können aber in Form, Farbe und Größe variieren. Da die Früchte, vor allem unreife, Solanin enthalten können, dürfen die Früchte nur gegart verzehrt werden. Auberginen aus heimischem Anbau sind nur selten und maximal im August/September zu haben.

Auberginen mit Geflügel-Shrimps-Curry gefüllt | Für Gäste

4 Portionen

Pro Portion: E: 37 g, F: 26 g, Kh: 8 g, kJ: 1744, kcal: 417, BE: 0,5

4 mittelgroße Auberginen (je etwa 200 g)
Salz

Für die Füllung:

2 Hähnchenbrustfilets (je etwa 200 g)
1 mittelgroße Zwiebel
5–7 Stängel Minze
200 g Shrimps
2 EL Speiseöl, z. B. Olivenöl
1 TL Currypulver
200 g Schlagsahne
gem. Pfeffer
100 g Joghurt (3,5 % Fett)

Zubereitungszeit: 50 Minuten
Garzeit: etwa 20 Minuten

1. Auberginen abspülen, abtrocknen und die Stängelansätze abschneiden. Auberginen längs halbieren und Auberginenhälften mit einem Kugelausstecher oder Löffel so aushöhlen, dass ein etwa 1 cm breiter Rand stehen bleibt. Das Auberginenfleisch in kleine Stücke schneiden.

2. Salzwasser zum Kochen bringen und die Auberginenhälften etwa 1 Minute darin blanchieren. In ein Sieb geben, mit kaltem Wasser übergießen und abtropfen lassen.

3. Für die Füllung die Hähnchenbrustfilets unter fließendem kalten Wasser abspülen und trocken tupfen. Die Filets in kleine Würfel schneiden. Zwiebel abziehen und in kleine Würfel schneiden.

4. Minze abspülen und trocken tupfen (einige Stängel zum Garnieren beiseitelegen). Die Blättchen von den Stängeln zupfen, fein hacken.

5. Den Backofen vorheizen.
Ober-/Unterhitze: etwa 180 °C
Heißluft: etwa 160 °C

6. Die Shrimps unter fließendem Wasser abspülen und gut abtropfen lassen. Speiseöl in einer Pfanne erhitzen. Zuerst die Filetwürfel, dann Zwiebelwürfel, Auberginenstücke und Shrimps darin andünsten. Curry darüberstreuen.

7. Die Sahne hinzugießen, zum Kochen bringen und so lange kochen lassen, bis die Sahne zur Hälfte eingekocht ist. Füllung mit Salz und Pfeffer würzen. Gehackte Minze und Joghurt unterrühren.

8. Die Auberginenhälften in eine Auflaufform (gefettet) legen und mit dem Geflügel-Shrimps-Curry füllen.

9. Die Form auf dem Rost in den vorgeheizten Backofen schieben. Die gefüllten Auberginenhälften **etwa 20 Minuten garen.**

10. Gefüllte Auberginenhälften mit den beiseitegelegten Minzestängeln garnieren und sofort servieren.

Beilage: Naturreis oder Couscous.

Auberginen, überbacken

Raffiniert

4 Portionen

Pro Portion: E: 23 g, F: 42 g, Kh: 11 g, kJ: 2137, kcal: 510, BE: 1,0

4 Auberginen (je etwa 300 g)
Salz
3 Knoblauchzehen
4 EL Olivenöl
500 g passierte Tomaten (aus dem Tetra Pak®)
gem. Pfeffer
1 Topf Basilikum
500 ml Sonnenblumenöl
125 g Mozzarella
150 g Kochschinken
60 g ger. Parmesan

Zubereitungszeit: 40 Minuten, ohne Ziehzeit
Backzeit: etwa 30 Minuten

1. Auberginen abspülen, abtrocknen und die Stängelansätze abschneiden. Auberginen längs in etwa ½ cm dicke Scheiben schneiden. Die Scheiben mit Salz bestreuen und etwa 30 Minuten ziehen lassen.

2. Auberginenscheiben abspülen und trocken tupfen. Knoblauch abziehen und durch eine Knoblauchpresse drücken.

3. Olivenöl in einem Topf erhitzen. Knoblauch darin andünsten. Tomaten hinzufügen, mit Salz und Pfeffer würzen.

4. Basilikum abspülen und trocken tupfen. Die Blättchen von den Stängeln zupfen. Blättchen klein schneiden und zu den passierten Tomaten geben. Tomatenmasse zum Kochen bringen und dicklich einkochen lassen.

5. Speiseöl in einer Fritteuse oder in einem hohen Topf auf etwa 175 °C erhitzen. Auberginenscheiben darin goldbraun frittieren, mit einem Schaumlöffel herausnehmen und anschließend auf Küchenpapier abtropfen lassen.

6. Mozzarella abtropfen lassen und in feine Streifen schneiden. Den Kochschinken ebenfalls in Streifen schneiden.

7. Den Backofen vorheizen.
Ober-/Unterhitze: etwa 180 °C
Heißluft: etwa 160 °C

8. Abwechselnd Auberginenscheiben, Tomatensauce, ein wenig Parmesan-Käse, Mozzarella-Scheiben und Schinkenstreifen in eine Auflaufform (gefettet) schichten. Die oberste Schicht sollte aus Tomatensauce bestehen. Restlichen Parmesan daraufstreuen.

9. Die Form auf den Rost in den vorgeheizten Backofen schieben. Auberginenscheiben **etwa 30 Minuten überbacken.**

Beilage: Gemischter Salat.

Tipps: Überbackene Auberginen schmecken auch kalt sehr gut. Die Auberginenscheiben können auch in erhitztem Speiseöl in einer Pfanne angebraten werden.

Auberginen und Tomaten, gratiniert | Raffiniertes fürs Raclette

4 Portionen

Pro Portion: E: 21 g, F: 39 g, Kh: 9 g, kJ: 1979, kcal: 472, BE: 0,5

2 Auberginen (etwa 800 g)
2 Zwiebeln
3 Knoblauchzehen
500 g Tomaten
8 EL Olivenöl
Salz, gem. Pfeffer
1–2 TL gerebelter Thymian
150 g ger. Provolone
100 g ger. Pecorino

Zubereitungszeit: 40 Minuten

1. Auberginen abspülen, abtrocknen und die Stängelansätze abschneiden. Auberginen in etwa 2 cm große Würfel schneiden. Zwiebeln und Knoblauch abziehen und in feine Würfel schneiden.

2. Die Tomaten abspülen, abtropfen lassen, halbieren und die Stängelansätze herausschneiden. Tomaten in Würfel schneiden.

3. Das Olivenöl in einer Pfanne erhitzen. Die Auberginenwürfel darin rundherum braun anbraten. Zwiebel- und Knoblauchwürfel zugeben und hell anbraten.

4. Tomatenwürfel dazugeben, nur noch kurz erhitzen, mit Salz, Pfeffer und Thymian würzen.

5. Mit dem Gemüse die Raclette-Pfännchen füllen, darauf Provolone und Pecorino streuen, 5–10 Minuten im Raclette (dabei die Herstelleranleitung beachten) gratinieren.

Beilage: Pizzabrötchen oder Ciabatta.

Tipps: Haben Sie kein Raclette-Gerät zu Hause, dann geben Sie das angebratene Gemüse in eine flache Auflaufform (gefettet), streuen den Käse darauf und gratinieren das Gemüse unter dem vorgeheizten Backofengrill.

Auberginen-1001-Nacht

Für Gäste

4 Portionen

Pro Portion: E: 43 g, F: 25 g, Kh: 13 g, kJ: 1867, kcal: 446, BE: 1,0

50 g Pinienkerne
500 g Hähnchenbrustfilet
2 Zwiebeln
4 Knoblauchzehen
2 Tomaten
je 1 rote und gelbe Paprikaschote
½ Bund Petersilie
2 Stängel Koriander oder
1 Msp. Korianderpulver
2 Auberginen (etwa 750 g)
3–4 EL Olivenöl
Salz
gem. Pfeffer
2 Msp. Paprikapulver rosenscharf
2 Msp. gem. Kreuzkümmel (Cumin)
250 ml Geflügelfond
125 g Schafskäse

Zubereitungszeit: 35 Minuten
Garzeit: 15–20 Minuten

1. Pinienkerne in einer Pfanne ohne Fett goldbraun rösten und auf einen Teller geben.

2. Hähnchenbrustfilet unter fließend kaltem Wasser abspülen, trocken tupfen und in etwa 1 cm große Würfel schneiden.

3. Zwiebeln und Knoblauch abziehen und in feine Würfel schneiden. Tomaten abspülen, abtrocknen, halbieren und die Stängelansätze herausschneiden. Paprikaschoten halbieren, entstielen, entkernen und die weißen Scheidewände entfernen. Die Paprika abspülen und abtropfen lassen. Tomaten und Paprika in Würfel schneiden.

4. Kräuter abspülen, trocken tupfen und die Blättchen von den Stängeln zupfen. Einige Kräuterblättchen zum Garnieren beiseitelegen. Die restlichen Blättchen fein hacken.

5. Auberginen abspülen, abtrocknen und die Stängelansätze abschneiden. Die Auberginen der Länge nach halbieren und mit einem Teelöffel oder Kugelausstecher so aushöhlen, dass ein etwa 1 cm breiter Rand stehen bleibt. Das ausgehöhlte Fruchtfleisch in kleine Würfel schneiden.

6. Von dem Olivenöl 2 Esslöffel in einer Pfanne erhitzen. Die Hähnchenwürfel darin rundherum gut anbraten, mit Salz und Pfeffer würzen und aus der Pfanne nehmen.

7. Das restliche Olivenöl in der Pfanne erhitzen. Die Zwiebel- und Knoblauchwürfel darin anbraten. Tomaten-, Paprika- und Auberginenwürfel sowie die gehackten Kräuter hinzugeben und unter gelegentlichem Rühren mit anbraten. Die Gemüsemischung mit Salz, Pfeffer, Paprikapulver und Kreuzkümmel würzen und zugedeckt etwa 5 Minuten schmoren. Dabei gelegentlich umrühren.

8. Den Backofen vorheizen.
Ober-/Unterhitze: etwa 200 °C
Heißluft: etwa 180 °C

9. Das angebratene Hähnchenfleisch und die Hälfte des Geflügelfonds zu der Gemüsemischung in die Pfanne geben. Die Füllung nochmals mit den Gewürzen abschmecken.

10. Die vorbereiteten Auberginenhälften mit der Aushöhlung nach oben nebeneinander in eine Auflaufform (gefettet) legen. Den Käse in etwa ½ cm dicke Würfel schneiden und unter die Hähnchen-Gemüse-Füllung heben. Die Füllung in den Auberginenhälften verteilen. Die Pinienkerne daraufstreuen und etwas andrücken. Restlichen Geflügelfond mit in die Auflaufform gießen.

11. Die Form auf dem Rost auf mittlerer Einschubleiste in den vorgeheizten Backofen schieben. Die Auberginen **15–20 Minuten garen.**

12. Zum Servieren die Auberginen mit den beiseitegelegten Kräuterblättchen garnieren.

Tipp: Verwenden Sie Pistazienkerne anstelle der Pinienkerne.

Avocado

Die Avocado wird aufgrund ihrer Form und des butterweichen Fruchtfleisches auch Butterbirne genannt. Sie wird unreif geerntet, da die Früchte nachreifen. Fühlen sich die Früchte weich an und gibt die Schale auf leichtem Druck nach, dann ist ihre Essreife erreicht. Da es unzählige Sorten gibt, variiert auch die Schale der Früchte von grün über violett-auberginenfarben bis hin zu schwarz. Die Schale kann außerdem dünn, dick, rau oder glatt sein. Das Fruchtfleisch hat einen hohen Fettgehalt, ist aber leicht verdaulich und wird frisch gegessen.

Avocado-Salat mit feurigem Lachsfilet I

Scharf

4 Portionen

Pro Portion: E: 32 g, F: 45 g, Kh: 29 g, kJ: 2720, kcal: 651, BE: 2,5

4 Lachsfilets (ohne Haut, je etwa 150 g)
6 EL Limettensaft
6 EL flüssiger Honig
4 EL mittelscharfer Senf
1 EL gem. Ingwer
1 EL Chiliflocken
Salz
4 EL Olivenöl
2 Mini-Salatgurken (etwa 200 g)
2 reife Avocados (etwa 550 g)
4 große Römersalatblätter
½ Bund Koriander

Zubereitungszeit: 30 Minuten

1. Den Backofen vorheizen.
Ober-/Unterhitze: etwa 180 °C
Heißluft: etwa 160 °C

2. Lachsfilets unter fließendem kalten Wasser abspülen und trocken tupfen.

3. Die Filets nebeneinander in eine Auflaufform (mit Backpapier ausgelegt) legen.

4. Zwei Esslöffel vom Limettensaft mit 4 Esslöffeln vom Honig und 2 Esslöffeln Senf verrühren. Ingwer und Chiliflocken unterrühren. Die Lachsfilets damit bestreichen und mit Salz bestreuen.

5. Die Form auf dem Rost in den vorgeheizten Backofen schieben und die Lachsfilets **8–10 Minuten garen.**

6. Inzwischen den restlichen Limettensaft mit dem restlichen Honig und Senf verrühren. Olivenöl unterschlagen. Die Vinaigrette mit Salz abschmecken.

7. Gurken schälen und die Enden abschneiden. Die Gurken in dünne Scheiben schneiden.

8. Avocados längs halbieren und den Stein herauslösen. Die Avocados schälen und das Fruchtfleisch längs in dünne Spalten schneiden.

9. Avocadospalten und Gurkenscheiben mit der Vinaigrette mischen.

10. Römersalatblätter abspülen, trocken tupfen und in feine Streifen schneiden.

11. Den Koriander abspülen, trocken tupfen und die Blättchen von den Stängeln zupfen. Blättchen ebenfalls in Streifen schneiden.

12. Römersalat und Koriander unter den Avocado-Salat rühren. Den Salat mit den Lachsfilets servieren.

Beilage: Servieren Sie dazu frisches Baguette.

Tipp: Ihnen ist der Geschmack von Koriander zu intensiv? Dann verwenden Sie glatte Petersilie.

Bärlauch

Bärlauch ist ein Verwandter des Knoblauchs und wächst in fast ganz Europa. Man findet ihn im Frühjahr in bodenfeuchten Auewäldern. Klein geschnitten ist Bärlauch eine Alternative zu Knoblauch, z. B. in Suppen, Saucen, zum Würzen oder für Pesto. Man verwendet nur Blätter, die vor der Blüte geerntet wurden und man kann ihn nur frisch verwenden. Getrocknet oder gefroren verliert er seine Würzkraft.

Bärlauch-Pesto zu Spargel I

Vegetarisch

4 Portionen

Pro Portion: E: 20 g, F: 55 g, Kh: 9 g, kJ: 2537, kcal: 605, BE: 1,0

2 kg weißer Spargel
1 l Wasser
2 gestr. TL Salz
1 TL Zucker
2 EL Zitronensaft

Für das Bärlauch-Pesto:

60 g Pinienkerne
2 Bund Bärlauch (etwa 90 g)
100 ml Olivenöl
50 ml Keimöl
120 g geraspelter Parmesan
Salz, gem. Pfeffer

grob gem. bunter Pfeffer

Zubereitungszeit: 30 Minuten, ohne Abkühlzeit
Garzeit: 35–40 Minuten

1. Den Spargel von oben nach unten schälen. Darauf achten, dass die Schalen vollständig entfernt, die Köpfe aber nicht verletzt werden. Die unteren Enden abschneiden (holzige Stellen vollkommen entfernen). Die Spargelstangen abspülen und abtropfen lassen.

2. Spargelenden und -schalen abspülen und in einem Topf mit Wasser zum Kochen bringen. Salz, Zucker und Zitronensaft hinzugeben, zugedeckt etwa 20 Minuten leicht kochen lassen. Anschließend durch ein Sieb geben und den Spargelfond dabei auffangen.

3. Inzwischen für das Pesto die Pinienkerne in einer Pfanne ohne Fett unter Wenden goldbraun rösten und auf einen Teller geben. 1 Esslöffel der Pinienkerne zum Garnieren beiseitelegen. Den Bärlauch abspülen und trocken tupfen. Vom Bärlauch die Stiele abschneiden. Die Bärlauchblätter fein hacken.

4. Pinienkerne, Olivenöl und Keimöl in einem hohen Rührbecher fein pürieren. Bärlauch hinzugeben, nochmals kurz pürieren. Den Parmesan-Käse unterrühren. Pesto mit Salz und Pfeffer würzen.

5. Den aufgefangenen Spargelfond in einem Topf zum Kochen bringen. Die Spargelstangen darin zugedeckt in 10–15 Minuten bissfest garen, herausnehmen und tropfnass in eine große, flache Auflaufform legen. Das Bärlauch-Pesto auf den Spargelstangen verteilen.

6. Den Backofengrill (etwa 240 °C) anschalten. Die Form auf dem Rost unter den vorgeheizten Grill schieben. Spargel mit Bärlauch-Pesto **3–5 Minuten überbacken.** Mit grob gemahlenem Pfeffer bestreut und beiseitegelegten Pinienkernen garniert servieren.

Blumenkohl

Blumenkohl hat einen festen weißen Kopf und ist im Geschmack sehr mild. Er enthält wenig Kohlenhydrate, dafür aber wichtige Mineralstoffe wie Kalium, Vitamin C und Folsäure. 100 g Blumenkohl liefern nur etwa 23 kcal. Blumenkohl sollte nach der Ernte möglichst schnell zubereitet werden. Im Gemüsefach des Kühlschranks hält er sich maximal 1 Woche. Von Juni bis Oktober ist Hauptsaison für die Blumenkohlernte.

Blumenkohl | Klassische Beilage

4–6 Portionen

Pro Portion: E: 4 g, F: 11 g, Kh: 9 g, kJ: 635, kcal: 152, BE: 0,5

750 ml Wasser
1–2 EL Zitronensaft
1 großer Blumenkohl (etwa 1,2 kg)
2 TL Salz
60 g Butter
2–3 EL Semmelbrösel
ger. Muskatnuss

Zubereitungszeit: 20 Minuten
Garzeit: 15–20 Minuten

1. Wasser und Zitronensaft in einem großen Topf zum Kochen bringen. Von dem Blumenkohl die Blätter und schlechten Stellen entfernen, den Strunk abschneiden. Blumenkohl gründlich abspülen und abtropfen lassen.

2. Blumenkohl mit dem Strunk nach unten in das kochende Wasser geben. Salz zufügen, wieder zum Kochen bringen und zugedeckt bei schwacher Hitze in 15–20 Minuten gar kochen.

3. Butter in einer kleinen Pfanne zerlassen. Semmelbrösel zugeben und unter Rühren hellbraun rösten. Nach Belieben mit Muskat würzen.

4. Blumenkohl mit einer Schaumkelle aus dem Wasser heben, abtropfen lassen und auf einen vorgewärmten Teller geben. Die Butter-Semmelbrösel-Mischung daraufgeben.

Tipp: Schneller geht es, wenn Sie den Blumenkohl vor dem Kochen in Röschen teilen. Dann verringert sich die Kochzeit auf 10–15 Minuten.

Blumenkohl, mariniert nach griechischer Art

Vegetarisch

4 Portionen

Pro Portion: E: 7 g, F: 16 g, Kh: 15 g, kJ: 993, kcal: 238, BE: 1,0

1	*Blumenkohl*
je 1	*rote, grüne und gelbe Paprikaschote*
	Salz
1	*Gemüsezwiebel*
2	*Knoblauchzehen*
2–3 Stängel	*Thymian*
4 EL	*Weißweinessig*
5 EL	*Olivenöl*
	gem. Pfeffer
1 Döschen	*Safran (0,2 g)*
170 g	*entsteinte, abgetropfte grüne Oliven*
170 g	*entsteinte, abgetropfte schwarze Oliven*

Zubereitungszeit: 30 Minuten, ohne Abkühl- und Durchziehzeit
Garzeit: etwa 15 Minuten

1. Vom Blumenkohl schlechte Stellen und Blätter entfernen. Den Strunk abschneiden. Den Blumenkohl in kleine Röschen teilen, abspülen und abtropfen lassen.

2. Paprikaschoten halbieren, entstielen, entkernen und die weißen Scheidewände entfernen. Schoten abspülen und abtropfen lassen. Paprika in Stücke schneiden.

3. Salzwasser in einem großen Topf zum Kochen bringen. Zuerst die Blumenkohlröschen darin etwa 10 Minuten, dann die Paprikastücke etwa 5 Minuten garen.

4. Das Gemüse in ein Sieb geben, dabei das Kochwasser auffangen. Das Gemüse mit kaltem Wasser abschrecken und abtropfen lassen.

5. Vom Kochwasser 1 Liter abmessen und wieder in einen Topf geben. Gemüsezwiebel und Knoblauch abziehen und würfeln. Thymian abspülen und trocken tupfen.

6. Das abgemessene Kochwasser mit Zwiebel- und Knoblauchwürfeln, Essig, Öl, Pfeffer und Safran aufkochen lassen. Dann den Sud etwa 30 Minuten auskühlen lassen.

7. Blumenkohlröschen, Paprikastücke und Oliven in den Sud geben und zugedeckt etwa 3 Stunden darin durchziehen lassen. Dann das Gemüse abgießen und servieren.

Tipp: Das marinierte Gemüse schmeckt hervorragend zu Knoblauch-Baguette-Scheiben.

Rezeptvariante: Probieren Sie einmal einen **Blumenkohlsalat** (4 Portionen). Dazu die gekochten Blumenkohlröschen mit folgender Sauce vermischen und etwas durchziehen lassen. Für die Salatsauce 150 g Crème fraîche mit 1 Esslöffel mittelscharfem Senf verrühren. 2–3 hart gekochte, gewürfelte Eier, 3 gewürfelte Gewürzgurken, 1 Esslöffel abgetropfte Kapern, 1 Esslöffel gehackte, gemischte Kräuter (Dill, Schnittlauch, Petersilie) unterrühren. Die Sauce mit Salz, Pfeffer und etwas Zucker abschmecken, mit den erkalteten, abgetropften Blumenkohlröschen vermischen.

Blumenkohl und Brokkoli im Bierteig | Mit Alkohol

4 Portionen

Pro Portion: E: 13 g, F: 27 g, Kh: 37 g, kJ: 1891, kcal: 452, BE: 3,0

Zum Vorbereiten:

30 g Butter

Für den Bierteig:

250 g Weizenmehl
2 Eigelb (Größe M)
200 ml Bier
Salz

600 g Blumenkohl
600 g Brokkoli
2 Eiweiß (Größe M)
etwa 1 1/2 l Speiseöl, z. B. Sonnenblumenöl

Zubereitungszeit: 30 Minuten, ohne Ruhezeit

1. Zum Vorbereiten die Butter zerlassen und etwas abkühlen lassen.

2. Für den Bierteig Mehl in eine Schüssel geben. Eigelb, Butter und Bier dazugeben, alles zu einem dickflüssigen Teig verrühren, mit Salz würzen und etwa 30 Minuten ruhen lassen.

3. Inzwischen vom Blumenkohl und Brokkoli die Blätter und schlechten Stellen entfernen. Die Strünke etwas abschneiden. Blumenkohl und Brokkoli in kleine Röschen teilen, abspülen und abtropfen lassen.

4. Salzwasser in einem großen Topf zum Kochen bringen. Die Blumenkohl- und Brokkoliröschen darin etwa 5 Minuten vorgaren, mit kaltem Wasser abschrecken und in einem Sieb abtropfen lassen.

5. Für den Teig das Eiweiß steif schlagen und zum Schluss unter den Bierteig heben.

6. Das Speiseöl in einem tiefen Topf auf etwa 175 °C erhitzen. Für die richtige Frittiertemperatur des Öls einen Holzlöffelstiel in das Fett halten. Bilden sich kleine Bläschen um den Holzlöffelstiel, ist die richtige Temperatur erreicht.

7. Blumenkohl- und Brokkoliröschen mithilfe zweier Gabeln durch den Bierteig ziehen, etwas abtropfen lassen und in etwa 5 Minuten im Fett goldgelb backen. Die Röschen mit einem Schaumlöffel aus dem Topf nehmen, auf Küchenpapier kurz abtropfen lassen und warm servieren.

Bohnenauflauf mit Gorgonzola

Raffiniert

4–6 Portionen

Pro Portion: E: 39 g, F: 49 g, Kh: 22 g, kJ: 2853, kcal: 680, BE: 1,5

500 g	*grüne Bohnen*
	Salz
2	*Knoblauchzehen*
2	*rote Zwiebeln*
1 EL	*Olivenöl*
500 g	*Gehacktes (halb Rind-, halb Schweinefleisch)*
2 EL	*Tomatenmark mit Würzgemüse*
	gem. Pfeffer
½ TL	*Paprikapulver rosenscharf*
½ TL	*gerebelter Thymian*
500 g	*passierte Tomaten (aus dem Tetra Pak®)*
100–125 g	*Gorgonzola*
250 g	*Schlagsahne*
265 g	*abgespülte, abgetropfte Kidneybohnen (aus der Dose)*
100 g	*ger. Gouda*

Zubereitungszeit: 30 Minuten
Garzeit: etwa 30 Minuten

1. Bohnen putzen, die Enden abschneiden, evtl. abfädeln, abspülen und abtropfen lassen. Salzwasser in einem Topf zum Kochen bringen und die Bohnen darin blanchieren. Die Bohnen mit kaltem Wasser abspülen und abtropfen lassen.

2. Knoblauch und Zwiebeln abziehen und in kleine Würfel schneiden.

3. Olivenöl in einer Pfanne erhitzen. Gehacktes hinzugeben und unter Rühren darin anbraten, dabei die Fleischklümpchen mit einer Gabel zerdrücken. Knoblauch- und Zwiebelwürfel unterrühren und 1–2 Minuten mitbraten.

4. Tomatenmark dazugeben, unterrühren und kurz mitbraten. Gehacktes mit Salz, Pfeffer, Paprikapulver und Thymian würzen. Die passierten Tomaten hinzugießen, unterrühren und kurz aufkochen lassen.

5. Den Backofen vorheizen.
Ober-/Unterhitze: etwa 180 °C
Heißluft: etwa 160 °C

6. Gorgonzola grob würfeln. Sahne in einem Topf unter Rühren kurz aufkochen. Gorgonzola in die Sahne einrühren. Den Topf von der Kochstelle nehmen. Die Gorgonzola-Sahne mit Salz und Pfeffer abschmecken.

7. Kidneybohnen und grüne Bohnen mit der Hack-Tomaten-Sauce vermischen und in eine Auflaufform (gefettet) geben. Die Gorgonzola-Sahne gleichmäßig daraufgießen und mit geriebenem Käse bestreuen.

8. Die Form auf dem Rost im unteren Drittel in den vorgeheizten Backofen schieben. Dann den Auflauf **etwa 30 Minuten garen**.

Beilage: Kartoffelpüree mit frisch gehackter Petersilie oder knuspriges Baguette.

Bohnen-Kalbfleisch-Pfanne mit Sesam | Etwas teurer – schnell

2–3 Portionen

Pro Portion: E: 60 g, F: 28 g, Kh: 32 g, kJ: 2563, kcal: 612, BE: 2,5

60 g Sesamsamen
300 g grüne Brechbohnen
480 g Kalbsfilet oder -rücken
2 EL Sesamöl
je 250 g abgetropfte, rote und weiße Bohnen (aus der Dose)
250 ml Gemüsebrühe
Salz, gem. Pfeffer
Saft von
1 Limette

Zubereitungszeit: 30 Minuten

1. Sesam in einer Pfanne ohne Fett unter Rühren leicht rösten, herausnehmen, auf einen Teller legen. Von den Brechbohnen die Enden abschneiden. Die Bohnen evtl. abfädeln, abspülen, abtropfen lassen und in Stücke schneiden.

2. Kalbsfilet oder -rücken mit Küchenpapier trocken tupfen und in mundgerechte Würfel schneiden.

3. Das Sesamöl in einer großen Pfanne erhitzen. Die Fleischwürfel darin kurz von allen Seiten anbraten.

4. Rote, weiße und grüne Bohnen hinzufügen und unterrühren. Brühe hinzugießen, zum Kochen bringen und 5–10 Minuten kochen lassen.

5. Die Bohnen-Kalbfleisch-Pfanne mit Salz, Pfeffer und Limettensaft abschmecken und mit Sesam bestreut servieren.

Tipps: Zusätzlich können Sie die Pfanne mit frischen Kräutern, z. B. Bohnenkraut, garniert servieren. Die Pfanne schmeckt auch mit Geflügelfleisch, z. B. Hähnchen, Poularde oder Pute, sehr gut.

Bohnen-Kartoffel-Salat mit Schafskäsesauce

Macht richtig satt

4 Portionen

Pro Portion: E: 19 g, F: 9 g, Kh: 48 g, kJ: 1493, kcal: 358, BE: 3,5

250 g dünne, grüne Bohnen
Salz

Für die Schafskäsesauce:

180 g Schafskäse (9 % Fett)
200–225 ml Milch (3,5 % Fett)
1–1 1/2 TL mittelscharfer Senf
2–3 EL Zitronensaft
gem. Pfeffer

750 g gegarte, mittelgroße Pellkartoffeln, z. B. vom Vortag
1 kleine Zucchini (etwa 200 g)
1 großes Bund Frühlingszwiebeln (etwa 300 g)
4 EL Sonnenblumenkerne
je 1 Bund Petersilie und Schnittlauch

Zubereitungszeit: 40 Minuten, ohne Durchziehzeit

1. Von den Bohnen die Enden abschneiden, evtl. abfädeln. Die Bohnen abspülen, abtropfen lassen und in kleine Stücke schneiden. Salzwasser in einem Topf zum Kochen bringen und die Bohnenstücke darin 8–10 Minuten garen. Die Bohnen in ein Sieb geben, kurz mit kaltem Wasser abschrecken, abtropfen und erkalten lassen.

2. Für die Sauce in der Zwischenzeit den Schafskäse mit 200 ml Milch in einen hohen Rührbecher geben und mit einem Pürierstab cremig pürieren. Senf, Zitronensaft und evtl. die restliche Milch unterrühren. Das Schafskäse-Dressing mit Pfeffer und evtl. etwas Salz abschmecken.

3. Die Pellkartoffeln pellen, in Scheiben schneiden und unter die Sauce rühren. Den Salat etwa 5 Minuten durchziehen lassen, dabei gelegentlich umrühren.

4. In der Zwischenzeit Zucchini abspülen, abtrocknen und die Enden abschneiden. Zucchini in kleine Würfel schneiden. Frühlingszwiebeln putzen, abspülen, abtropfen lassen und in feine Scheiben schneiden.

5. Abgekühlte Bohnen, Zucchiniwürfel und Frühlingszwiebelscheiben unter den Salat rühren. Den Salat zugedeckt etwa 30 Minuten im Kühlschrank durchziehen lassen.

6. Die Sonnenblumenkerne in einer Pfanne ohne Fett unter Rühren anrösten und dann auf einen Teller geben. Petersilie und Schnittlauch abspülen und trocken tupfen. Petersilienblättchen von den Stängeln zupfen und fein hacken. Den Schnittlauch in kleine Röllchen schneiden.

7. Die Kräuter unter den Salat rühren. Den Salat erneut mit den Gewürzen abschmecken und mit den Sonnenblumenkernen bestreut servieren.

Bohnen-Schafskäse-Strudel I

Für Gäste
4 Portionen

Pro Portion: E: 26 g, F: 59 g, Kh: 29 g, kJ: 3123, kcal: 746, BE: 2,0

750 g junge Bohnen
1 kleines Bund Bohnenkraut
4 Tomaten (etwa 500 g)
1 Knoblauchzehe
Salz
gem. Pfeffer
7 EL Olivenöl
4 Blätter fertiger Strudelteig (etwa 125 g, aus dem Kühlregal)
150 g Crème fraîche
400 g Schafskäse

Zum Bestreichen:
3–4 EL Olivenöl

Zubereitungszeit: 30 Minuten
Backzeit: etwa 30 Minuten je Backblech

1. Von den Bohnen die Enden abschneiden, evtl. abfädeln. Bohnen abspülen, abtropfen lassen, halbieren und in kochendem Wasser 1–2 Minuten blanchieren.

2. Die Bohnen in kaltem Wasser abschrecken und in einem Sieb abtropfen lassen.

3. Bohnenkraut abspülen und trocken tupfen. Die Blättchen von den Stängeln zupfen.

4. Die Tomaten abspülen, vierteln, entkernen und die Stängelansätze herausschneiden. Tomatenviertel in Würfel schneiden.

5. Knoblauch abziehen und zerdrücken, mit Salz, Pfeffer und Olivenöl verrühren.

6. Den Backofen vorheizen.
Ober-/Unterhitze: etwa 180 °C
Heißluft: etwa 160 °C

7. Die Strudelblätter je auf ein zur Hälfte zusammengelegtes Geschirrtuch legen. Die Strudelblätter mit Crème fraîche bestreichen und mit Bohnenkrautblättchen bestreuen.

8. Schafskäse zerbröseln, mit den Bohnen und Tomatenwürfel auf den Strudelblättern verteilen. Vorbereitetes Knoblauchöl daraufträufeln.

9. Die belegten Strudelblätter jeweils mithilfe des Geschirrtuchs aufrollen und nebeneinander auf Backbleche (mit Backpapier belegt) legen. Die Strudel mit Olivenöl bestreichen.

10. Die Backbleche nacheinander (bei Heißluft zusammen) in den vorgeheizten Backofen schieben. Strudel **etwa 30 Minuten je Backblech backen.**

11. Die Strudel von den Backblechen nehmen, anrichten und sofort servieren.

Tipp: Die gebackenen Strudel mit einer **würzigen Tomatensauce** servieren. Dafür 3 kleine Zwiebeln abziehen, klein würfeln. 4 Esslöffel Olivenöl in einem Topf erhitzen. 400 g geschälte Tomaten (aus der Dose) hinzugeben, zum Kochen bringen und etwa 20 Minuten kochen lassen. 1 Esslöffel Tomatenmark unterrühren. Mit etwa ½ Esslöffel Zucker, etwa ½ Teelöffel Paprikapulver rosenscharf, Salz und Pfeffer würzen. Die Tomatensauce nach Belieben mit einigen entsteinten, klein geschnittenen Oliven und abgespülten, trocken getupften Thymianblättchen verfeinern.

Bohnenvariation in roter Sauce

Einfach

4 Portionen

Pro Portion: E: 24 g, F: 22 g, Kh: 60 g, kJ: 2253, kcal: 538, BE: 5,0

300 g breite grüne Bohnen
300 g Prinzessbohnen
Salz

275 g Roma-Tomaten
1 Chilischote
250 g abgespülte, abgetropfte, weiße Bohnenkerne
250 g abgespülte, abgetropfte, rote Bohnenkerne
400 g stückige Tomaten (aus der Dose)

Für das Dressing:

4 EL Weinessig
6 EL Olivenöl
Salz
gem. Pfeffer
1 Prise Zucker

1 kleines Baguette (etwa 200 g)
60 g ger. Parmesan

Zubereitungszeit: 40 Minuten

1. Von den breiten grünen Bohnen und den Prinzessbohnen die Enden abschneiden. Die Bohnen evtl. abfädeln, abspülen, abtropfen lassen und in etwa 5 cm lange Stücke schneiden.

2. Salzwasser in einem Topf zum Kochen bringen und die Bohnenstücke darin etwa 8 Minuten garen. Dann die Bohnenstücke in ein Sieb abgießen, mit kaltem Wasser abschrecken und abtropfen lassen.

3. Inzwischen die Tomaten abspülen, abtrocknen, halbieren und die Stängelansätze herausschneiden. Die Tomaten in Würfel schneiden. Die Chilischote längs halbieren, entstielen, entkernen und in dünne Streifen schneiden.

4. Alle Bohnensorten in eine große Schüssel geben. Tomatenwürfel, stückige Tomaten und Chilistreifen untermischen. Essig mit Olivenöl verschlagen, mit Salz, Pfeffer und Zucker würzen. Das Dressing mit den Salatzutaten vermischen.

5. Den Backofengrill (auf etwa 240 °C) vorheizen. Das Baguette in Scheiben schneiden.

6. Die Baguettescheiben mit Parmesan bestreuen und auf ein Backblech legen. Das Backblech unter den vorgeheizten Grill schieben. Die Baguettescheiben kurz überbacken.

7. Den Salat nochmals mit Salz, Pfeffer und etwas Zucker abschmecken und mit den Parmesan-Toasts servieren.

Tipp: Zusätzlich kann der Salat mit roten Zwiebelringen angereichert werden.

Abwandlung: Lecker schmeckt diese Bohnenvariation auch mit einem Honig-Essig-Dressing. Dazu 2 Esslöffel Weinessig mit 1 Esslöffel flüssigem Honig und 3 Esslöffel Distelöl gründlich verschlagen. Das Dressing mit Salz, Pfeffer und Paprikapulver edelsüß abschmecken und mit den vorbereiteten Zutaten der Bohnenvariation vermischen.

Brokkoli

Brokkoli wird zwischen Spätsommer und Herbst aus heimischem Anbau angeboten. Ein hoher Gehalt an Beta-Carotin, Kalzium, Kalium und Magnesium sowie an Vitamin C und Folsäure macht ihn besonders wertvoll. 100 g Brokkoli enthalten etwa 26 kcal. Beim Einkauf ist zu beachten, dass die Röschen knackig grün sind und die Schnittstelle frisch. Im Gemüsefach bleibt er nur maximal 3 Tage frisch, ist aber, geputzt und blanchiert, tiefgekühlt bis zu 1 Jahr haltbar.

Brokkoli | **Beliebte Beilage** (ohne Foto)

4 Portionen

Pro Portion: E: 6 g, F: 9 g, Kh: 4 g, kJ: 512, kcal: 121, BE: 0,5

500 ml Wasser
1 kg Brokkoli
½ TL Salz
40 g Butter
ger. Muskatnuss

Zubereitungszeit: 15 Minuten
Garzeit: etwa 10 Minuten

1. Wasser in einem Topf zum Kochen bringen. Von dem Brokkoli die Blätter entfernen. Den Strunk abschneiden. Brokkoli in Röschen teilen. Evtl. Stängel schälen. Stängel bis kurz vor den Röschen kreuzförmig einschneiden.

2. Brokkoli abspülen, mit Salz in das kochende Wasser geben, wieder zum Kochen bringen und zugedeckt in etwa 10 Minuten gar kochen.

3. Inzwischen die Butter zerlassen, mit Muskat würzen. Brokkoli mit einer Schaumkelle aus dem Wasser nehmen, abtropfen lassen und in eine vorgewärmte Schüssel geben. Die Butter daraufgeben.

Tipp: Den Strunk schälen, in etwa 1 cm breite Stücke schneiden und mitgaren.

Brokkoli, sizilianisch |

Raffiniert

4–6 Portionen

Pro Portion: E: 10 g, F: 17 g, Kh: 5 g, kJ: 866, kcal: 206, BE: 0,5

50 g abgetropfte, schwarze Oliven (ohne Stein)
5 Sardellenfilets
1 kleine Zwiebel
1–2 Knoblauchzehen
1 kg Brokkoli
Salz
4 EL Olivenöl
50–100 g pikanter Käse (am Stück), z. B. Höhlenkäse

Zubereitungszeit: 30 Minuten

1. Oliven in Scheiben schneiden. Sardellenfilets klein hacken. Zwiebel und Knoblauch abziehen und würfeln.

2. Vom Brokkoli die Blätter entfernen. Den Brokkoli in Röschen teilen. Die Stängel von den Röschen abschneiden. Danach Brokkoliröschen und -stängel abspülen, in kochendem Salzwasser etwa 5 Minuten garen. Brokkoli in ein Sieb geben und abtropfen lassen.

3. Olivenöl in einer Pfanne erhitzen. Die Zwiebel- und Knoblauchwürfel darin glasig dünsten. Die Pfanne von der Kochstelle nehmen, Olivenscheiben und Sardellenstückchen hinzufügen.

4. Die Hälfte der Brokkoliröschen und -stängel in eine feuerfeste Auflaufform (gefettet) geben, mit wenig Salz bestreuen. Die Hälfte der Oliven-Sardellen-Mischung

darauf verteilen. Den restlichen Brokkoli daraufgeben und zuletzt die restliche Oliven-Sardellen-Mischung darauf verteilen.

5. Den Käse in kleine Würfel schneiden und auf den eingeschichteten Brokkoli streuen.

6. Die Form auf dem Rost unter den vorgeheizten Grill (etwa 240 °C) in den Backofen schieben. Den Käse 3–5 Minuten leicht bräunen lassen und den Brokkoli sofort servieren.

Beilage: Baguette.

California Rolls mit Salat und Gurke I

Etwas Besonderes

24 Stück

Pro Stück: E: 2 g, F: 3 g, Kh: 11 g, kJ: 322, kcal: 77, BE: 1,0

300 g Sushireis
Salz
450 ml Wasser
4 EL Reisessig
1 gestr. TL Zucker

4 EL Wasabipaste
55 g Delikatess-Mayonnaise
175 g Salatgurke
70 g Römersalat
3 Stängel Koriander
3 Noriblätter
45 g Tobiko-Wasabi-Kaviar aus Fliegenfisch-Rogen

100 ml Sojasauce
100 g eingelegter Ingwer (aus dem Glas)

Zubereitungszeit: 65 Minuten, ohne Zieh- und Abkühlzeit
Garzeit: etwa 20 Minuten

1. Den Sushireis in ein Sieb geben und unter fließendem kalten Wasser so lange abspülen, bis das Wasser klar abläuft. Sushireis sehr gut abtropfen lassen.

2. Anschließend mit etwas Salz und dem Wasser in einem Topf zum Kochen bringen. Den Reis zugedeckt etwa 20 Minuten bei schwacher Hitze garen.

3. Den Topf von der Kochstelle nehmen. Reis weitere 10 Minuten im geschlossenen Topf ziehen lassen.

4. Den Reisessig erwärmen. 1 gestrichenen Teelöffel Salz und den Zucker darin unter Rühren auflösen. Die Essiglösung möglichst ohne Rühren locker unter den heißen Reis mischen. Den Reis mit einem feuchten Tuch abdecken und fast vollständig erkalten lassen.

5. Von der Wasabipaste 2 Esslöffel abnehmen und mit der Mayonnaise verrühren.

6. Die Gurke schälen, längs vierteln, entkernen und jedes Viertel nochmals der Länge nach halbieren.

7. Salat putzen, abspülen, gut abtropfen lassen oder trocken schleudern. Die Salatblätter der Länge nach in etwa 2 cm breite Streifen schneiden.

8. Den Koriander abspülen, trocken tupfen und die Blättchen von den Stängeln zupfen.

9. Eine Sushimatte zunächst mit Frischhaltefolie, dann mit einem Noriblatt belegen. Darauf eine etwa ½ cm dicke Reisschicht so verteilen, dass an den Rändern jeweils etwa 1 cm frei bleibt.

10. Die Reisschicht mit einem weiteren Stück Frischhaltefolie belegen. Mithilfe der Frischhaltefolie alles einmal wenden, sodass die Seite mit dem Noriblatt oben liegt.

11. Das Noriblatt dünn mit einem Drittel der Wasabi-Mayonnaise bestreichen. Dann jeweils ein Drittel der Gurken, Salatstreifen und Korianderblätter der Breite nach passend zurechtgeschnitten darauflegen.

12. Mithilfe der Sushimatte alles zu einer Rolle aufrollen und dabei leicht andrücken.

13. Die California Roll vorsichtig aus der Sushimatte lösen und im Wasabi-Kaviar wälzen. Auf diese Weise 2 weitere California Rolls herstellen.

14. Jede Rolle mit einem scharfen Messer – in kaltes Wasser getaucht – in 8 gleich große Scheiben schneiden. California Rolls mit Sojasauce, restlichem Wasabi und Ingwer servieren.

Tipps: Sie können den Tobiko-Wasabi-Kaviar durch 3 Esslöffel geschälten Sesamsamen ersetzen. Statt Reisessig können Sie auch weißen Balsamico-Essig verwenden. Die Noriblätter lassen sich nach Belieben durch blanchierte, trocken getupfte Mangoldblätter und die Wasabipaste durch Meerrettich (aus dem Glas) ersetzen.

Champignon

Der Champignon ist ein beliebter Speisepilz, der in vielen Sorten gezüchtet wird und ganzjährig erhältlich ist. Es gibt weiße, cremefarbene und braune Sorten. Der braune Champignon hat einen intensiveren Geschmack. Champignons sind kalorienarm, 100 g Pilze enthalten lediglich etwa 16 kcal. Sie sind reich an Kalium und Phosphor.

Champignon-Porree-Torte mit Senfquark | Für Gäste

8 Stücke

Pro Stück: E: 15 g, F: 45 g, Kh: 20 g, kJ: 2278, kcal: 544, BE: 2,0

Für den Knetteig:

150 g Weizenmehl
100 g gem. Haselnusskerne
125 g Butter (zimmerwarm)
1 Eigelb (Größe M)
1 TL Zucker
1 gestr. TL Salz
2–3 EL kaltes Wasser

Für den Belag:

200 g Champignons
2 Schalotten
2 Stängel Thymian
2 EL Butterschmalz
Salz, gem. Pfeffer
2 Stangen Porree (Lauch, 400 g)
200 g Schlagsahne
4 Eier (Größe M)
ger. Muskatnuss
80 g ger. Bergkäse

Für den Senfquark:

1 Bund Schnittlauch
150 g Speisequark (40 % Fett)
1 EL scharfer Senf
1 EL grober Senf
1 EL Traubenkernöl

2 Stängel Thymian

Zubereitungszeit: 45 Minuten, ohne Kühlzeit
Backzeit: 30–40 Minuten

1. Für den Teig Mehl und Nüsse in einer Rührschüssel vermischen. Butter, Eigelb, Zucker, Salz und Wasser hinzufügen. Die Zutaten mit einem Mixer (Knethaken) zunächst kurz auf niedrigster, dann auf höchster Stufe gut durcharbeiten.

2. Danach auf der bemehlten Arbeitsfläche zu einem glatten Teig verkneten. Den Teig in Frischhaltefolie wickeln und etwa 1 Stunde in den Kühlschrank stellen.

3. Für den Belag Champignons putzen, evtl. abspülen, abtropfen lassen und vierteln. Schalotten abziehen und in kleine Würfel schneiden.

4. Thymian abspülen und trocken tupfen. Die Blättchen von den Stängeln zupfen. Butterschmalz in einer Pfanne erhitzen. Champignonviertel darin andünsten, Schalottenwürfel und Thymian hinzugeben und andünsten, mit Salz und Pfeffer würzen.

5. Den Backofen vorheizen.
Ober-/Unterhitze: etwa 180 °C
Heißluft: etwa 160 °C

6. Porree putzen. Die Stangen längs halbieren, gründlich abspülen, abtropfen lassen, schräg in etwa 2 cm lange Stücke schneiden. Porreestücke in kochendem Salzwasser kurz blanchieren, mit kaltem Wasser abschrecken und in einem Sieb abtropfen lassen.

7. Zwei Drittel des Teiges auf der leicht bemehlten Arbeitsfläche zu einer runden Platte (Ø etwa 30 cm) ausrollen. Teigplatte in eine Tarteform (Ø etwa 28 cm, Boden gefettet) legen und mit einer Gabel mehrfach einstechen.

8. Die Form auf dem Rost in den vorgeheizten Backofen schieben und den Tarteboden **etwa 10 Minuten vorbacken.**

9. Die Form aus dem Backofen nehmen und auf einen Kuchenrost stellen. Den Tarteboden etwa 10 Minuten abkühlen lassen.

10. Den restlichen Teig zu einer etwa 75 cm langen Rolle formen, an den Tarteformrand und den vorgebackenen Boden drücken. Die Champignonmasse und die Porreestücke in der Form verteilen.

11. Sahne mit den Eiern in einer Schüssel verschlagen, mit Salz, Pfeffer und Muskat würzen. Die Eiersahne auf der Champignon-Porree-Masse verteilen, mit Käse bestreuen. Die Form auf dem Rost in den heißen Backofen schieben. Die Tarte **bei gleicher Backofeneinstellung weitere 20–30 Minuten backen.**

12. Für den Senfquark Schnittlauch abspülen, trocken tupfen und in Röllchen schneiden. Quark, beide Senfsorten und Schnittlauchröllchen in einer Schüssel verrühren, mit Salz abschmecken. Das Traubenkernöl unterrühren, damit der Quark sämiger wird.

13. Zum Garnieren Thymian abspülen, trocken tupfen und in kleinere Stängel zupfen. Die Torte aus dem Backofen nehmen, auf einem Kuchenrost etwas abkühlen lassen, mit Thymian garnieren und mit dem Senfquark servieren.

Chicorée

Haupterntezeit für Chicorée beginnt im Herbst und reicht bis ins zeitige Frühjahr hinein. Er ist besonders kalorienarm (100 g geputzte Ware haben nur etwa 17 kcal) und enthält viele Mineralstoffe und Spurenelemente, wie Kalium und Magnesium. Chicorée ist gerade im Winter, zubereitet als Gemüse und Salat, ein wichtiger Vitaminlieferant.

Chicorée im Schinkenmantel I

Raffiniert

4 Portionen

Pro Portion: E: 25 g, F: 38 g, Kh: 7 g, kJ: 1959, kcal: 467, BE: 0,5

4 große Chicorée
25 g Butter
1 EL Speiseöl, z. B. Sonnenblumenöl
4 Scheiben Kochschinken
150 g Crème légère
150 g Joghurt (3,5 % Fett)
200 g Schmelzkäse
Salz, gem. Pfeffer
50 g geraspelter Gratinkäse oder Gouda

Zubereitungszeit: 30 Minuten
Garzeit: etwa 20 Minuten

1. Den Backofen vorheizen.
Ober-/Unterhitze: etwa 180 °C
Heißluft: etwa 160 °C

2. Vom Chicorée die äußeren, welken Blätter entfernen. Chicorée längs halbieren, abspülen und abtropfen lassen. Die bitteren Strünke keilförmig so herausschneiden, dass die Blätter noch zusammenhalten.

3. Butter und Öl in einer Pfanne erhitzen. Chicorée darin mit der Schnittseite nach unten bei schwacher Hitze etwa 10 Minuten dünsten.

4. Die Schinkenscheiben halbieren. Je 1 Hälfte um 1 Chicoréehälfte legen und in eine flache Auflaufform (gefettet) geben.

5. Crème légère und Joghurt unter Rühren in der Pfanne erhitzen, zum Kochen bringen. Schmelzkäse unter Rühren darin schmelzen.

6. Die Sauce mit Salz und Pfeffer würzen, über die Chicoréehälften geben. Den geraspelten Käse daraufstreuen. Die Form auf dem Rost im unteren Drittel in den vorgeheizten Backofen schieben. Chicorée **etwa 20 Minuten garen.**

Tipp: Bestreuen Sie den Chicorée im Schinkenmantel mit einigen roten Paprikawürfeln und Thymian.

Chinakohl

Der Kohl gewinnt durch seinen vergleichsweise schwachen Kohlgeschmack und seine Verwendungsmöglichkeiten in rohem und gegartem Zustand immer mehr an Bedeutung. Er enthält im rohen Zustand Flavonoide, Phenolsäuren und Glucosinolate, die eine gesundheitsfördernde Wirkung haben sollen. Chinakohl wird vorwiegend von August bis März bei uns angeboten.

Chinakohleintopf I

Einfach – schnell

4 Portionen

Pro Portion: E: 37 g, F: 8 g, Kh: 35 g, kJ: 1511, kcal: 361, BE: 2,5

4 Zwiebeln
1–2 Knoblauchzehen
800 g Kartoffeln
1 EL Rapsöl
500 g Tatar (Schabefleisch)
Salz
gem. Pfeffer
2 gestr. TL Instant-Gemüsebrühen-Pulver
200 ml heißes Wasser
800 g stückige Tomaten (aus dem Tetra Pak®)
1 1/4 kg Chinakohl
1/2 Bund Schnittlauch

Zubereitungszeit: 25 Minuten

1. Zwiebeln und Knoblauch abziehen und fein würfeln. Kartoffeln schälen, abspülen, abtropfen lassen und in etwa 1 1/2 cm große Würfel schneiden.

2. Öl in einem Suppentopf erhitzen. Zwiebel-, Knoblauch und Kartoffelwürfel hinzufügen und unter Rühren anbraten.

3. Tatar hinzufügen und unter Rühren mit anbraten, evtl. mit einer Gabel etwas zerdrücken. Mit Salz, Pfeffer und Brühe würzen.

4. Das Wasser hinzugießen, alles unter Rühren zum Kochen bringen und etwa 5 Minuten köcheln lassen. Tomaten unterrühren, wieder zum Kochen bringen.

5. Chinakohl putzen, vierteln und den Strunk herausschneiden. Chinakohl abspülen, abtropfen lassen, in feine Streifen schneiden und unter die Tatar-Tomaten-Mischung rühren.

6. Eintopf nochmals kurz aufkochen lassen, etwa 8 Minuten unter gelegentlichem Rühren köcheln lassen.

7. Schnittlauch abspülen, trocken tupfen und in Röllchen schneiden. Den Eintopf vor dem Servieren nochmals abschmecken und mit Schnittlauchröllchen bestreut servieren.

Currygurken I

Würzig

2–2 1/2 Liter

Insgesamt: E: 18 g, F: 5 g, Kh: 274 g, kJ: 5608, kcal: 1338, BE: 17,5

2 kg	*große, reife Einlegegurken*
250 g	*ganz kleine Zwiebeln oder Perlzwiebeln*
1 Bund	*Dill*
750 ml	*Weißweinessig (5 %)*
500 ml	*Wasser*
200 g	*brauner Zucker*
4 EL	*Salz*
8	*Limettenblätter*
2 EL	*indisches Currypulver*
1 TL	*Thai–Currypulver*

Zubereitungszeit: 40 Minuten
Einkochzeit: etwa 35 Minuten
Haltbarkeit: kühl und dunkel gestellt mindestens 3–6 Monate

1. Gurken schälen, abspülen, trocken tupfen und die Enden abschneiden. Gurken längs halbieren. Kerne mit einem Esslöffel herausschaben. Die Gurkenhälften in etwa 2 cm dicke Scheiben schneiden.

2. Zwiebeln abziehen, größere Zwiebeln halbieren oder vierteln. Dill abspülen und trocken tupfen.

3. Den Dill mit den Stängeln grob hacken und beiseitelegen.

4. Essig mit 500 ml Wasser, Zucker und Salz in einem großen Topf zum Kochen bringen. Die Gurkenscheiben und Zwiebeln in der Flüssigkeit 3–5 Minuten bissfest kochen.

5. Gurkenscheiben und Zwiebeln mit einer Schaumkelle aus der Kochflüssigkeit herausnehmen und noch heiß abwechselnd mit dem gehackten Dill in vorbereitete Gläser füllen.

6. Eine Fettpfanne zur Hälfte mit Wasser füllen und in den Backofen schieben.

7. Den Backofen vorheizen.
Ober-/Unterhitze: etwa 120 °C
Heißluft: etwa 100 °C

8. Den Gurkensud nochmals mit abgespülten und trocken getupften Limettenblättern und dem Currypulver aufkochen. Die eingeschichteten Gurken und Zwiebeln damit übergießen, sodass die Gurken ganz bedeckt sind.

9. Die Gläser sofort mit Twist-off-Deckeln® verschließen. Die Gläser in die vorbereitete Fettpfanne stellen. Die Gurken etwa 35 Minuten einkochen (sterilisieren).

10. Die Gurken 3–4 Wochen an einem kühlen, dunklen Ort ziehen lassen.

Tipps: Für eine besondere Würze können den Currygurken noch 1 Esslöffel Senfkörner und einige Pimentkörner hinzugefügt werden. Einlegegurken werden im Gegensatz zu Salatgurken fast nur im Freiland angebaut. Die Ernte erfolgt hauptsächlich von August bis September. Einlegegurken zeichnen sich durch eine glatte oder warzenartige bzw. stachelige Schale aus. Kleine, jung geerntete Einlegegurken (bis etwa 6 cm lang) kommen als Konserve unter der Bezeichnung Cornichons in den Handel.

Dicke Bohnen

Sie sind die Kerne der Hülsenfrüchte, die bei uns als Puff- oder Saubohne bekannt sind. Die Kerne werden dabei aus den dickfleischigen, im Innern samtig behaarten, langen grünen Hülsen gepalt und gekocht als Gemüse oder Einlagen in Suppen, Eintöpfen, Salaten usw. verwendet. Dicke Bohnen haben einen hohen Eiweiß- und Vitamin-B1-Gehalt und werden frisch typischerweise im Sommer (Juni bis August) angeboten. Dicke Bohnen sind nach der Ernte nur für eine kurze Zeit lagerfähig. Sie werden daher durch Trocknen, Tiefgefrieren und der Verarbeitung zu Konserven haltbar gemacht.

Dicke-Bohnen-Auflauf I

Einfach

4 Portionen

Pro Portion: E: 18 g, F: 31 g, Kh: 40 g, kJ: 2179, kcal: 521, BE: 3,0

600 g festkochende Kartoffeln
250 g Frühlingszwiebeln
Salz
etwa 400 g dicke Bohnenkerne (frisch, TK oder abgetropfte aus dem Glas)
1 Bund glatte Petersilie

250 g Schlagsahne
200 g saure Sahne
3 Eier (Größe M)
gem. Pfeffer

Zubereitungszeit: 30 Minuten
Garzeit: 50–60 Minuten

1. Kartoffeln schälen, abspülen, abtropfen lassen und in kleine Würfel schneiden. Frühlingszwiebeln putzen, abspülen, abtropfen lassen und in Stücke schneiden.

2. Salzwasser in einem Topf zum Kochen bringen. Darin nacheinander frische oder TK-Bohnenkerne etwa 15 Minuten, die Kartoffelwürfel etwa 5 Minuten garen. Die Bohnenkerne und die Kartoffelwürfel in einem Sieb abtropfen lassen.

3. Petersilie abspülen, trocken tupfen und die Blättchen von den Stängeln zupfen. Einige Blättchen zum Garnieren beiseitelegen. Die restlichen Blättchen klein schneiden.

4. Den Backofen vorheizen.
Ober-/Unterhitze: etwa 180 °C
Heißluft: etwa 160 °C

5. Die Bohnen, Kartoffelwürfel, Zwiebelstücke und gehackte Petersilie in einer Auflaufform (gefettet) mischen. Beide Sahnesorten mit den Eiern verschlagen, mit Salz und Pfeffer würzen. Die Eiersahne auf das Gemüse gießen.

6. Die Form auf dem Rost in den vorgeheizten Backofen schieben. Den Auflauf **50–60 Minuten garen.**

7. Den Auflauf mit den beiseitegelegten Petersilienblättchen garnieren und servieren.

Tipp: Zum Auflauf noch Kasseler reichen. Dazu 480 g Kasseler Filet mit Küchenpapier trocken tupfen, in etwa 2 cm dicke Scheiben schneiden und mit Pfeffer bestreuen. Etwas Speiseöl in einer Pfanne erhitzen. Fleischscheiben darin von beiden Seiten kurz braten.

Rezeptvariante: Dicke Bohnen mit Speck (4 Portionen). Dazu 500 g dicke Bohnenkerne (2 1/2– 3 kg mit Hülsen) und 1 Stängel Bohnenkraut abspülen und trocken tupfen. 100 g durchwachsenen Speck würfeln. Eine Pfanne erhitzen, Speckwürfel darin auslassen. 2 gewürfelte Zwiebeln und Bohnenkerne mitdünsten. Bohnenkraut und etwa 125 ml Wasser hinzufügen, mit Salz und Pfeffer würzen. Die Bohnenkerne in etwa 40 Minuten gar dünsten. Dicke Bohnen mit Speck servieren.

Duett vom Gemüse-Risotto I

Einfach

4 Portionen

Pro Portion: E: 21 g, F: 20 g, Kh: 85 g, kJ: 2542, kcal: 607, BE: 7,0

200 g Mangold
100 g Parmaschinken
250 g Steckrübe
1 Gemüsezwiebel
4 EL Olivenöl
400 g Risottoreis
1,2 l Gemüsebrühe
Salz
gem. Pfeffer
40 g ger. Parmesan

Zubereitungszeit: 30 Minuten
Garzeit: etwa 15 Minuten

1. Den Mangold putzen. Die Stiele aus den Blättern schneiden. Mangoldblätter und -stiele getrennt voneinander abspülen und abtropfen lassen. Mangoldstiele abziehen. Mangoldblätter und -stiele jeweils in feine Streifen schneiden. Schinken in Würfel schneiden.

2. Die Steckrübe schälen, abspülen, abtropfen lassen und klein würfeln.

3. Gemüsezwiebel abziehen und würfeln. In 2 Töpfen jeweils die Hälfte des Olivenöls erhitzen. Jeweils die Hälfte der Zwiebelwürfel und die Hälfte von dem Reis darin glasig dünsten.

4. In einen Topf den vorbereiteten Mangold und die Schinkenwürfel, in den zweiten Topf die Steckrübenwürfel geben. Die Zutaten jeweils kurz andünsten.

5. Je die Hälfte der Gemüsebrühe unter Rühren hinzugießen. Anschließend die Risottos unter gelegentlichem Rühren bei schwacher Hitze etwa 15 Minuten köcheln lassen.

6. Die Gemüse-Risottos mit Salz und Pfeffer abschmecken. Das Steckrüben-Risotto mit dem Käse bestreuen und beide Risottos servieren.

Duett vom Gemüse-Risotto in Rot und Grün I

Raffiniert (ohne Foto)

4 Portionen

Pro Portion: E: 18 g, F: 35 g, Kh: 88 g, kJ: 3109, kcal: 743, BE: 7,0

1 Zwiebel
1 Knoblauchzehe
4 EL Olivenöl
400 g Risottoreis
750 ml kochende Gemüsebrühe

500 g Blattspinat
Salz
150 g Erbsen
3 EL Wasser
1 EL Butter
gem. Pfeffer
1 Fleischtomate
1 rote Paprikaschote
3 EL Olivenöl
40 g Butter
40 g ger. Parmesan

Zubereitungszeit: 55 Minuten

1. Zwiebel und Knoblauch abziehen, fein würfeln. Öl in einem Topf erhitzen. Zwiebel- und Knoblauchwürfel darin andünsten. Reis hinzugeben und kurz mit andünsten. Nach und nach die Brühe hinzugießen. Den Reis nach Packungsanleitung garen, evtl. noch etwas Wasser oder Brühe hinzufügen. Der Reis soll weich, jedoch nicht klebrig sein, warm stellen.

2. Für den grünen Reis in der Zwischenzeit Spinat verlesen, gründlich waschen und in kochendem Salzwasser blanchieren, bis er zusammenfällt, Spinat abtropfen lassen. Erbsen etwa 5 Minuten in Wasser und Butter dünsten. Spinat und die Hälfte der Erbsen pürieren. Das Püree und die Erbsen mit der Hälfte vom Reis vermengen, mit Salz und Pfeffer würzen.

3. Für den roten Reis Tomate abspülen, kreuzweise einschneiden und mit kochendem Wasser übergießen. Nach 1–2 Minuten herausnehmen und mit kaltem

Wasser abschrecken. Tomate enthäuten, halbieren und den Stängelansatz herausschneiden. Tomatenhälften würfeln.

4. Paprika halbieren, entstielen, entkernen und die weißen Scheidewände entfernen. Schote abspülen, abtropfen lassen und klein würfeln.

5. Das Olivenöl in einem Topf erhitzen, Gemüsewürfel darin andünsten und unter den restlichen Reis mengen, mit Salz und Pfeffer würzen.

6. Butter und Käse unter den grünen und roten Reis ziehen. Den grünen und roten Reis auf einem Teller anrichten.

Eisbergsalat mit Erbsen und Zwiebeln

Preiswerte, kalorienarme Beilage

4 Portionen

Pro Portion: E: 8 g, F: 5 g, Kh: 18 g, kJ: 639, kcal: 153, BE: 1,0

100 g	*kleine Zwiebeln (Perlzwiebeln)*
	Salz
1 EL	*Butter*
100 ml	*Gemüsebrühe*
400 g	*Erbsen*
1	*Knoblauchzehe*
1	*kleiner Eisbergsalat*
	gem. Pfeffer
1 Prise	*Zucker*

Zubereitungszeit: 40 Minuten

1. Die Zwiebeln abziehen. Salzwasser in einem Topf zum Kochen bringen und die Zwiebeln darin etwa 2 Minuten blanchieren. Anschließend die Zwiebeln in ein Sieb geben, mit kaltem Wasser abschrecken und abtropfen lassen.

2. Die Butter in einer Pfanne zerlassen. Die Zwiebeln darin andünsten. Gemüsebrühe hinzugießen und die Erbsen unterrühren. Das Ganze weitere etwa 3 Minuten dünsten.

3. Knoblauch abziehen und durch eine Knoblauchpresse in die Zwiebel-Erbsen-Mischung drücken und unterrühren.

4. Salat putzen und die äußeren, welken Blätter entfernen. Salat abspülen und gut abtropfen lassen. Salat in feine Streifen schneiden.

5. Die Salatstreifen unter die warme Zwiebel-Erbsen-Mischung heben. Das Ganze mit Salz, Pfeffer und Zucker abschmecken, 2–3 Minuten ziehen lassen und dann servieren.

Tipps: Sie können das Gericht zusätzlich noch mit Zuckerschoten anreichern und mit gehackter Petersilie bestreuen.

Erbsen, junge frische

Als frische Gemüseerbsen sind bei uns die süßlich schmeckenden, zarten Samen der Markerbsen beliebt, aber auch die der Pal- bzw. Schalerbsen. Sie werden vorwiegend im Sommer (Juni bis August) geerntet. Da frische Erbsen kaum lagerfähig sind, werden sie durch Tiefgefrieren und die Verarbeitung zu Konserven haltbar gemacht.

Erbsen, junge | **Beilage** (ohne Foto)

4 Portionen

Pro Portion: E: 13 g, F: 8 g, Kh: 25 g, kJ: 971, kcal: 232, BE: 2,0

etwa 2 kg Erbsenschoten (ungepalte Erbsen mit Hülsen)
35 g Butter
100 ml Gemüsebrühe
Salz, gem. Pfeffer
ger. Muskatnuss
1 Prise Zucker
1 EL gehackte Petersilie

Zubereitungszeit: 5 Minuten
Garzeit: etwa 8 Minuten

1. Die Erbsen aus den Schoten palen (ergibt etwa 750 g Erbsen), abspülen, abtropfen lassen. Butter in einem Topf zerlassen. Erbsen darin unter Rühren kurz dünsten. Brühe, Salz, Pfeffer, Muskat und Zucker zufügen. Die Erbsen zugedeckt bei schwacher Hitze 5–8 Minuten dünsten, dabei gelegentlich umrühren.

2. Die Erbsen mit Salz und Zucker würzen, mit Petersilie bestreut servieren.

Erbsensuppe mit Lachs |

Schnell – für Gäste (ohne Foto)

4 Portionen

Pro Portion: E: 26 g, F: 16 g, Kh: 12 g, kJ: 1236, kcal: 296, BE: 1,0

300 g Erbsen
1 gestr. TL Zucker
1 l heiße Gemüsebrühe
400 g Lachsfilet
2 EL Zitronensaft
2 EL Crème fraîche
2–3 Stängel Dill

Zubereitungszeit: 25 Minuten

1. Für die Suppe die Erbsen mit Zucker in einen Topf geben. Brühe hinzugießen und zum Kochen bringen. Die Zutaten zugedeckt bei schwacher Hitze etwa 15 Minuten kochen.

2. In der Zwischenzeit das Lachsfilet unter fließendem kalten Wasser abspülen und trocken tupfen. Das Fischfilet in etwa 1 ½ cm große Würfel schneiden und mit Zitronensaft beträufeln.

3. Crème fraîche in die Suppe geben und die Suppe fein pürieren. Die Lachswürfel in die Suppe geben und das Ganze etwa 5 Minuten bei schwacher Hitze gar ziehen lassen.

4. Dill abspülen, trocken tupfen und die Spitzen von den Stängeln zupfen. Die Dillspitzen klein schneiden. 4 kleine Stängel zum Garnieren beiseitelegen.

5. Die Erbsensuppe mit Lachs in tiefen Tellern oder Suppentassen verteilen.

6. Die Suppe mit den beiseitegelegten Dillstängeln garnieren und sofort servieren.

Tipps: Sie mögen die Suppe doch lieber etwas klassischer? Dann geben Sie statt Lachsfilet Wiener Würstchen in die Suppe. Dazu 4 Würstchen in Scheiben schneiden und in der Suppe erwärmen. Die Suppe statt mit Dill mit Majoran abschmecken.

Fenchel

Gemüsefenchel oder Knollenfenchel stammt ursprünglich aus Vorderasien und dem Mittelmeerraum. Fenchel aus Deutschland hat im Herbst Saison. Den Geschmack von Fenchel liebt man oder man liebt ihn nicht. Fenchel ist ballaststoffreich, enthält Beta-Carotin und viel Vitamin C. Er ist zudem reich an Folsäure, Kalium, Kalzium und Eisen, liefert dabei allerdings nur etwa 24 kcal pro 100 g.

Fenchel auf Möhren-Orangen-Salat I

Vegetarisch

4 Portionen

Pro Portion: E: 7 g, F: 18 g, Kh: 25 g, kJ: 1231, kcal: 293, BE: 2,0

4 Fenchelknollen (je etwa 300 g)
3 dicke Möhren
Salz
4 Orangen
2 EL Olivenöl
gem. Pfeffer

Für das Dressing:

2 EL milder Apfelessig
etwas Zucker
4–5 EL Olivenöl

Zum Bestreuen:

1 EL Pinienkerne

Zubereitungszeit: 45 Minuten

1. Von den Fenchelknollen braune Stellen und Blätter entfernen. Wurzelenden gerade schneiden. Die Fenchelknollen abspülen, abtropfen lassen und achteln. Die Möhren putzen, schälen, abspülen und abtropfen lassen.

2. Salzwasser zum Kochen bringen. Nacheinander darin die Fenchelachtel und die Möhren etwa 8 Minuten kochen lassen, mit kaltem Wasser abschrecken und gut abtropfen lassen.

3. Orangen mit einem Messer so schälen, dass die weiße Haut vollständig entfernt wird. Orangen halbieren oder vierteln und in Scheiben schneiden, dabei den Saft auffangen. Möhren in Scheiben schneiden.

4. Öl in einer großen Pfanne erhitzen. Fenchel darin leicht anbraten, mit Salz und Pfeffer würzen.

5. Für das Dressing Essig mit aufgefangenem Orangensaft, Salz, Pfeffer und Zucker verrühren. Öl unterschlagen. Möhren und Orangen mit dem Dressing vermischen, kurz durchziehen lassen und dann auf einer Platte anrichten.

6. Die Pinienkerne in einer Pfanne ohne Fett anrösten. Fenchel auf dem Möhren-Orangen-Salat verteilen und mit Pinienkernen bestreuen.

Fenchel in Kräutermarinade I

Vegetarische Vorspeise
4 Portionen

Pro Portion: E: 4 g, F: 7 g, Kh: 10 g, kJ: 484, kcal: 115, BE: 1,0

4 Fenchelknollen
(je etwa 300 g)
Salz
4 EL Olivenöl

Für die Marinade:
1 Orange (etwa 200 g)
4–5 Stängel Oregano
1 kleines
Bund glatte Petersilie
2 EL Balsamico-Essig
gem. Pfeffer
4 EL Olivenöl

Zubereitungszeit: 35 Minuten, ohne Durchziehzeit

1. Von den Fenchelknollen die Stiele dicht oberhalb der Knollen abschneiden. Braune Stellen und Blätter entfernen. Die Wurzelenden gerade schneiden. Die Knollen abspülen, abtropfen lassen und vierteln.

2. Die Fenchelviertel in kochendem Salzwasser etwa 5 Minuten blanchieren. Anschließend in ein Sieb geben (die Flüssigkeit dabei auffangen), mit kaltem Wasser abschrecken und abtropfen lassen.

3. Olivenöl in einer großen Pfanne erhitzen. Fenchelviertel darin leicht anbraten, bis sie etwas Farbe angenommen haben. Fenchelviertel in eine flache Schale legen.

4. Für die Marinade Orange so schälen, dass die weiße Haut mit entfernt wird. Orangenfrucht vierteln und in Scheiben schneiden. Oregano und Petersilie abspülen und trocken tupfen. Die Blättchen jeweils von den Stängeln zupfen. Blättchen grob hacken.

5. Essig mit der aufgefangenen Fenchelflüssigkeit, Salz und Pfeffer verrühren, Olivenöl unterschlagen. Orangenscheiben, Oregano und Petersilie unterrühren. Die Fenchelviertel mit der Marinade übergießen, 1–2 Stunden zugedeckt im Kühlschrank durchziehen lassen, dabei ab und zu umrühren.

Fenchel mit Meerrettich-Krusten-Koteletts I

Raffiniert

4 Portionen

Pro Portion: E: 30 g, F: 19 g, Kh: 20 g, kJ: 1570, kcal: 374, BE: 1,0

4 Fenchelknollen (je etwa 250 g)
1 Gemüsezwiebel
4 Tomaten (etwa 500 g)
2 EL Rapsöl
Salz
gem. Pfeffer
250 ml Gemüsebrühe

Für die Koteletts:

60 g ger. Meerrettich
20 g Semmelbrösel
1 Ei (Größe M)
4 Scheiben Kasseler Koteletts (ohne Knochen, je etwa 125 g)
2 EL Rapsöl

Zubereitungszeit: 25 Minuten, ohne Abkühlzeit
Garzeit: etwa 35 Minuten

1. Die Fenchelknollen putzen, evtl. die Stielansätze etwas kürzen, abspülen, abtropfen lassen und halbieren. Etwas Fenchelgrün abspülen, trocken tupfen, fein hacken und zum Garnieren beiseitelegen.

2. Die Gemüsezwiebel abziehen und würfeln. Tomaten abspülen, abtrocknen, halbieren und die Stängelansätze herausschneiden. Die Tomaten in kleine Stücke schneiden.

3. Den Backofen vorheizen.
Ober-/Unterhitze: etwa 180 °C
Heißluft: etwa 160 °C

4. Das Rapsöl in einem feuerfesten Bräter erhitzen. Die Zwiebelwürfel darin glasig dünsten. Die Fenchelhälften darauflegen, die Tomatenstücke darum verteilen. Das Ganze mit Salz und Pfeffer bestreuen. Die Brühe hinzugießen.

5. Den Bräter auf dem Rost in den vorgeheizten Backofen schieben. Das Gemüse **etwa 30 Minuten garen.**

6. In der Zwischenzeit Meerrettich mit Semmelbröseln und Ei verrühren. Die Fleischscheiben trocken tupfen und mit Pfeffer würzen.

7. Rapsöl in einer feuerfesten Pfanne erhitzen. Die Koteletts darin von beiden Seiten braten. Die Meerrettichmischung auf den Koteletts verteilen. Wenn das Gemüse fertig ist, den Bräter aus dem Ofen nehmen und das Gemüse warm stellen.

8. Die Pfanne auf dem Rost in den heißen Backofen schieben. Die Backofentemperatur um etwa 20 °C auf Ober-/Unterhitze: etwa 200 °C, Heißluft: etwa 180 °C heraufschalten. Die Koteletts **etwa 5 Minuten überbacken.**

9. Das Gemüse mit den Koteletts anrichten und mit beiseitegelegtem Fenchelgrün bestreut servieren.

Tipp: Statt der Meerrettichkruste schmeckt auch folgende Senfkruste sehr gut. Dazu 2 Eiweiß (Größe M) sehr steif schlagen. 1 Esslöffel körnigen Senf mit 1 Esslöffel mittelscharfem Senf und 1 gehäuftem Esslöffel Semmelbröseln und etwas Salz mischen. Die Senfmischung unter das Eiweiß heben. Eiweißmasse mit einem Messer auf die Koteletts streichen.

Fenchelschalen, gefüllte I

Etwas aufwendiger

4 Portionen

Pro Portion: E: 15 g, F: 20 g, Kh: 19 g, kJ: 1318, kcal: 314, BE: 1,5

4 Fenchelknollen (je etwa 300 g)
Salz

Für die Füllung:

2 dicke Möhren (etwa 200 g)
1/2 Knollensellerie (etwa 200 g)
200 g festkochende Kartoffeln
1 kleine Stange Porree (Lauch, etwa 200 g)
3 EL Olivenöl
200 ml Brühe (von den Fenchelknollen)
gem. Pfeffer

Zum Bestreuen:

120 g ger. Parmesan

Zum Garnieren:

einige Stängel Kerbel

Zubereitungszeit: 55 Minuten
Garzeit: etwa 10 Minuten

1. Von den Fenchelknollen braune Stellen und Blätter entfernen. Wurzelenden gerade schneiden. Fenchelknollen aufblättern. Die Fenchelschalen mit Stiel beiseitelegen. Ausgelöstes Fenchelfleisch in Streifen schneiden.

2. Salzwasser in einem großen Topf zum Kochen bringen. Fenchelschalen hinzufügen und 8–10 Minuten garen. Die Fenchelschalen mit einer Schaumkelle herausnehmen, mit kaltem Wasser abschrecken und in einem Sieb abtropfen lassen. Von der Fenchelbrühe 200 ml abmessen.

3. Den Backofen vorheizen.
Ober-/Unterhitze: etwa 220 °C
Heißluft: etwa 200 °C

4. Für die Füllung die Möhren und den Sellerie putzen. Kartoffeln, Möhren und Sellerie schälen, abspülen und abtropfen lassen.

5. Porreestange putzen, längs halbieren und gründlich waschen. Das Gemüse abtropfen lassen und in Streifen schneiden.

6. Olivenöl in einer großen Pfanne erhitzen. Zuerst die Kartoffelstreifen, dann die Möhren-, Sellerie-, Porree- und Fenchelstreifen darin andünsten.

7. Fenchelbrühe hinzugießen. Die Zutaten 6–8 Minuten dünsten lassen. Gemüse mit Salz und Pfeffer würzen.

8. Die Fenchelschalen in eine große, flache Auflaufform (gefettet) setzen und mit den Gemüsestreifen füllen. Den Käse daraufstreuen.

9. Die Form auf dem Rost in den vorgeheizten Backofen schieben. Die Fenchelschalen **etwa 10 Minuten garen.**

10. Zum Garnieren Kerbel abspülen und trocken tupfen. Die gefüllten Fenchelschalen mit Kerbel garniert servieren.

Flammkuchen mit Wasabi-Crème-fraîche

Einfach

4 Portionen

Pro Portion: E: 27 g, F: 38 g, Kh: 91 g, kJ: 3422, kcal: 821, BE: 7,5

Für den Teig:

450 g	*Weizenmehl*
1 Pck.	*Dr. Oetker Trockenbackhefe*
1 gestr. TL	*Salz*
1 TL	*Zucker*
250 ml	*lauwarmes Wasser*
4 EL	*Olivenöl*

Für den Belag:

1 Stange	*Porree (Lauch, etwa 200 g)*
200 g	*rote Zwiebeln*
200 g	*Kochschinken*
300 g	*Crème fraîche*
1 ½ TL	*Wasabipaste oder ger. Meerrettich*
	Salz, gem. Pfeffer

Zubereitungszeit: 30 Minuten, ohne Teiggehzeit
Backzeit: etwa 20 Minuten je Backblech

1. Für den Teig das Mehl in eine Rührschüssel geben und mit Trockenbackhefe sorgfältig vermischen. Salz, Zucker, lauwarmes Wasser und Olivenöl hinzufügen. Die Zutaten mit einem Mixer (Knethaken) zunächst kurz auf niedrigster, dann auf höchster Stufe in etwa 5 Minuten zu einem geschmeidigen Teig verarbeiten.

2. Den Teig zugedeckt so lange an einem warmen Ort gehen lassen, bis er sich sichtbar vergrößert hat (30–40 Minuten).

3. In der Zwischenzeit die Porreestange putzen, die Stange längs halbieren, gründlich waschen und abtropfen lassen. Zwiebeln abziehen. Porree und Zwiebel in feine Streifen schneiden. Schinken fein würfeln.

4. Crème fraîche mit Wasabi oder Meerrettich verrühren, mit Salz und Pfeffer abschmecken.

5. Teig nochmals kurz verkneten, halbieren und jede Hälfte auf einer leicht bemehlten Arbeitsfläche dünn ausrollen. Die ausgerollten Teigfladen jeweils auf ein Backblech (gefettet) legen.

6. Den Backofen vorheizen.
Ober-/Unterhitze: etwa 200 °C
Heißluft: etwa 180 °C

7. Die Teigböden mit der Wasabi-Crème-fraîche bestreichen. Porree- und Zwiebelstreifen mit den Schinkenwürfeln darauf verteilen, mit etwas Salz und Pfeffer bestreuen.

8. Die Backbleche nacheinander (bei Heißluft zusammen) in den vorgeheizten Backofen schieben. Die Flammkuchen **etwa 10 Minuten je Backblech backen.**

9. Dann die Backofentemperatur um etwa 50 °C auf Ober-/Unterhitze: etwa 250 °C, Heißluft: etwa 230 °C heraufschalten und die Flammkuchen **weitere etwa 10 Minuten je Backblech backen.**

10. Die Flammkuchen sofort nach dem Backen servieren.

Tipp: Den Flammkuchen mit Basilikumblättern garniert servieren.

Frikadellen mit Rucola und Zucchini | **Schnell**

4 Portionen

Pro Portion: E: 36 g, F: 34 g, Kh: 8 g, kJ: 2013, kcal: 481, BE: 0,5

1 Zwiebel
2 Knoblauchzehen
100 g Rucola (Rauke)
400 g Zucchini
600 g Gehacktes (halb Rind-, halb Schweinefleisch)
25 g TK-italienische Kräuter
2 EL Semmelbrösel
2 Eier (Größe S)
Salz, gem. Pfeffer

2–3 EL Speiseöl, z. B. Sonnenblumenöl

Zubereitungszeit: 25 Minuten

1. Zwiebel und Knoblauch abziehen, beides fein würfeln.

2. Rucola verlesen und dicke Stängel abschneiden. Rucola abspülen, gut abtropfen lassen oder trocken schleudern. Rucola fein hacken. Zucchini abspülen, abtrocknen und die Enden abschneiden. Die Zucchini grob raspeln.

3. Das Gehackte in eine Schüssel geben. Zwiebel- und Knoblauchwürfel, Rucola, Zucchiniraspel, Kräuter, Semmelbrösel und Eier hinzufügen. Die Zutaten gut vermengen, mit Salz und Pfeffer kräftig würzen.

4. Aus der Fleischmasse mit angefeuchteten Händen 12 Bällchen formen und etwas flach drücken.

5. Das Speiseöl in der Pfanne erhitzen. Die Frikadellen darin von beiden Seiten bei mittlerer bis starker Hitze in etwa 10 Minuten braun und gar braten. Die Frikadellen warm oder kalt servieren.

Tipp: Dazu passt **Rucola-Tomaten-Salat.** Für den Salat etwa 150 g Rucola (Rauke) verlesen, abspülen, abtrocknen oder trocken schleudern und evtl. etwas kleiner zupfen. 2 große Tomaten abspülen, abtrocknen, in Spalten schneiden und dabei die Stängelansätze herausschneiden. Tomatenspalten evtl. quer halbieren. Rucola mit Tomaten und einer Salatmarinade (aus etwa 2 Esslöffel Essig, 4–5 Esslöffeln Speiseöl, Salz, Pfeffer, 1 Prise Zucker und nach Belieben etwas Senf) vorsichtig vermischen.

Frühlingsgratin I

Vegetarisch

4 Portionen

Pro Portion: E: 21 g, F: 33 g, Kh: 10 g, kJ: 1793, kcal: 428, BE: 0,5

etwa 1 ½ kg gemischtes Gemüse, z. B. Kohlrabi, Möhren, Brokkoli, Blumenkohl, grüner und weißer Spargel
1 l Wasser
1 TL Salz
1 Knoblauchzehe
200 g Schlagsahne
2 Eier (Größe M)
Salz
gem. Pfeffer
ger. Muskatnuss
100 g ger. Emmentaler
50 g ger. Parmesan

Zubereitungszeit: 30 Minuten
Garzeit: 20–30 Minuten

1. Den Backofen vorheizen.
Ober-/Unterhitze: etwa 180 °C
Heißluft: etwa 160 °C

2. Kohlrabi und Möhren putzen, schälen, abspülen. Kleine, zarte Kohlrabiblätter zur Seite legen. Kohlrabi in Scheiben, Möhren in Stücke schneiden. Brokkoli und Blumenkohl putzen und in kleine Röschen teilen. Spargel schälen und untere Enden abschneiden (grünen Spargel nur im unteren Drittel schälen). Spargel in Stücke schneiden.

3. Wasser in einem Topf zum Kochen bringen. Salz hinzugeben. Das Gemüse darin evtl. in 2 Portionen 2–3 Minuten kochen, dann in einem Küchensieb abtropfen lassen. Das Gemüse in eine große, flache Auflaufform (gefettet) schichten.

4. Knoblauch abziehen, durch eine Knoblauchpresse drücken oder fein hacken. Sahne mit Eiern verschlagen. Knoblauch unterrühren, mit Salz, Pfeffer und Muskatnuss abschmecken. Die Eiersahne über das Gemüse gießen. Emmentaler- und Parmesan-Käse daraufstreuen.

5. Die Form auf dem Rost auf mittlerer Einschubleiste in den vorgeheizten Backofen schieben. Das Gratin **20–30 Minuten garen.**

6. Die beiseitegelegten Kohlrabiblättchen abspülen, trocken tupfen und fein hacken. Gratin zum Servieren damit bestreuen.

Frühlingszwiebeln

Diese nicht ausgereifte Zwiebelart bildet eine kleine, flache Zwiebel aus, die wie das grüne Lauch z. B. in Salaten und pikanten Quarkgerichten roh verarbeitet wird. Aber auch gebraten oder gedünstet sind Frühlingszwiebeln eine beliebte, zartere Alternative zu Porree. Erhältlich sind diese Zwiebeln nicht nur im Frühjahr, sondern inzwischen fast das ganze Jahr über.

Frühlingszwiebel-Hähnchen-Auflauf | Schnell

4 Portionen

Pro Portion: E: 53 g, F: 38 g, Kh: 35 g, kJ: 2899, kcal: 694, BE: 2,5

4 Hähnchenbrustfilets (je etwa 150 g)
1 Bund Frühlingszwiebeln
200 g Shiitakepilze oder Champignons
2 EL Sonnenblumenöl
Salz
gem. Pfeffer
250 ml Béchamelsauce (aus dem Tetra Pak®)
50 ml Milch (3,5 % Fett)
Currypulver
175 g ger. Käse, z. B. Cheddar
150 g Erbsen
250 g vorgegarter Basmatireis (vakuumverpackt, aus dem Nährmittelregal)

Zubereitungszeit: 25 Minuten
Garzeit: etwa 20 Minuten

1. Den Backofen vorheizen.
Ober-/Unterhitze: etwa 220 °C
Heißluft: etwa 200 °C

2. Hähnchenbrustfilets unter fließendem kalten Wasser abspülen und trocken tupfen. Frühlingszwiebeln putzen, abspülen, abtropfen lassen, in Stücke schneiden. Pilze putzen, evtl. mit Küchenpapier abreiben. Große Pilze halbieren.

3. Das Sonnenblumenöl in einer Pfanne erhitzen. Die Hähnchenfilets darin rundherum anbraten, mit Salz und Pfeffer würzen. Die Filets nebeneinander in eine große, flache Auflaufform (gefettet) legen.

4. Pilze in der Pfanne im verbliebenen Bratfett unter Rühren etwa 2 Minuten anbraten.

5. Frühlingszwiebelstücke hinzufügen, etwa 1 Minute mit anbraten, mit Salz und Pfeffer würzen.

6. Für die Sauce Béchamelsauce mit Milch verrühren, mit Curry würzen und 50 g vom Käse unterrühren.

7. Pilz-Zwiebel-Mischung, Erbsen und Reis um die Filets herum verteilen. Die Sauce darauf verteilen und den restlichen Käse daraufstreuen.

8. Die Form auf dem Rost in den vorgeheizten Backofen schieben. Den Frühlingszwiebel-Hähnchen-Auflauf **etwa 20 Minuten garen.**

Tipp: Sie können die **Béchamelsauce** auch selbst zubereiten. Dafür 1 Zwiebel abziehen und fein würfeln. 30 g Butter in einem kleinen Topf bei mittlerer Hitze zerlassen. Zwiebelwürfel darin andünsten. 20 g Weizenmehl mit einem Schneebesen unterrühren. Das Mehl so lange unter Rühren erhitzen, bis es hellgelb ist. Nach und nach 125 ml kalte Gemüsebrühe und 225 ml Milch dazugießen, dabei mit einem Schneebesen rühren, damit sich keine Klümpchen bilden. Die Sauce unter Rühren aufkochen lassen. Die Sauce bei schwacher Hitze etwa 5 Minuten im offenen Topf leicht kochen, gelegentlich umrühren. Sauce mit Salz, Pfeffer und Muskat abschmecken. Den Käse wie im Rezept beschrieben unterrühren, aber die 50 ml Milch weglassen.

Gazpacho mit Salatgurke und Frühlingszwiebeln

Sommerlicher Genuss

4 Portionen

Pro Portion: E: 5 g, F: 1 g, Kh: 25 g, kJ: 603, kcal: 144, BE: 1,5

700 g Salatgurke
250 g Frühlingszwiebeln
2–4 Knoblauchzehen
1 l Tomatensaft
3–4 EL Weißweinessig
2 EL Zitronensaft
Salz
2 TL gerebelter Thymian
gem. Pfeffer
je 2 gelbe und rote Paprikaschoten (je etwa 200 g)
4–6 Eiswürfel

Zubereitungszeit: 30 Minuten, ohne Kühlzeit

1. Die Salatgurke abspülen, abtrocknen und die Enden abschneiden. Gurke nach Belieben schälen, längs halbieren, mit einem Teelöffel entkernen und das Fruchtfleisch fein würfeln. Etwa die Hälfte der Gurkenwürfel als Suppeneinlage beiseitestellen.

2. Frühlingszwiebeln putzen, abspülen, abtropfen lassen und in feine Scheiben schneiden. Nach Belieben etwa 2 Esslöffel Frühlingszwiebelscheiben zum Garnieren beiseitestellen. Den Knoblauch abziehen.

3. Gurkenwürfel mit Frühlingszwiebelscheiben und Knoblauch in einen hohen Rührbecher geben. Tomatensaft, 3 Esslöffel Essig, Zitronensaft, 1 Prise Salz und Thymian hinzufügen. Die Zutaten mit dem Pürierstab fein pürieren, mit Pfeffer und evtl. etwas Salz abschmecken. Die Tomatensuppe zugedeckt mindestens 2 Stunden in den Kühlschrank stellen.

4. Paprikaschoten halbieren, entstielen, entkernen und die weißen Scheidewände entfernen. Schoten abspülen, abtropfen lassen und in kleine Würfel schneiden.

5. Die Tomatensuppe gut umrühren, nochmals mit Salz, Pfeffer und evtl. etwas Essig abschmecken. Die Eiswürfel in die Suppe geben. Paprika- und beiseitegelegte Gurkenwürfel unter die Suppe rühren oder getrennt dazureichen. Die Gazpacho nach Belieben mit den beiseitegelegten Frühlingszwiebelscheiben bestreuen und sofort servieren.

Gazpacho mit Wein

Mit Alkohol (ohne Foto)

4 Portionen

Pro Portion: E: 7 g, F: 21 g, Kh: 28 g, kJ: 1396, kcal: 333, BE: 2,0

100 g Weißbrotscheiben (vom Vortag)
1 grüne Paprikaschote
650 g reife Tomaten
2 Zwiebeln
1–2 Knoblauchzehen
60 ml Olivenöl
65 ml trockener Rotwein
125 ml Gemüsebrühe
Salz, gem. Pfeffer

Für die Einlage:

2 Scheiben Weißbrot
1 EL Olivenöl
250 g Salatgurke
2 Schalotten
2–3 Tomaten
8 abgetropfte, grüne Oliven (ohne Stein)

4–6 Eiswürfel

Zubereitungszeit: 30 Minuten, ohne Kühlzeit

1. Weißbrotscheiben in kaltem Wasser einweichen. Die Paprikaschote halbieren, entstielen, entkernen und die weißen Scheidewände entfernen. Die Schote abspülen, abtropfen lassen und in Stücke schneiden. Die Hälfte der Paprikastücke für die Einlage beiseitestellen.

2. Tomaten kreuzweise einschneiden und mit kochendem Wasser übergießen. Nach 1–2 Minuten herausnehmen, mit kaltem Wasser abschrecken. Tomaten enthäuten, halbieren, entkernen und die Stängelansätze herausschneiden. Tomaten in Stücke schneiden. Zwiebeln und Knoblauch abziehen und würfeln.

3. Eingeweichte Brotscheiben gut ausdrücken, mit Paprika-, Tomaten-, Zwiebel-, Knoblauchwürfel, Olivenöl, Rotwein und Brühe in eine hohe Rührschüssel geben. Die Zutaten evtl. portionsweise pürieren. Die Suppe mit Salz und Pfeffer würzen, zugedeckt mindestens 4 Stunden in den Kühlschrank stellen.

4. Für die Einlage die Weißbrotscheiben würfeln. Das Olivenöl in einer Pfanne erhitzen. Die Brotwürfel darin unter gelegentlichem Wenden goldgelb rösten. Salatgurke abspülen, abtrocknen und fein würfeln.

5. Schalotten abziehen und klein würfeln. Die Tomaten wie unter Punkt 2 beschrieben enthäuten, entkernen und würfeln. Die Oliven in Scheiben schneiden.

6. Die gekühlte Suppe kräftig umrühren und nochmals mit den Gewürzen abschmecken. Die Eiswürfel hinzufügen. Gazpacho mit den Einlagen, auch den beiseitegelegten Paprikastücken, sofort servieren.

Gebackene Gemüsebällchen auf Kartoffelragout I

Vegetarisch

4–6 Portionen

Pro Portion: E: 15 g, F: 52 g, Kh: 54 g, kJ: 3126, kcal: 747, BE: 4,5

Für die Gemüsebällchen:

40 g Butter
60 g Weizenmehl
200 g Schlagsahne
300 g Knollensellerie
450 g Mairübe
250 g Möhren
Salz
1 Bund Petersilie
1 Ei (Größe M)
100 g ger. Käse, z. B. Gouda
100 g Semmelbrösel
gem. Pfeffer
ger. Muskatnuss

Für das Kartoffelragout:

600 g festkochende Kartoffeln
300 g Frühlingszwiebeln
40 g Butter
250 ml Gemüsebrühe

Zum Ausbacken:

1 l Speiseöl, z. B. Sonnenblumenöl

einige Stängel Majoran

Zubereitungszeit: 70 Minuten

1. Für die Bällchen Butter in einer Pfanne zerlassen. Das Mehl unter Rühren so lange darin erhitzen, bis es hellgelb ist. Die Sahne hinzugießen und mit einem Schneebesen gut durchschlagen, dabei darauf achten, dass keine Klümpchen entstehen. Die Sauce zum Kochen bringen und etwa 5 Minuten ohne Deckel leicht kochen lassen, dabei gelegentlich umrühren. Sahnesauce erkalten lassen.

2. Inzwischen Sellerie, Mairübe und Möhren putzen, schälen, abspülen und abtropfen lassen. Das Gemüse fein raspeln (das gelingt am besten mit einer Küchenmaschine, dazu das Gemüse vor dem Raspeln in grobe Stücke schneiden).

3. Salzwasser zum Kochen bringen, die Gemüseraspel darin etwa 5 Minuten garen. Anschließend die Gemüseraspel in ein Sieb gießen, mit kaltem Wasser abschrecken und gut abtropfen lassen. Gegebenenfalls die Raspel mit der Hand noch etwas ausdrücken.

4. Petersilie abspülen, trocken tupfen und die Blättchen von den Stängeln zupfen. Blättchen fein hacken.

5. Die gut abgetropften Gemüseraspel in eine Schüssel geben. Petersilie, Ei, geriebenen Käse, die Hälfte der Semmelbrösel und die Sahnesauce hinzugeben und gut vermischen. Die Masse mit Salz, Pfeffer und Muskat kräftig abschmecken.

6. Die restlichen Semmelbrösel auf einen Teller geben. Aus der Gemüsemasse etwa 60 walnussgroße Bällchen formen und in den Semmelbröseln wälzen. (Achtung: Die Bällchen sollten eine glatte Oberfläche haben, damit sie beim Ausbacken nicht aufreißen.)

7. Für das Kartoffelragout die Kartoffeln schälen, abspülen, abtropfen lassen und würfeln. Die Frühlingszwiebeln putzen, abspülen, abtropfen lassen und in feine Scheiben schneiden.

8. Butter in einem Topf zerlassen. Die Zwiebelscheiben und Kartoffelwürfel darin andünsten, die Brühe hinzugießen und das Ganze etwa 20 Minuten leicht köcheln lassen.

9. Inzwischen das Speiseöl in einem tiefen Topf auf etwa 175 °C erhitzen. Für die richtige Frittiertemperatur des Öls einen Holzlöffelstiel in das Fett halten. Bilden sich Bläschen um den Holzlöffelstiel, ist die richtige Temperatur erreicht. Oder das Speiseöl in einer Friteuse erhitzen (dabei die Herstelleranleitung beachten).

10. Die Gemüsebällchen portionsweise schwimmend in dem heißen Öl ausbacken. Die Gemüsebällchen

dann mit einer Schaumkelle herausnehmen, kurz auf Küchenpapier abtropfen lassen und warm halten.

11. Majoran abspülen, trocken tupfen und die Blättchen von den Stängeln zupfen. Die Blättchen fein schneiden. Das Kartoffelragout mit Salz und Pfeffer abschmecken. Majoran unterrühren.

12. Die warmen Gemüsebällchen auf dem Kartoffelragout anrichten und servieren.

Gedämpftes Gemüse mit Zitronensahne I

Zubereitung im großen Topf mit Dämpfeinsatz

Raffiniert

4 Portionen

Pro Portion: E: 7 g, F: 26 g, Kh: 15 g, kJ: 1392, kcal: 333, BE: 1,0

1 1/4 kg gemischtes Gemüse, z. B. Möhren, Zuckerschoten, Bohnen, Kohlrabi, Staudensellerie
1 Bio-Zitrone (unbehandelt, ungewachst)
500 ml Wasser

Für die Sauce:

50 g Butter
2 EL Zitronensaft
Salz, gem. Pfeffer
200 g Schlagsahne

2 EL frisch gehackter Kerbel oder 2–3 EL Schnittlauchröllchen

Zubereitungszeit: 45 Minuten

1. Das Gemüse putzen, abspülen und erst dann in etwa gleich große Stücke schneiden. Die Möhren schälen und in längliche Viertel schneiden.

2. Von den Zuckerschoten und Bohnen die Enden abschneiden, dabei evtl. die Fäden mit abziehen.

3. Kohlrabi schälen, zuerst in Scheiben und dann in Streifen schneiden. Von dem Staudensellerie evtl. die harten Fäden abziehen und den Sellerie in Stücke schneiden.

4. Die Zitrone heiß abwaschen, abtrocknen und die Schale mit einem Sparschäler hauchdünn abschälen (es darf keine weiße Haut mit abgeschält werden, sonst wird die Zitronensahne bitter). Zitrone halbieren und eine Hälfte auspressen. 2 Esslöffel vom Zitronensaft abmessen und für die Sauce bereitstellen.

5. Das Wasser in einem Topf erhitzen. Die Zitronenschalenstücke kurz in das kochende Wasser geben. Dann etwa die Hälfte der Zitronenschale mit einem Schaumlöffel herausnehmen, mit kaltem Wasser abspülen und abtropfen lassen. Die Schale in feine Streifen schneiden und für die Sauce bereitstellen.

6. Das Zitronenwasser wieder zum Kochen bringen. Das Gemüse nebeneinander in einen Dämpfeinsatz geben. Den Dämpfeinsatz vorsichtig in den Topf über das kochende Zitronenwasser stellen bzw. hängen. Das Gemüse zugedeckt etwa 10 Minuten dämpfen.

7. Inzwischen für die Sauce die Butter in einem Topf zerlassen. 2 Esslöffel bereitgestellten Zitronensaft und bereitgestellte Zitronenschalenstreifen hinzufügen, mit Salz und Pfeffer würzen.

8. Die Sahne halb steif schlagen und hinzugießen, dabei die Sauce mit einem Schneebesen kräftig aufschlagen.

9. Das Gemüse auf einem vorgewärmten Teller anrichten, mit Kräutern bestreuen und mit der Sauce servieren.

Beilage: Neue kleine Kartoffeln, Reis oder kleine Kartoffelpuffer, kurz gebratenes Fleisch.

Gemüse mit Erdnusssauce

Fernöstlich inspiriert

4 Portionen

Pro Portion: E: 18 g, F: 20 g, Kh: 16 g, kJ: 1325, kcal: 317, BE: 1,5

500 g Blumenkohl
200 g grüne Bohnen
150 g Zuckerschoten
250 g dicke Möhren
Salz

Für die Erdnusssauce:

80 g Erdnussbutter
100 ml ungesüßte Kokosmilch
1 TL rote Currypaste
1 EL Sojasauce
2 EL Limettensaft

4 hart gekochte Eier
150 g Cocktailtomaten

Zubereitungszeit: 30 Minuten

1. Vom Blumenkohl die Blätter entfernen und den Strunk abschneiden. Den Blumenkohl in Röschen teilen, abspülen und abtropfen lassen.

2. Von den grünen Bohnen und Zuckerschoten die Enden leicht schräg abschneiden und evtl. abfädeln. Bohnen und Zuckerschoten abspülen und abtropfen lassen.

3. Die Möhren putzen, schälen, abspülen und abtropfen lassen.

4. Nach Belieben in die Möhren der Länge nach mit einem kleinen Messer 3 Keile hineinschneiden. Die Möhren leicht schräg in etwa 1 cm dicke Scheiben schneiden.

5. Salzwasser in einem Topf zum Kochen bringen. Das Gemüse darin nacheinander bissfest garen (die Blumenkohlröschen etwa 3 Minuten, die Zuckerschoten etwa 1 Minute, die Möhrenscheiben etwa 2 Minuten und die Bohnen etwa 5 Minuten).

6. Das gegarte Gemüse jeweils mit einer Schaumkelle aus dem Topf nehmen, mit eiskaltem Wasser abspülen und gut abtropfen lassen.

7. Für die Erdnusssauce die Erdnussbutter mit Kokosmilch, roter Currypaste, Sojasauce und dem Limettensaft verrühren und salzen.

8. Die Eier pellen und in Viertel schneiden. Tomaten abspülen, abtrocknen, vierteln und die Stängelansätze herausschneiden.

9. Das Gemüse mit den Eiern, Tomatenvierteln und der Sauce anrichten.

Tipp: Servieren Sie Krabbenchips (Kroepoek) dazu.

Gemüseauflauf mit Hackfleisch

Raffiniert

4 Portionen

Pro Portion: E: 31 g, F: 39 g, Kh: 21 g, kJ: 2346, kcal: 560, BE: 1,5

1 Zwiebel
1 EL Olivenöl
250 g Gehacktes (halb Rind-, halb Schweinefleisch)
500 g Blumenkohl
200 g Möhren
200 g Porree (Lauch)
400 g Kartoffeln
Salz
250 g Champignons
2 EL Butter
3 Eier (Größe M)
150 g saure Sahne
gem. Pfeffer
ger. Muskatnuss
100 g ger. Käse, z. B. mittelalter Gouda

Zubereitungszeit: 50 Minuten
Garzeit: etwa 35 Minuten

1. Zwiebel abziehen und in kleine Würfel schneiden. Olivenöl in einer Pfanne erhitzen. Zwiebelwürfel und Gehacktes darin unter Rühren anbraten. Dabei die Fleischklümpchen mit einer Gabel zerdrücken.

2. Von dem Blumenkohl die Blätter und schlechten Stellen entfernen. Den Strunk abschneiden. Blumenkohl in kleine Röschen teilen, abspülen und abtropfen lassen.

3. Möhren putzen, schälen, abspülen, abtropfen lassen und in feine Scheiben schneiden. Den Porree putzen, die Stange längs halbieren, gründlich waschen, abtropfen lassen und in Streifen schneiden. Kartoffeln schälen, abspülen, abtropfen lassen und in Scheiben schneiden.

4. Salzwasser in einem großen Topf zum Kochen bringen. Nacheinander Blumenkohlröschen, Möhrenscheiben, Porreestreifen und Kartoffelscheiben kurz darin blanchieren, mit kaltem Wasser abschrecken und in einem Sieb abtropfen lassen.

5. Den Backofen vorheizen.
Ober-/Unterhitze: etwa 200 °C
Heißluft: etwa 180 °C

6. Champignons putzen, mit Küchenpapier abreiben, evtl. abspülen, trocken tupfen und in Scheiben schneiden. Butter in einer Pfanne zerlassen. Die Champignonscheiben darin kurz andünsten.

7. Die Hälfte der Kartoffelscheiben auf dem Boden einer Auflaufform (gefettet) verteilen. Dann abwechselnd restliche Kartoffelscheiben, Gehacktes, blanchiertes Gemüse und Champignonscheiben in die Auflaufform geben.

8. Eier mit saurer Sahne verschlagen, mit Salz, Pfeffer und Muskat würzen. Die Eiermasse auf dem Auflauf verteilen und mit Käse bestreuen.

9. Die Form auf dem Rost in den vorgeheizten Backofen schieben. Den Auflauf **etwa 35 Minuten garen.**

Gemüsebett fürs Hähnchen I

Für Kinder – schnell

4 Portionen

Pro Portion: E: 39 g, F: 3 g, Kh: 7 g, kJ: 914, kcal: 218, BE: 0,5

250 g Brokkoli
250 g Blumenkohl
250 g Kohlrabi
250 g Möhren
500 ml Gemüsebrühe
Salz
gem. Pfeffer
4 Hähnchenbrustfilets (je etwa 150 g)
2 EL Olivenöl
1 EL gehackte Petersilien- oder Kerbelblättchen

Zubereitungszeit: 30 Minuten

1. Vom Brokkoli und Blumenkohl Blätter und schlechte Stellen entfernen und Brokkoli und Blumenkohl in kleine Röschen teilen. Die Röschen abspülen und abtropfen lassen. Kohlrabi und Möhren putzen, schälen, abspülen, abtropfen lassen und in Stifte schneiden.

2. Die Gemüsebrühe in einem Topf erhitzen. Zunächst Kohlrabi- und Möhrenstifte darin etwa 2 Minuten garen, dann Blumenkohl zugeben und alles weitere etwa 3 Minuten garen, zum Schluss Brokkoli hinzufügen und alles weitere etwa 3 Minuten garen. Das Gemüse in ein Sieb abgießen, mit Salz und Pfeffer abschmecken und warm halten.

3. Die Hähnchenbrustfilets in der Zwischenzeit unter fließendem kalten Wasser abspülen und trocken tupfen, mit Salz und Pfeffer würzen. Das Öl in einer großen Pfanne erhitzen. Die Filets darin von allen Seiten anbraten, dann bei mittlerer Hitze in etwa 10 Minuten durchbraten. Die Filets mit dem Gemüse und den Kräuterblättchen garniert servieren.

Gemüseeintopf aus Vierlanden

Dauert länger

6 Portionen

Pro Portion: E: 57 g, F: 37 g, Kh: 42 g, kJ: 3050, kcal: 725, BE: 3,5

1 kg Kalbsbrust (ohne Knochen)
100 g Kalbsknochen
Salz
grob zerdrückte Pfefferkörner
1 Lorbeerblatt
1 Bund Möhren (etwa 500 g)
1 Bund gelbe Möhren (etwa 500 g)
1 kg weißer Spargel

Für die Hackbällchen:

500 g Kalbsgehacktes
gem. Pfeffer
1 Ei (Größe M)
1 TL mittelscharfer Senf
1 Bund Schnittlauch

Für die Nudeln:

2 ½ l Wasser
2 ½ gestr. TL Salz
250 g kleine Muschelnudeln

1 Bund Petersilie

Zubereitungszeit: 60 Minuten
Garzeit: etwa 2 Stunden

1. Kalbsbrust und -knochen unter fließendem kalten Wasser abspülen, abtropfen lassen und in einen hohen Topf geben. So viel kaltes Wasser hinzugießen, dass das Fleisch gut bedeckt ist. Das Ganze zum Kochen bringen und abschäumen. Salz, Pfefferkörner und Lorbeerblatt hinzugeben. Dann die Kalbsbrust und -knochen etwa 90 Minuten bei schwacher Hitze leicht kochen lassen. Dabei ab und zu die Brühe abschäumen.

2. In der Zwischenzeit Möhren putzen, schälen, abspülen, abtropfen lassen und in Scheiben schneiden. Den Spargel von oben nach unten schälen. Darauf achten, dass die Schalen vollständig entfernt, die Köpfe aber nicht verletzt werden. Die unteren Enden abschneiden (die holzigen Stellen vollkommen entfernen). Spargelstangen in etwa 3 cm lange Stücke schneiden.

3. Das Kalbsgehackte in eine Schüssel geben. Salz, Pfeffer, Ei und Senf hinzugeben und gut unterkneten. Schnittlauch abspülen, trocken tupfen und in feine Ringe schneiden. Schnittlauchröllchen unter die Hackfleischmasse arbeiten. Aus der Hackfleischmasse mit angefeuchteten Händen kleine Bällchen formen.

4. Wasser in einem Topf zum Kochen bringen. Dann Salz und Nudeln hinzugeben. Die Nudeln im geöffneten Topf bei mittlerer Hitze nach Packungsanleitung kochen. Dabei zwischendurch 4–5-mal umrühren. Die garen Nudeln in ein Sieb geben, mit heißem Wasser abspülen und abtropfen lassen.

5. Petersilie abspülen und trocken tupfen. Die Blättchen von den Stängeln zupfen. Die Blättchen klein schneiden.

6. Nach etwa 90 Minuten Garzeit prüfen (durch Einstechen mit einem Holzspieß), ob das Fleisch weich ist. Falls nicht, die Garzeit um etwa 30 Minuten verlängern. Das gare Fleisch aus der Brühe nehmen, in Scheiben schneiden und warm stellen.

7. Die Brühe durch ein Sieb gießen und wieder in den Topf geben. Die Hackbällchen in die Brühe geben und etwa 10 Minuten ziehen lassen.

8. Die Möhrenscheiben und Spargelstücke hinzugeben und eventuell etwas Wasser hinzugießen. Den Eintopf wieder zum Kochen bringen und ohne Deckel weitere etwa 10 Minuten bei schwacher bis mittlerer Hitze kochen lassen.

9. Den Eintopf mit Salz und Pfeffer abschmecken. Die Muschelnudeln und Petersilie unter den Eintopf rühren, kurz erwärmen. Warm gestelltes Fleisch in den Eintopf legen oder dazureichen.

Beilage: Krustenbrot, mit Butter bestrichen und mit Schnittlauchröllchen bestreut.

Gemüseeintopf mit Hackklößchen | Für Kinder

4 Portionen

Pro Portion: E: 18 g, F: 27 g, Kh: 26 g, kJ: 1740, kcal: 415, BE: 2,0

375 g Möhren
375 g mehligkochende Kartoffeln
375 g grüne Bohnen
250 g Blumenkohl
250 g Tomaten
2 Zwiebeln
3 Stängel Basilikum
3 EL Olivenöl
Salz, gem. Pfeffer
500 ml heiße Gemüsebrühe
300 g frische Bratwürste
2 EL gehackte Petersilie

Zubereitungszeit: 45 Minuten
Garzeit: etwa 25 Minuten

1. Möhren putzen, schälen, abspülen und abtropfen lassen. Kartoffeln schälen, abspülen und abtropfen lassen. Beide Zutaten in Würfel schneiden. Von den Bohnen die Enden abschneiden, evtl. Fäden abziehen. Bohnen abspülen, abtropfen lassen und in Stücke schneiden oder brechen.

2. Von dem Blumenkohl Blätter entfernen, den Strunk abschneiden. Blumenkohl in Röschen teilen, abspülen und abtropfen lassen. Die Tomaten abspülen und mit kochendem Wasser übergießen. Nach 1–2 Minuten herausnehmen und mit kaltem Wasser abschrecken. Tomaten enthäuten, vierteln und die Stängelansätze herausschneiden.

3. Zwiebeln abziehen und würfeln. Basilikumstängel abspülen, trocken tupfen und Blättchen von den Stängeln zupfen. Blättchen fein schneiden und zum Garnieren beiseitelegen. Basilikumstiele klein schneiden.

4. Olivenöl in einem Topf zerlassen. Zwiebel-, Kartoffelwürfel und Bohnen darin etwa 5 Minuten unter Rühren dünsten. Mit Salz und Pfeffer würzen. Basilikumstiele und Brühe zufügen, zum Kochen bringen und zugedeckt etwa 5 Minuten bei mittlerer Hitze kochen.

5. Die Möhrenwürfel und Blumenkohlröschen zufügen, etwa 10 Minuten mitgaren. Inzwischen die Bratwurstmasse aus der Haut drücken und zu kleinen Klößchen formen. Die Klößchen in den Eintopf geben und das Ganze weitere etwa 5 Minuten garen.

6. Die Tomatenviertel zufügen und kurz miterhitzen. Den Eintopf mit Salz und Pfeffer abschmecken, mit Petersilie und Basilikum bestreut servieren.

Gemüsemix mit Poulardenbrust I

Für Gäste

4 Portionen

Pro Portion: E: 40 g, F: 12 g, Kh: 23 g, kJ: 1494, kcal: 357, BE: 1,5

4 Poulardenbrustfilets (je etwa 150 g)
Salz
gem. Pfeffer
3–4 EL Rapsöl
1 Bund Frühlingszwiebeln
125 g Zuckerschoten
1 Bund junge Möhren
125 g frische Maiskölbchen (erhältlich im Asialaden, ersatzweise aus der Dose)
2 EL Austernsauce
2 EL Fischsauce
1 Prise Zucker
1 Stängel Minze
1 Stängel Thai-Basilikum (erhältlich im Asialaden)

Außerdem:

Alufolie

Zubereitungszeit: 45 Minuten
Garzeit: 15–17 Minuten

1. Den Backofen vorheizen.
Ober-/Unterhitze: etwa 180 °C
Heißluft: etwa 160 °C

2. Die Poulardenbrustfilets unter fließendem kalten Wasser abspülen, trocken tupfen, mit Salz und Pfeffer würzen. Jeweils etwas von dem Rapsöl in einem Wok erhitzen. Die Poulardenbrustfilets darin nacheinander von allen Seiten gut anbraten, herausnehmen und auf ein Backblech (gefettet) legen. Das Backblech in den vorgeheizten Backofen schieben. Filets **10–12 Minuten garen,** anschließend mit Alufolie zudecken und warm stellen.

3. In der Zwischenzeit Frühlingszwiebeln putzen, abspülen, abtropfen lassen und schräg in dünne Scheiben schneiden. Von den Zuckerschoten die Enden abschneiden, evtl. abfädeln. Zuckerschoten abspülen, abtropfen lassen, große Schoten schräg halbieren. Möhren putzen, schälen, abspülen, abtropfen lassen und in Scheiben schneiden.

4. Restliches Speiseöl im Wok erhitzen. Zuerst die Möhrenscheiben, dann nach und nach Maiskölbchen und das restliche vorbereitete Gemüse hinzugeben. Insgesamt etwa 5 Minuten unter Rühren dünsten (das Gemüse soll bissfest bleiben). Das Gemüse mit Austernsauce, Fischsauce und Zucker würzen.

5. Minze und Thai-Basilikum abspülen und trocken tupfen. Die Blättchen von den Stängeln zupfen (einige Basilikumblättchen zum Garnieren beiseitelegen). Die Blättchen in Streifen schneiden und unter das Gemüse heben. Den Gemüsemix sofort auf 4 Tellern verteilen. Die Poulardenbrustfilets schräg halbieren, auf das Gemüse legen und mit den beiseitegelegten Basilikumblättchen garnieren.

Tipp: Sie können die Poulardenbrustfilets statt im Backofen auch im Wok fertig garen. Dazu nach dem Anbraten die Brustfilets in dem Wok bei mittlerer Hitze in 10–12 Minuten fertig braten, gelegentlich wenden.

Gemüsepaste mit Ciabatta-Chips

Mediterran inspiriert

8–10 Portionen

Pro Portion: E: 3 g, F: 13 g, Kh: 18 g, kJ: 840, kcal: 201, BE: 1,5

1 Aubergine (etwa 300 g)
1–2 rote Paprikaschoten (etwa 250 g)
1–2 gelbe Paprikaschoten (etwa 250 g)
2 Möhren (etwa 200 g)
2 Schalotten
6 EL Olivenöl
Salz
gem. schwarzer Pfeffer
1 EL Paprikapulver rosenscharf
200 ml Gemüsebrühe
1 kleine Knoblauchzehe
½ Bund glatte Petersilie
2 EL Zitronensaft

Für die Ciabatta-Chips:

5 EL Olivenöl
1 EL gehackte Thymianblättchen
2 kleine Knoblauchzehen
200–250 g Ciabatta

einige Petersilienblättchen

Zubereitungszeit: 30 Minuten, ohne Abkühl- und Grillzeit
Garzeit: 30–35 Minuten

1. Den Backofen vorheizen.
Ober-/Unterhitze: etwa 180 °C
Heißluft: etwa 160 °C

2. Die Aubergine abspülen, abtrocknen und den Stängelansatz abschneiden. Die Aubergine in etwa 2 cm große Stücke schneiden.

3. Rote und gelbe Paprikaschoten halbieren, entstielen, entkernen und die weißen Scheidewände entfernen. Die Schoten abspülen, abtropfen lassen und ebenfalls in etwa 2 cm große Stücke schneiden.

4. Die Möhren putzen, schälen, abspülen und abtropfen lassen. Die Möhren in etwa 1 cm große Stücke schneiden. Die Schalotten abziehen und in grobe Würfel schneiden.

5. Auberginen- Paprika-, Möhren- und Schalottenwürfel in ein tiefes Backblech oder eine Fettpfanne geben. Das Gemüse mit 2 Esslöffeln von dem Olivenöl, Salz, Pfeffer und Paprikapulver mischen. Gemüsebrühe dazugießen.

6. Das Backblech in den vorgeheizten Backofen (unteres Drittel) schieben. Das Gemüse **30–35 Minuten garen.** Dabei das Gemüse zwischendurch ab und zu wenden.

7. Das Backblech auf einen Kuchenrost stellen. Den Backofengrill vorheizen. Die Knoblauchzehe abziehen und grob zerschneiden. Petersilie abspülen, trocken tupfen und die Blättchen von den Stängeln zupfen. Blättchen grob hacken.

8. Das Gemüse noch warm mit dem Zitronensaft, zerkleinertem Knoblauch, Petersilie und 4 Esslöffeln Olivenöl in einen hohen Rührbecher geben. Die Zutaten nicht zu feinstückig pürieren. Die Gemüsepaste mit Salz und Pfeffer würzen und erkalten lassen.

9. Für die Ciabatta-Chips Olivenöl mit Thymian, Salz und etwas Pfeffer verrühren. Die Knoblauchzehen abziehen und mit der Knoblauchpresse in das Ölgemisch pressen.

10. Das Ciabatta in etwa 40 sehr dünne Scheiben schneiden. Die Ciabattascheiben auf ein Backblech (gefettet, mit Backpapier belegt) legen. Jede Ciabattascheibe dünn mit dem Ölgemisch bepinseln.

11. Das Backblech unter den heißen Backofengrill schieben. Die Ciabattascheiben goldbraun und knusprig rösten. Das Backblech auf einen Kuchenrost stellen und die Ciabattascheiben abkühlen lassen.

12. Gemüsepaste in kleine Schälchen füllen und mit abgespülten, trocken getupften Petersilienblättchen garnieren. Die Gemüsepaste mit den Ciabatta-Chips anrichten.

Gemüse-Quiche mit Kräuter-Eier-Sahne | Einfach

4 Portionen

Pro Portion: E: 21 g, F: 35 g, Kh: 46 g, kJ: 2480, kcal: 592, BE: 3,5

1 rote oder gelbe Paprikaschote (etwa 200 g)
2 mittelgroße Zucchini (etwa 250 g)
200 g Cocktailtomaten
4 Eier (Größe M)
200 g Schlagsahne
Salz
gem. Pfeffer
25 g TK-Kräuter-Mischung

Für den Quark-Öl-Teig:
200 g Weizenmehl
½ Pck. Dr. Oetker Backin
100 g Magerquark
1 Ei (Größe M)
3 EL Milch
4 EL Rapsöl

Zubereitungszeit: 30 Minuten
Backzeit: etwa 45 Minuten

1. Paprikaschote halbieren, entstielen, entkernen und die weißen Scheidewände entfernen. Schotenhälften abspülen, abtropfen lassen und in Stücke schneiden.

2. Die Zucchini abspülen, abtrocknen und die Enden abschneiden. Zucchini in Scheiben schneiden. Tomaten abspülen, trocken tupfen, halbieren und die Stängelansätze herausschneiden.

3. Eier mit Sahne verschlagen, mit Salz und Pfeffer würzen. Kräuter-Mischung unterrühren.

4. Den Backofen vorheizen.
Ober-/Unterhitze: etwa 180 °C
Heißluft: etwa 160 °C

5. Für den Teig das Mehl mit Backpulver in einer Rührschüssel mischen. Quark, Ei, Milch und Öl hinzufügen. Die Zutaten mit einem Mixer (Knethaken) zunächst kurz auf niedrigster, dann auf höchster Stufe zu einem Teig verarbeiten (nicht zu lange, der Teig klebt sonst). Teig auf der leicht bemehlten Arbeitsfläche zu einer Rolle formen.

6. Die Teigrolle zu einer runden Platte (Ø etwa 30 cm) ausrollen und in eine Tarteform (Ø 26–28 cm, gut gefettet oder mit Backpapier belegt) legen, dabei einen etwa 3 cm hohen Rand andrücken.

7. Paprikastücke, Zucchinischeiben und Tomatenhälften auf dem Teigboden verteilen und mit der Kräuter-Eier-Sahne übergießen.

8. Die Form auf dem Rost in den vorgeheizten Backofen schieben. Die Quiche **etwa 45 Minuten backen.**

9. Die Form aus dem Backofen nehmen. Quiche kurz ruhen lassen, in Tortenstücke schneiden und sofort servieren.

Gemüse-Reis-Auflauf I

Mediterran inspiriert

4 Portionen

Pro Portion: E: 36 g, F: 48 g, Kh: 50 g, kJ: 3246, kcal: 775, BE: 3,5

1 EL Olivenöl
500 g Gehacktes (halb Rind-, halb Schweinefleisch)
Salz
gem. Pfeffer
Paprikapulver edelsüß
200 g Langkornreis
1 l Salzwasser
2–3 Fleischtomaten (etwa 500 g)
1–2 Auberginen (etwa 400 g)
2 Zucchini (etwa 400 g)
6 EL Olivenöl
je einige Stängel Schnittlauch, glatte Petersilie und Basilikum
2 Knoblauchzehen
125 g Schlagsahne
150 g saure Sahne
1 Ei (Größe M)

Zubereitungszeit: 45 Minuten
Garzeit: etwa 30 Minuten

1. Olivenöl in einer Pfanne erhitzen. Gehacktes unter Rühren darin anbraten. Dabei die Fleischklümpchen mit einer Gabel zerdrücken. Das Gehackte mit Salz, Pfeffer und Paprika würzen.

2. Reis in kochendem Salzwasser nach Packungsanleitung garen. Reis in ein Sieb geben, mit kaltem Wasser übergießen und abtropfen lassen.

3. Tomaten, Auberginen und Zucchini abspülen, abtrocknen und die Stängelansätze bzw. Enden entfernen. Tomaten, Zucchini und Auberginen in Scheiben schneiden. Jeweils etwas Olivenöl in einer großen Pfanne erhitzen. Zucchini- und Auberginenscheiben darin portionsweise von beiden Seiten anbraten. Gemüse mit Salz und Pfeffer bestreuen. Die Zucchini- und Auberginenscheiben herausnehmen, auf Küchenpapier legen und abtropfen lassen.

4. Den Backofen vorheizen.
Ober-/Unterhitze: etwa 180 °C
Heißluft: etwa 160 °C

5. Kräuter abspülen und trocken tupfen. Schnittlauch in Röllchen schneiden. Von den restlichen Kräutern die Blättchen von den Stängeln zupfen. Blättchen klein schneiden und unter den Reis mischen. Knoblauch abziehen, fein hacken und unterrühren.

6. Abwechselnd dachziegelartig Tomaten-, Zucchini-, Auberginenscheiben, Gehacktesmasse und Kräuterreis in eine große, flache Auflaufform (gefettet) geben. Sahne mit saurer Sahne und Ei verschlagen, mit Salz, Pfeffer und Paprikapulver würzen. Die Sahnemasse auf dem Auflauf verteilen.

7. Die Form auf dem Rost in den vorgeheizten Backofen schieben. Den Auflauf **etwa 30 Minuten garen.**

Gemüse-Relish | Gut vorzubereiten

etwa 6 Gläser je 200 ml

Insgesamt: E: 25 g, F: 65 g, Kh: 560 g, kJ: 12686, kcal: 3004, BE: 44,0

400 g	*Gemüsezwiebeln (von etwa 2 Gemüsezwiebeln, vorbereitet gewogen)*
je 200 g	*rote und grüne Paprikaschoten (von etwa 500 g Paprikaschoten, vorbereitet gewogen)*
400 g	*Zucchini (von etwa 500 g Zucchini, vorbereitet gewogen)*
2	*Knoblauchzehen*
6 EL	*Olivenöl*
200 g	*Fleischtomaten (von etwa 300 g Tomaten, vorbereitet gewogen)*
375 ml	*Weißweinessig*
200 ml	*Tomatensaft*
2 EL	*Tomatenmark*
2 gestr. TL	*Salz*
2 gestr. EL	*Paprikapulver edelsüß*
1 gestr. TL	*Currypulver*
	gem. Pfeffer
	Cayennepfeffer
500 g	*Extra Gelierzucker 2 : 1*

Zubereitungszeit: 55 Minuten
Einkochzeit: etwa 15 Minuten
Haltbarkeit: kühl und dunkel gestellt etwa 6 Monate

1. Gemüsezwiebeln abziehen, in kleine Würfel schneiden und 400 g abwiegen. Paprikaschoten halbieren, entstielen, entkernen und die weißen Scheidewände entfernen. Schoten abspülen, trocken tupfen, in kleine Würfel schneiden und insgesamt 400 g abwiegen.

2. Zucchini abspülen, abtrocknen und die Enden abschneiden. Zucchini längs halbieren, in kleine Würfel schneiden und 400 g abwiegen. Knoblauch abziehen und klein würfeln. Das Olivenöl in einem Topf erhitzen. Vorbereitete Gemüsewürfel darin evtl. portionsweise einige Minuten andünsten.

3. Die Tomaten kreuzweise einschneiden und mit kochendem Wasser übergießen. Nach 1–2 Minuten herausnehmen und mit kaltem Wasser abschrecken. Tomaten häuten, halbieren, entkernen und die Stängelansätze herausschneiden. Tomatenhälften in Würfel schneiden und 200 g abwiegen.

4. Die Tomatenwürfel mit Essig, Tomatensaft, -mark, Salz, Paprika, Curry, Pfeffer, Cayennepfeffer und Extra Gelierzucker zu den angedünsteten Gemüsewürfeln in den Topf geben, unter Rühren zum Kochen bringen und etwa 15 Minuten kochen lassen, dabei ab und zu umrühren.

5. Nach Belieben die Gemüsemasse nach dem Kochen so lange pürieren, bis die Hälfte musig ist. Dann gut verrühren und nochmals aufkochen lassen.

6. Relish sofort randvoll in vorbereitete Gläser füllen. Gläser mit Twist-off-Deckeln® verschließen, umdrehen und etwa 5 Minuten auf den Deckeln stehen lassen.

Gemüsesalat mit Schalotten-Vinaigrette I

Vegetarisch

4 Portionen

Pro Portion: E: 19 g, F: 13 g, Kh: 19 g, kJ: 1122, kcal: 268, BE: 1,0

400 g Tofu
4 EL Teriyakisauce

2 kleine Kohlrabi (je etwa 200 g)
2 Bund Radieschen (je etwa 250 g)
2 Bund Frühlingszwiebeln (je etwa 200 g)
Salz

Für die Vinaigrette:

2 Schalotten
8 Stängel Schnittknoblauch
2 EL Apfelessig
1 TL körniger Senf
1 EL Honig
gem. Pfeffer
2 EL Olivenöl

3–4 EL Olivenöl zum Braten

Zubereitungszeit: 35 Minuten

1. Tofu trocken tupfen und in etwa 1 cm dicke Scheiben schneiden, mit der Teriyakisauce beträufeln. Die Tofuscheiben zugedeckt zum Durchziehen bis zur Weiterverarbeitung in den Kühlschrank stellen.

2. Kohlrabi putzen, schälen, abspülen, abtropfen lassen und in Stifte schneiden. Radieschen putzen, dabei evtl. etwas Grün stehen lassen, abspülen, abtropfen lassen und halbieren. Die Frühlingszwiebeln putzen, abspülen, abtropfen lassen und längs halbieren.

3. Salzwasser in einem Topf zum Kochen bringen und die Frühlingszwiebeln darin blanchieren. Die Frühlingszwiebeln dann in ein Sieb geben, mit kaltem Wasser abschrecken und abtropfen lassen.

4. Die Gemüsesorten nebeneinander auf 4 Tellern oder einer großen Platte anrichten.

5. Für die Vinaigrette Schalotten abziehen und fein würfeln. Schnittknoblauch abspülen, trocken tupfen und in feine Röllchen schneiden.

6. Eine Prise Salz in dem Apfelessig unter Rühren auflösen. Senf, Honig und Pfeffer unterrühren. Das Olivenöl kräftig unterschlagen, bis eine Bindung entsteht. Schalotten und Schnittknoblauch unterrühren.

7. Olivenöl in einer Pfanne erhitzen. Die Tofuscheiben darin jeweils etwa 2 Minuten von beiden Seiten bei mittlerer Hitze braten. Die Tofuscheiben auf den Tellern oder der Platte anrichten, die Vinaigrette nochmals aufschlagen und über das Gemüse geben.

Gemüsestreifen mit Kräuter-Schollen-Filet I

Fernöstlich inspiriert

4 Portionen

Pro Portion: E: 27 g, F: 18 g, Kh: 20 g, kJ: 1485, kcal: 355, BE: 1,0

Für das Gemüse:

180 g Möhren,
1 Stange Porree (Lauch, etwa 200 g)
250 g Staudensellerie
1 Gemüsezwiebel
Salz

Für den Fisch:

1–2 Stängel Koriander
1 Bund glatte Petersilie
1 EL mittelscharfer Senf
1 TL ger. Meerrettich oder Wasabipaste
50 g Semmelbrösel
3 EL Olivenöl
4 Schollenfilets (je etwa 120 g)
gem. Pfeffer
Saft von
½ Zitrone

2 EL Olivenöl
160 g frische Sojabohnenkeimlinge oder abgetropfte (aus dem Glas)
4 TL Sojasauce

Zubereitungszeit: 45 Minuten
Garzeit: etwa 15 Minuten

1. Für das Gemüse Möhren putzen, schälen, abspülen und abtropfen lassen. Porree putzen, die Stange längs halbieren, gründlich waschen und abtropfen lassen. Staudensellerie putzen und die harten Außenfäden abziehen. Sellerie abspülen und abtropfen lassen. Die Gemüsezwiebel abziehen.

2. Das Gemüse in feine Streifen schneiden. Das Salzwasser in einem Topf zum Kochen bringen und die Gemüsestreifen darin kurz blanchieren, dann mit kaltem Wasser abschrecken und abtropfen lassen.

3. Für das Fischfilet Koriander und Petersilie abspülen, trocken tupfen und die Blättchen von den Stängeln zupfen. Einige Blättchen zum Garnieren beiseitelegen. Die restlichen Blättchen fein hacken, mit Senf, Meerrettich oder Wasabipaste, Semmelbröseln und Olivenöl vermischen.

4. Die Schollenfilets unter fließendem kalten Wasser abspülen, trocken tupfen, mit Salz, Pfeffer und Zitronensaft würzen.

5. In einer großen Pfanne Öl erhitzen und die vorbereiteten Gemüsestreifen darin kurz andünsten.

6. Frische Sojabohnenkeimlinge in ein Sieb geben, abspülen und abtropfen lassen. Die Sojabohnenkeimlinge unter die Gemüsestreifen rühren. Das Gemüse mit Salz, Pfeffer und Sojasauce abschmecken.

7. Den Backofen vorheizen.
Ober-/Unterhitze: etwa 180 °C
Heißluft: etwa 160 °C

8. Das Gemüse in eine große Auflaufform (gefettet) geben. Die Schollenfilets nebeneinander darauflegen und mit der Semmelbrösel-Kräuter-Mischung belegen.

9. Die Auflaufform auf dem Rost in den Backofen schieben und das Ganze **etwa 15 Minuten garen.**

10. Die Gemüsestreifen mit den Schollenfilets und beiseitegelegten Kräuterblättchen garniert servieren.

Gemüsesuppe, klare | Einfach

4 Portionen

Pro Portion: E: 5 g, F: 1 g, Kh: 10 g, kJ: 296, kcal: 71, BE: 1,0

375 g Möhren
1 Kohlrabi
50 g Knollensellerie
½ Blumenkohl
1 kleine Stange Porree (Lauch)
1 l Gemüsebrühe
1 Lorbeerblatt
Salz
gem. Pfeffer
1 Prise Zucker
2 EL gehackte Petersilienblättchen

Zubereitungszeit: 30 Minuten
Garzeit: etwa 15 Minuten

1. Möhren, Kohlrabi und Sellerie putzen, schälen, abspülen und abtropfen lassen. Die Möhren in Scheiben, Kohlrabi und Sellerie in Würfel schneiden.

2. Vom Blumenkohl die Blätter entfernen und den Strunk abschneiden. Den Blumenkohl in kleine Röschen teilen, abspülen und abtropfen lassen.

3. Porree putzen, die Stange längs einschneiden, gründlich waschen, abtropfen lassen und in dünne Scheiben schneiden.

4. Die Gemüsebrühe in einen Topf zum Kochen bringen. Das Lorbeerblatt und das Gemüse hinzugeben, das Ganze wieder zum Kochen bringen und zugedeckt in etwa 15 Minuten noch leicht bissfest kochen lassen.

5. Das Lorbeerblatt aus der Suppe entfernen. Die Gemüsesuppe mit Salz, Pfeffer und Zucker abschmecken und mit Petersilie bestreut servieren.

Gemüsesuppe mit Pesto

Mediterran inspiriert

4 Portionen

Pro Portion: E: 9 g, F: 12 g, Kh: 13 g, kJ: 835, kcal: 199, BE: 0,5

je 250 g rote und gelbe Cocktailtomaten
1 Bund Frühlingszwiebeln
je 1 rote und gelbe Paprikaschote
1 l Gemüsebrühe
Salz
gem. Pfeffer

Für das Pesto:

1 Bund Basilikum
2 Knoblauchzehen
20 g Pinienkerne
50 g ger. Parmesan
2 EL Olivenöl

Zubereitungszeit: 30 Minuten
Garzeit: etwa 10 Minuten

1. Die Tomaten abspülen, abtrocknen, vierteln, entkernen und die Stängelansätze herausschneiden. Die Frühlingszwiebeln putzen, abspülen, abtropfen lassen und in Scheiben schneiden.

2. Paprikaschoten halbieren, entstielen, entkernen und die weißen Scheidewände entfernen. Schoten abspülen, abtropfen lassen und in Stücke schneiden.

3. Die Gemüsebrühe in einem Topf zum Kochen bringen. Die Frühlingszwiebelscheiben und Paprikastücke hinzugeben, etwa 5 Minuten kochen lassen. Dann die Tomatenviertel hinzugeben. Die Suppe weitere etwa 5 Minuten kochen lassen.

4. Inzwischen für das Pesto Basilikum abspülen und trocken tupfen. Die Blättchen von den Stängeln zupfen. Einige Blättchen zum Garnieren beiseitelegen. Die restlichen Blättchen klein schneiden oder hacken. Knoblauch abziehen. Knoblauch und Pinienkerne fein hacken. Die vorbereiteten Zutaten mit dem Parmesan in einer kleinen Schüssel vermischen. Olivenöl unterrühren. Das Pesto mit Pfeffer würzen.

5. Die Suppe mit Salz und Pfeffer abschmecken und auf Tellern anrichten. Jeweils etwas Pesto in die Suppe geben und mit den beiseitegelegten Basilikumblättchen garniert sofort servieren.

Gemüsesuppe „Zack Zack" I

Schnell – vegetarisch

4 Portionen

Pro Portion: E: 8 g, F: 8 g, Kh: 18 g, kJ: 766, kcal: 183, BE: 1,5

1	*mittelgroße Möhre*
1	*gelbe Paprikaschote*
1	*Zucchini (etwa 200 g)*
1	*mittelgroße Zwiebel*
1	*Knoblauchzehe*
3 EL	*Olivenöl*
500 ml	*heiße Gemüsebrühe*
400 g	*geschälte Tomaten (aus der Dose)*
3–4 Stängel	*Kräuter, z. B. Oregano, Basilikum, Thymian*
250 g	*abgetropfte, weiße Bohnen (aus der Dose)*
	Salz
	gem. Pfeffer

Zubereitungszeit: 25 Minuten

1. Möhre putzen, schälen, abspülen, abtropfen lassen und in Würfel schneiden. Die Paprikaschote halbieren, entstielen, entkernen und die weißen Scheidewände entfernen. Schotenhälften abspülen, abtropfen lassen und ebenfalls in Würfel schneiden.

2. Zucchini abspülen, abtrocknen und die Enden abschneiden. Die Zucchini in feine Scheiben schneiden. Zwiebel und Knoblauch abziehen, halbieren und fein würfeln.

3. Olivenöl in einem Topf erhitzen. Zwiebel- und Knoblauchwürfel hinzugeben und kurz andünsten. Möhren- und Paprikawürfel sowie Zucchinischeiben hinzugeben und unter Rühren etwa 2 Minuten mitdünsten. Gemüsebrühe und geschälte Tomaten mit der Flüssigkeit hinzugeben. Die Zutaten zum Kochen bringen und zugedeckt bei schwacher Hitze etwa 10 Minuten kochen lassen.

4. In der Zwischenzeit die Kräuter abspülen, trocken tupfen und die Blättchen von den Stängeln zupfen. Blättchen evtl. klein schneiden.

5. Weiße Bohnen zu der Suppe in den Topf geben. Die Gemüsesuppe weitere etwa 5 Minuten bei schwacher Hitze kochen lassen.

6. Gemüsesuppe mit Salz und Pfeffer würzen. Suppe in tiefen Tellern oder Suppentassen verteilen und mit den Kräutern bestreut servieren.

Gemüse-Tempura I

Vegetarisch

4 Portionen

Pro Portion: E: 10 g, F: 28 g, Kh: 40 g, kJ: 1872, kcal: 447, BE: 3,0

100 g Chinakohlblätter
250 g Hokkaido-Kürbis
Salz
175 g Zucchini
2 grüne Paprikaschoten

Für den Dip:

20 g frischer Ingwer
2 Stängel Koriander
1–2 EL Sojasauce
1 EL dunkles Sesamöl

Für den Tempura-Teig:

200 g Weizenmehl
50 g Speisestärke
425 ml eiskaltes Mineralwasser mit Kohlensäure
2 EL Sesamsamen
1 EL Chiliflocken

etwa 1 l Speiseöl, z. B. Sonnenblumenöl

Zubereitungszeit: 45 Minuten

1. Chinakohlblätter abspülen, trocken tupfen und in etwa 6 x 4 cm große Stücke schneiden. Den Kürbis abspülen, abtrocknen und halbieren. Kerne und faserigen Innenteil entfernen. Kürbis in feine, etwa 1 cm breite Spalten schneiden, evtl. schälen. Die Spalten mit Salz einreiben.

2. Zucchini abspülen, trocken tupfen und die Enden abschneiden. Die Zucchini längs halbieren und in rechteckige Stücke schneiden (etwa 1 x 5 cm). Die Paprikaschoten halbieren, entstielen, entkernen und die weißen Scheidewände entfernen. Schoten abspülen, abtropfen lassen und der Länge nach sechsteln.

3. Für den Dip Ingwer schälen und sehr fein würfeln. Koriander abspülen, trocken tupfen und die Blättchen von den Stängeln zupfen. Die Blättchen fein schneiden. Ingwer mit Sojasauce und Sesamöl mischen. Den Koriander unterrühren.

4. Für den Tempura-Teig Mehl mit Stärke und Mineralwasser in einer Rührschüssel mit einem Schneebesen kräftig verrühren. Die Sesamsamen und Chiliflocken unterrühren.

5. Das Sonnenblumenöl in einem tiefen Topf auf etwa 175 °C erhitzen. Für die richtige Frittiertemperatur des Öls einen Holzlöffelstiel in das Fett halten. Bilden sich Bläschen um den Holzlöffelstiel, ist die richtige Temperatur erreicht.

6. Gemüsestücke mithilfe einer Gabel in den Tempura-Teig tauchen, kurz abtropfen lassen und portionsweise schwimmend in dem heißen Öl etwa 3 Minuten ausbacken. Die Gemüsestücke dann mit einer Schaumkelle herausnehmen und kurz auf Küchenpapier abtropfen lassen. Die Gemüse-Tempura noch heiß mit dem Dip servieren.

Gemüse-Tofu-Fondue I

Vegetarisch

6 Portionen

Pro Portion: E: 12 g, F: 34 g, Kh: 27 g, kJ: 1926, kcal: 461, BE: 2,0

1 1/4 kg Gemüse, z. B. Blumenkohl, Fenchel, Möhren, Frühlingszwiebeln, Spargel, Mangold, Kohlrabi
Salz

Für die Aprikosensauce:
150 g Aprikosenkonfitüre
150 g Mayonnaise
3 TL Currypulver

2 Bund Kräuter, z. B. Petersilie, Bärlauch, Schnittlauch
325 g Tofu
250 g Sauce hollandaise (aus dem Tetra Pak®)
1 l Gemüsebrühe

Zubereitungszeit: 35 Minuten

1. Gemüse putzen, schälen, abspülen, abtropfen lassen und in mundgerechte Stücke schneiden. Salzwasser in einem Topf zum Kochen bringen und die Gemüsestücke darin portionsweise kurz blanchieren. Die Gemüsestücke dann mit kaltem Wasser abschrecken und abtropfen lassen.

2. Für die Aprikosensauce Aprikosenkonfitüre glatt rühren. Mayonnaise unterrühren und die Sauce mit Curry abschmecken.

3. Kräuter abspülen, trocken tupfen, Blättchen von den Stängeln zupfen und fein hacken. Schnittlauch in Röllchen schneiden. Tofu in etwa 2 cm große Stücke schneiden.

4. Sauce hollandaise nach Packungsanleitung erwärmen, mit den gehackten Kräutern vermischen.

5. Gemüsebrühe in einem Fondue-Topf erhitzen. Tofu und Gemüsestücke nach und nach darin garen, dazu Sauce hollandaise und Aprikosensauce reichen.

Gemüsetopf mit Hähnchenfleisch | Fettarm

4 Portionen

Pro Portion: E: 34 g, F: 6 g, Kh: 18 g, kJ: 1124, kcal: 269, BE: 1,0

500 g Hähnchenbrustfilet
250 g festkochende Kartoffeln
1 Kohlrabi (etwa 200 g)
2 dicke Möhren (etwa 200 g)
1 Bund Frühlingszwiebeln (etwa 250 g)
250 g grüner Spargel
2 EL Speiseöl, z. B. Sonnenblumenöl
Salz, gem. Pfeffer
1 EL Tomatenmark
500 ml Hühnerbrühe
½ Bund Kerbel

Zubereitungszeit: 20 Minuten
Garzeit: etwa 40 Minuten

1. Hähnchenbrustfilet unter fließendem kalten Wasser abspülen, trocken tupfen und klein würfeln.

2. Kartoffeln und Kohlrabi schälen, abspülen und abtropfen lassen. Möhren putzen, schälen. Frühlingszwiebeln putzen. Möhren und Frühlingszwiebeln abspülen, abtropfen lassen. Frühlingszwiebeln in 3 cm lange Stücke schneiden. Kartoffeln, Kohlrabi und Möhren zuerst in Scheiben, dann in Stifte schneiden.

3. Vom Spargel nur das untere Drittel schälen und die holzigen Enden abschneiden. Spargel abspülen, abtropfen lassen und in etwa 3 cm lange Stücke schneiden.

4. Öl in einem großen Topf erhitzen. Hähnchenfleischstücke darin portionsweise von allen Seiten anbraten, mit Salz und Pfeffer würzen. Kartoffel-, Kohlrabi- und Möhrenstifte zugeben und mitdünsten. Tomatenmark unterrühren. Die Hälfte der Brühe zugießen. Zutaten zum Kochen bringen und etwa 20 Minuten bei mittlerer Hitze kochen lassen.

5. Restliche Brühe hinzugießen, wieder zum Kochen bringen und bei schwacher Hitze noch etwa 10 Minuten garen. Inzwischen Kerbel abspülen, trocken tupfen und die Blättchen von den Stängeln zupfen.

6. Spargel- und Frühlingszwiebelstücke zum Hähnchenfleischtopf geben, mit Salz und Pfeffer würzen. Einige Kerbelblättchen unterrühren, die Suppe wieder zum Kochen bringen und weitere etwa 10 Minuten bei schwacher Hitze garen.

7. Gemüsetopf mit Salz und Pfeffer abschmecken und mit den restlichen Kerbelblättchen bestreut servieren.

Gemüsetopf mit Schwemmklößchen I

Macht richtig satt

4–6 Portionen

Pro Portion: E: 17 g, F: 12 g, Kh: 36 g,
kJ: 1369, kcal: 327, BE: 3,0

	Salz
etwa 400 g	*dicke Bohnenkerne (frisch, TK oder abgetropfte aus dem Glas)*

Für die Schwemmklößchen:

50 g	*Butter*
100 g	*Weizenmehl*
150 ml	*Milch (3,5 % Fett)*
1	*Ei (Größe M)*
	ger. Muskatnuss
900 g	*Wirsing*
400 g	*Steckrübe*
4	*Knoblauchzehen*
1 ½ l	*Gemüsebrühe*
	gem. Pfeffer
1 Bund	*Petersilie*
2	*Tomaten*

Zubereitungszeit: 30 Minuten, ohne Abkühlzeit
Garzeit: etwa 50 Minuten

1. Salzwasser in einem Topf zum Kochen bringen. Darin frische oder TK-Bohnenkerne etwa 15 Minuten garen. Die Bohnenkerne in ein Sieb abgießen, mit kaltem Wasser abschrecken und abtropfen lassen.

2. Inzwischen für die Schwemmklößchen die Butter in einem kleinen Topf zerlassen. Das Mehl unter Rühren zufügen und zu einer krümeligen Masse verrühren. Die Milch unter Rühren hinzugießen.

3. Das Ganze unter Rühren etwa 2 Minuten erhitzen, bis sich die Masse vom Topfboden löst. Den Topf von der Kochstelle nehmen und die Masse erkalten lassen. Dann das Ei unter die erkaltete Masse unterrühren. Die Masse mit Salz und Muskat würzen.

4. Wirsing putzen, abspülen, abtropfen lassen, vierteln und den Strunk herausschneiden. Wirsing in Streifen schneiden. Die Steckrübe putzen, schälen, abspülen, abtropfen lassen und klein würfeln. Knoblauchzehen abziehen und klein hacken.

5. Gemüsebrühe in einem großen Topf zum Kochen bringen. Die Steckrübenwürfel und den Knoblauch darin etwa 10 Minuten kochen. Dann die Wirsingstreifen und Bohnenkerne hinzufügen. Die Suppe mit Salz und Pfeffer würzen und weitere etwa 15 Minuten kochen lassen.

6. In der Zwischenzeit in einem zweiten Topf Salzwasser zum Kochen bringen. Von der Klößchenmasse mit 2 in heißes Wasser getauchten Teelöffeln oder einem in heißes Wasser getauchten Esslöffel Klößchen abstechen. Die Klößchen direkt vom Löffel portionsweise in das kochende Salzwasser geben, jeweils in etwa 5 Minuten gar ziehen lassen bis die Klößchen an der Oberfläche schwimmen. (Das Salzwasser muss sich leicht bewegen.)

7. Petersilie abspülen, trocken tupfen und die Blättchen von den Stängeln zupfen. Die Blättchen klein schneiden. Tomaten abspülen, abtrocknen, halbieren und die Stängelansätze herausschneiden. Tomaten klein würfeln.

8. Zum Servieren die Klößchen und die Tomatenwürfel in die Suppe geben. Die Suppe mit Petersilie bestreut servieren.

Gemüse-Tortilla-Häppchen I

Für Gäste

4 Portionen

Pro Portion: E: 15 g, F: 21 g, Kh: 12 g, kJ: 1229, kcal: 294, BE: 1,0

2 rote Paprikaschoten (etwa 400 g)
250 g Frühlingszwiebeln
2 Knoblauchzehen
2 EL Olivenöl
Salz
gem. Pfeffer
8 Eier (Größe M)
etwa 7 Spritzer Tabasco
2 EL Olivenöl

Außerdem:

12 kleine Holzspieße

Zubereitungszeit: 45 Minuten

1. Paprikaschoten halbieren, entstielen, entkernen und die weißen Scheidewände entfernen. Die Schoten abspülen, abtropfen lassen und in sehr feine Streifen schneiden.

2. Frühlingszwiebeln putzen, abspülen, abtropfen lassen und in 5 cm lange Stücke schneiden. 6–8 Stücke davon in feine Scheiben schneiden und beiseitelegen. Knoblauch abziehen, durch eine Knoblauchpresse drücken oder sehr fein hacken.

3. Olivenöl in einer großen Pfanne erhitzen. Paprikastreifen, Frühlingszwiebelstücke und den Knoblauch hineingeben und darin bei mittlerer Hitze in etwa 2 Minuten unter gelegentlichem Rühren andünsten. Das Gemüse mit Salz und Pfeffer würzen, aus der Pfanne nehmen und abkühlen lassen.

4. Die Eier mit Salz, Pfeffer und Tabasco verschlagen. 1 Esslöffel vom Öl in einer Pfanne (Ø etwa 20 cm) erhitzen. Die Hälfte der Eiermasse hineingeben und zugedeckt bei schwacher Hitze in etwa 8 Minuten garen, das Ei sollte vollständig gestockt sein.

5. Das Omelett aus der Pfanne nehmen und etwas abkühlen lassen. Aus der restlichen Eiermasse auf die gleiche Weise ein weiteres Omelett zubereiten.

6. Jedes Omelett in 6 Tortenstücke schneiden. Auf jedes Stück am breiteren Ende die Paprikastreifen und die Frühlingszwiebelstücke gleichmäßig verteilen. Die Omelettspitzen jeweils über das Gemüse nach oben klappen und anschließend mit einem kleinen Holzspieß feststecken.

7. Die Tortilla-Stücke auf einem Teller anrichten und mit den Frühlingszwiebelscheiben bestreuen.

Gemüsezwiebeln, mit Pilzen gefüllt I

Für Gäste

4 Portionen

Pro Portion: E: 21 g, F: 33 g, Kh: 19 g, kJ: 1902, kcal: 456, BE: 1,0

4 Gemüsezwiebeln (je 350–400 g)
Salz

Für die Füllung:

200 g rosa Champignons
200 g Pfifferlinge
100 g magerer, roher Schinken
1 kleines Bund Thymian
2 EL Speiseöl, z. B. Rapsöl
gem. Pfeffer
2 Eier (Größe M)
125 g Schlagsahne
2 EL Speiseöl, z. B. Rapsöl
80 g ger. Emmentaler

Zubereitungszeit: 40 Minuten, ohne Abkühlzeit
Garzeit: 40–45 Minuten

1. Zwiebeln abziehen und die Wurzelenden gerade schneiden. Zwiebeln abspülen, trocken tupfen und quer halbieren. Salzwasser zum Kochen bringen und die Zwiebelhälften etwa 15 Minuten darin garen. Die Zwiebelhälften in ein Sieb geben, mit kaltem Wasser abschrecken, gut abtropfen und abkühlen lassen. Die Zwiebeln bis auf 3 Schichten aushöhlen. Das Zwiebelinnere in kleine Würfel schneiden.

2. Für die Füllung Pilze putzen, mit Küchenpapier abreiben, evtl. abspülen und trocken tupfen. Große Pilze in kleine Stücke schneiden. Schinken in kleine Würfel schneiden. Den Thymian abspülen und trocken tupfen. Einige Stängel zum Garnieren beiseitelegen. Die Blättchen von den restlichen Stängeln zupfen.

3. Den Backofen vorheizen.
Ober-/Unterhitze: etwa 180 °C
Heißluft: etwa 160 °C

4. Das Speiseöl in einer großen Pfanne erhitzen. Die Schinken-, Zwiebelwürfel und Pilze darin andünsten. Thymianblättchen unterrühren und mit Salz und Pfeffer würzen.

5. Ausgehöhlte Zwiebelhälften in eine große, flache Auflaufform (gefettet) geben und mit der Pilz-Zwiebel-Masse füllen. Eier mit Sahne verschlagen und daraufgießen. Die Form auf dem Rost in den vorgeheizten Backofen schieben. Gefüllte Zwiebeln **etwa 30 Minuten garen.**

6. Die gefüllten Zwiebelhälften mit Käse bestreuen und **bei gleicher Backofeneinstellung weitere 10–15 Minuten überbacken.**

7. Die gefüllten Gemüsezwiebeln mit beiseitegelegten Thymianstängeln garniert servieren.

Glasierte Möhren mit Hähnchenbrustfilet und Couscous

Exotisch

4 Portionen

Pro Portion: E: 42 g, F: 21 g, Kh: 50 g, kJ: 2379, kcal: 569, BE: 3,5

4 Hähnchenbrustfilets (je etwa 150 g)
Salz
gem. Pfeffer
4 EL Olivenöl
1 kg junge Bundmöhren
2 EL Butter
Zucker
300–400 ml Wasser
200 g Couscous
2 Bio-Limetten (unbehandelt, ungewachst)
2 EL Butter
8 Stängel Pfefferminze

Zubereitungszeit: 40 Minuten

1. Die Hähnchenbrustfilets unter fließendem kalten Wasser abspülen, trocken tupfen, mit Salz und Pfeffer würzen.

2. Olivenöl in einer großen Pfanne erhitzen. Die Hähnchenbrustfilets darin anbraten und dann von jeder Seite etwa 5 Minuten braten.

3. In der Zwischenzeit Möhren putzen, das Grün bis auf 2 cm abschneiden. Möhren schälen, abspülen und abtropfen lassen. Butter in einer großen Pfanne zerlassen. Zucker hinzufügen und unter Rühren auflösen.

4. Möhren in die Pfanne geben, kurz durchschwenken, sodass die Möhren mit Butter-Zucker-Mischung überzogen sind. Die Möhren mit Salz würzen. Wasser hinzugießen und die Möhren zugedeckt etwa 5 Minuten garen.

5. Couscous nach Packungsanleitung zubereiten. Limetten heiß abspülen, abtrocknen und halbieren. Etwas Limettenschale abreiben. 2 Limettenhälften auspressen, die anderen in Scheiben schneiden und zum Garnieren beiseitestellen.

6. Die Butter unter den Couscous rühren. Couscous mit Salz, Limettensaft und -schale abschmecken.

7. Pfefferminze abspülen, abtropfen lassen und die Blättchen von 2 Stängeln zupfen. Die Blättchen fein schneiden und unter das Couscous geben.

8. Die glasierte Möhren mit Hähnchenbrustfilets und Couscous anrichten, mit den restlichen Pfefferminzestängeln und Limettenscheiben garniert servieren.

Glasiertes Wurzelgemüse in Rosinensauce I

Pikant-süße Vorspeise

4 Portionen

Pro Portion: E: 4 g, F: 9 g, Kh: 35 g, kJ: 1015, kcal: 243, BE: 2,5

Zum Vorbereiten:

75 g helle Rosinen
75 ml heißes Wasser

Für das Wurzelgemüse:

350 g Knollensellerie
400 g Möhren
1 Stange Staudensellerie
1 Bund Frühlingszwiebeln
200 g kleine Schalotten
Salz

Für die Sauce:

40 g Butter
30 g Zucker
2 EL Balsamico-Essig
gem. Pfeffer
evtl. etwas Saucenbinder

Zubereitungszeit: 50 Minuten

1. Zum Vorbereiten für die Sauce die Rosinen etwa 15 Minuten in dem heißen Wasser einweichen.

2. Inzwischen für das Wurzelgemüse Sellerie und Möhren putzen, schälen, abspülen und gut abtropfen lassen.

3. Staudensellerie putzen und die harten Außenfäden abziehen. Sellerie abspülen und abtropfen lassen. Das Gemüse in gleich große Stifte schneiden.

4. Frühlingszwiebeln putzen, das dunkle Grün abschneiden. Frühlingszwiebeln abspülen und abtropfen lassen. Schalotten abziehen.

5. Salzwasser in einem Topf zum Kochen bringen. Nacheinander darin die Gemüsestifte und Schalotten in je etwa 5 Minuten bissfest kochen. Anschließend die Frühlingszwiebeln darin 2 Minuten blanchieren. Das Gemüse in ein Sieb geben, mit kaltem Wasser abschrecken und abtropfen lassen.

6. Für die Sauce die Butter in einer großen Pfanne zerlassen. Den Zucker darin ganz leicht karamellisieren. Rosinen in ein Sieb geben, dabei das Einweichwasser auffangen. Gemüse mit dem Einweichwasser in die Pfanne geben. Gemüse in der Butter-Zucker-Mischung schwenken.

7. Das Gemüse mit einem Schaumlöffel aus der Pfanne nehmen. Rosinen in die Pfanne geben und unterrühren. Die Sauce mit Essig, Salz und Pfeffer würzen, etwas einkochen lassen oder nach Belieben mit etwas Saucenbinder binden.

Griechische Gemüse-Lamm-Pfanne I

Für Gäste – etwas teurer

4 Portionen

Pro Portion: E: 40 g, F: 41 g, Kh: 37 g, kJ: 2844, kcal: 680, BE: 2,5

etwa 350 g Zucchini
1 große Aubergine (etwa 480 g)
2 Knoblauchzehen
1 Bund Frühlingszwiebeln
500 g ausgelöster Lammrücken
4 EL Olivenöl
Salz, gem. Pfeffer
1 TL Tomatenmark
150 g griechische Reisnudeln
375 ml heiße Gemüsebrühe
grob geschroteter Chili
je 1 Stängel Thymian und Rosmarin
200 g Tomaten
200 g Fetakäse

Zubereitungszeit: 30 Minuten

1. Den Backofen vorheizen.
Ober-/Unterhitze: etwa 200 °C
(Heißluft weniger gut geeignet)

2. Zucchini und Aubergine abspülen, abtrocknen und die Enden bzw. Stängelansatz entfernen. Die Zucchini in etwa 1 cm dicke Scheiben schneiden. Aubergine längs vierteln und in Stücke schneiden. Knoblauch abziehen und in Scheiben schneiden. Frühlingszwiebeln putzen, abspülen, abtropfen lassen und in Stücke schneiden.

3. Den Lammrücken mit Küchenpapier trocken tupfen. Die Hälfte des Olivenöls in einer großen Pfanne erhitzen. Den Lammrücken darin von allen Seiten kräftig anbraten, mit Salz und Pfeffer würzen und in eine Auflaufform legen. Die Form zugedeckt auf dem Rost in den vorgeheizten Backofen schieben. Lammrücken **etwa 10 Minuten garen.**

4. Inzwischen restliches Olivenöl zum Bratfett in die Pfanne geben und erhitzen. Knoblauch, Tomatenmark und Auberginen darin unter Rühren andünsten. Frühlingszwiebeln und Zucchini hinzugeben, kurz mitdünsten lassen. Reisnudeln einstreuen und untermischen. Brühe hinzugießen und zum Kochen bringen, mit Salz, Pfeffer und Chili würzen. Thymian und Rosmarin abspülen, trocken tupfen und hinzugeben. Zugedeckt etwa 10 Minuten bei schwacher Hitze garen, dabei gelegentlich vorsichtig umrühren.

5. Den Lammrücken aus der Form nehmen, in Alufolie wickeln und kurz ruhen lassen. Die Tomaten abspülen, trocken tupfen, halbieren und die Stängelansätze herausschneiden. Tomatenhälften in Spalten schneiden, zu der Gemüse-Nudel-Mischung in die Pfanne geben und nochmals bei starker Hitze unter vorsichtigem Wenden etwa 2 Minuten braten.

6. Fetakäse grob zerbröseln. Den Lammrücken in Scheiben schneiden. Die Gemüsepfanne auf Tellern anrichten und mit Käsebröseln bestreuen. Die Lammrückenscheiben daranlegen und sofort servieren.

Griechische Kartoffelcremesuppe | Preiswert

4 Portionen

Pro Portion: E: 32 g, F: 30 g, Kh: 36 g, kJ: 2301, kcal: 549, BE: 2,5

Für die Klößchen:

2 Knoblauchzehen
400 g Gehacktes (halb Rind-, halb Schweinefleisch)
1 Ei (Größe M)
3 EL Semmelbrösel
Salz, gem. Pfeffer
1 Prise gem. Zimt
1 Prise gem. Kreuzkümmel (Cumin)
1 EL Olivenöl

Für die Suppe:

250 g Gemüsezwiebeln
700 g mehligkochende Kartoffeln
1 Lorbeerblatt
1 l heiße Gemüsebrühe
3–4 EL Zitronensaft
100 g Cocktailtomaten
125 g Fetakäse
4 EL abgetropfte, schwarze Oliven (entsteint, aus dem Glas)
½ Bund Basilikum
2 Stängel frische Minze

Zubereitungszeit: 45 Minuten

1. Für die Klößchen den Knoblauch abziehen. 1 Knoblauchzehe durch eine Knoblauchpresse in eine Schüssel drücken. Gehacktes, Ei, Semmelbrösel, Salz, Pfeffer, Zimt und Kreuzkümmel hinzufügen. Die Zutaten gut verkneten. Aus der Masse mit angefeuchteten Händen kleine Klößchen formen. Olivenöl in einem Topf erhitzen, Klößchen darin von allen Seiten anbraten, herausnehmen und warm stellen.

2. Für die Suppe Zwiebeln abziehen, halbieren und in feine Würfel schneiden. Kartoffeln schälen, abspülen, abtropfen lassen und ebenfalls fein würfeln. Restliche Knoblauchzehe in Scheiben schneiden.

3. Zwiebeln und Knoblauchscheiben in dem Topf im verbliebenen Bratfett kräftig anbraten. Kartoffelwürfel und Lorbeerblatt hinzugeben und kurz mit andünsten. Mit Salz und Pfeffer würzen. Gemüsebrühe und Zitronensaft hinzugießen, wieder zum Kochen bringen. Die Kartoffelwürfel bei mittlerer Hitze etwa 15 Minuten kochen lassen, bis sie zerfallen.

4. In der Zwischenzeit Tomaten abspülen, abtrocknen, vierteln, evtl. die Stängelansätze herausschneiden. Fetakäse zerbröseln, Oliven in Ringe schneiden. Basilikum und Minze abspülen, trocken tupfen. Die Blättchen von den Stängeln zupfen. Die Blättchen klein schneiden.

5. Das Lorbeerblatt entfernen. Die Kartoffelsuppe mit einem Schneebesen gut durchrühren. Klößchen hinzugeben und in der Suppe kurz erhitzen. Mit den Gewürzen abschmecken. Die Suppe mit Tomaten, Käse und Oliven garnieren und sofort servieren.

Tipp: Wer es sich einfacher machen möchte, brät das Hackfleisch im Topf krümelig an und würzt es dann. Mit Kartoffeln, Zwiebeln, Gemüsebrühe und restlichen Zutaten als Eintopf kochen und servieren.

Griechischer Gemüseauflauf I

Mediterran inspiriert

4 Portionen

Pro Portion: E: 22 g, F: 31 g, Kh: 46 g, kJ: 2302, kcal: 550, BE: 3,5

2 l Wasser
2 gestr. TL Salz
125 g reisförmige Nudeln, z. B. griechische Nudeln
500 g dünne, grüne Bohnen
Salz
60 g getrocknete Tomaten, in Öl eingelegt
200 g Tomaten
250 g abgetropfte, weiße Riesenbohnenkerne (aus der Dose)
80 g abgetropfte, schwarze Oliven (mit Stein)
1–2 Knoblauchzehen
1 Ei (Größe M)
150 g Crème fraîche
gem. Pfeffer
2 EL gehackte Petersilie
150–200 g Fetakäse
1 TL gerebelter Rosmarin

Zubereitungszeit: 40 Minuten
Garzeit: 20–25 Minuten

1. Wasser in einem Topf zugedeckt zum Kochen bringen. Salz und Nudeln hinzugeben. Die Nudeln im geöffneten Topf bei mittlerer Hitze nach Packungsanleitung etwa 7 Minuten vorkochen, dabei gelegentlich umrühren. Dann die Nudeln in ein Sieb geben, mit kaltem Wasser abspülen und abtropfen lassen.

2. In der Zwischenzeit den Backofen vorheizen.
Ober-/Unterhitze: etwa 220 °C
Heißluft: etwa 200 °C

3. Von den Bohnen die Enden abschneiden. Die Bohnen evtl. abfädeln, abspülen, abtropfen lassen und in Stücke schneiden. Die Bohnen in kochendem Salzwasser etwa 3 Minuten vorgaren. Die Bohnenstücke in ein Sieb geben, mit kaltem Wasser abschrecken und abtropfen lassen.

4. Getrocknete Tomaten abtropfen lassen und in feine Streifen schneiden. Frische Tomaten abspülen, abtrocknen, halbieren und die Stängelansätze herausschneiden. Tomaten in Scheiben schneiden.

5. Grüne Bohnen, weiße Bohnen, getrocknete Tomaten, Tomatenscheiben, Nudeln und Oliven in einer großen, flachen Auflaufform (gefettet) verteilen und vorsichtig vermischen.

6. Knoblauch abziehen und durch eine Knoblauchpresse drücken. Ei mit Crème fraîche und Knoblauch verrühren, mit Salz, Pfeffer und Petersilie würzen. Die Masse gleichmäßig auf dem Gemüse verteilen.

7. Käse evtl. abtropfen lassen. Käse fein zerbröckeln, mit Rosmarin vermischen und auf dem Auflauf verteilen.

8. Die Form auf dem Rost in den vorgeheizten Backofen schieben. Den Auflauf **20–25 Minuten garen.**

Tipps: Oliven mit Stein schmecken meist aromatischer als entsteinte Oliven. Sie können durch entsteinte Oliven ersetzt werden. Das Auge isst mit: Servieren Sie den Gemüseauflauf mit abgezupften Rosmarinnadeln von frischen Rosmarinzweigen.

Grüne Bohnen

Grüne Bohnen werden in Busch- und Stangenbohnen unterschieden. Buschbohnen sind niedrig wachsende Pflanzen, während Stangenbohnen hoch hinaus wollen. Es gibt unter anderem die besonders zarten Prinzessbohnen, die rundhülsigen Brechbohnen, gelbe oder Wachsbohnen und Keniabohnen. Im Freiland geerntet werden die Bohnen von Mai bis Oktober. Sie sind reich an hochwertigem Eiweiß, enthalten Vitamin C und K sowie Folsäure, außerdem Mineralstoffe wie Kalium, Kalzium und Magnesium. Beim Einkauf darauf achten, dass die Bohnen knackig sind. Im Gemüsefach des Kühlschranks halten sie sich ungewaschen 2 bis 3 Tage.

Grüne Bohnen (Schnitt- oder Brechbohnen) I

Einfach (ohne Foto)
4 Portionen

Pro Portion: E: 4 g, F: 9 g, Kh: 6 g, kJ: 522, kcal: 124, BE: 0,5

2 l Wasser
750 g grüne Bohnen
3–4 Stängel Bohnenkraut
2 gestr. TL Salz
1 Zwiebel
40 g Butter oder Margarine
gem. Pfeffer
ger. Muskatnuss
1 EL gehackte Petersilie

Zubereitungszeit: 15 Minuten
Garzeit: 8–12 Minuten

1. Wasser in einem Topf zum Kochen bringen. Von den Bohnen die Enden abschneiden, evtl. die Fäden abziehen. Bohnen abspülen, abtropfen lassen und in Stücke schneiden.

2. Bohnenkraut abspülen. Bohnen, Bohnenkraut und Salz in das kochende Wasser geben, wieder zum Kochen bringen. Die Bohnen zugedeckt 8–12 Minuten gar kochen.

3. Inzwischen die Zwiebel abziehen und würfeln. Die Butter oder Margarine zerlassen. Die Zwiebelwürfel darin unter Rühren kurz dünsten.

4. Die gegarten Bohnen in einem Sieb abtropfen lassen. Bohnenkraut entfernen. Bohnen mit den Zwiebelwürfeln vermengen. Die Bohnen mit Salz, Pfeffer und Muskat würzen, mit Petersilie bestreut servieren.

Rezeptvariante: Für **Schnippelbohnen mit Speck** (Foto) von 750 g grünen Bohnen die Enden abschneiden, evtl. die Fäden abziehen. Die Bohnen schnippeln. 2–3 Bohnenkrautstängel abspülen und trocken tupfen. 75 g durchwachsenen Speck in feine Streifen schneiden und in 1 Esslöffel Speiseöl ausbraten. Nun 1 gewürfelte Zwiebel unterrühren und andünsten. Die geschnippelten Bohnen hinzufügen und andünsten. 100 ml Gemüsebrühe unterrühren, das Bohnenkraut hinzugeben und die Schnippelbohnen 8–10 Minuten garen. Die Schnippelbohnen mit Salz und Pfeffer abschmecken und z. B. zu Pellkartoffeln servieren.

Grüne Suppe nach portugiesischer Art I

Einfach

6 Portionen

Pro Portion: E: 27 g, F: 31 g, Kh: 48 g, kJ: 2439, kcal: 584, BE: 4,0

1 kg Grünkohl (gestrippt)
Salz
250 g Möhren
600 g mehligkochende Kartoffeln
250 g Gemüsezwiebel
2 Knoblauchzehen
2 EL Olivenöl
200 g Chorizo (spanische Knoblauch-Paprika-Wurst, in Scheiben) oder Salami
2 l Gemüse- oder Fleischbrühe

40 g Pinienkerne
1 Bund glatte Petersilie
1 Baguette (etwa 250 g)
200 g Ziegenfrischkäse
gem. Pfeffer

Zubereitungszeit: 40 Minuten
Garzeit: etwa 40 Minuten

1. Grünkohl gründlich waschen, in kochendem Salzwasser etwa 2 Minuten blanchieren, abgießen, mit kaltem Wasser abschrecken, abtropfen lassen und klein schneiden.

2. In der Zwischenzeit die Möhren putzen. Möhren und Kartoffeln schälen, abspülen, abtropfen lassen und grob würfeln. Gemüsezwiebel und Knoblauchzehen abziehen und würfeln.

3. In einem Topf das Olivenöl erhitzen. Chorizo-Wurst oder Salami evtl. in Stücke schneiden, darin kurz anbraten. Dann nach und nach den Grünkohl, die Möhren-, Kartoffel-, Zwiebel- und Knoblauchwürfel hinzugeben und unter Rühren andünsten.

4. Die Brühe hinzugießen und zum Kochen bringen. Die Zutaten etwa 40 Minuten köcheln lassen.

5. Inzwischen die Pinienkerne in einer Pfanne ohne Fett unter Rühren anrösten und dann auf einen Teller geben. Die Petersilie abspülen, trocken tupfen, die Blättchen von den Stängeln zupfen und fein hacken.

6. Das Baguette in Scheiben schneiden. Die Scheiben mit dem Ziegenfrischkäse bestreichen und den Pinienkernen bestreuen. Die Suppe mit Salz und Pfeffer abschmecken, mit Petersilie bestreut servieren.

Grüne-Bohnen-Eintopf mit Lamm I

Klassisch

4 Portionen

Pro Portion: E: 30 g, F: 11 g, Kh: 32 g, kJ: 1470, kcal: 351, BE: 2,5

500 g	*Lammfleisch (mit Knochen, aus der Schulter)*
1	*Zwiebel*
2–3 Stängel	*Bohnenkraut*
1 EL	*Rapsöl*
gut 1 l	*Wasser*
	Salz
1	*Lorbeerblatt*
4	*Pfefferkörner*
1 kg	*grüne Bohnen*
500 g	*vorwiegend festkochende Kartoffeln*
750 g	*Fleischtomaten*
	gem. Pfeffer
1–2 EL	*gehackte Petersilie*

Zubereitungszeit: 30 Minuten, ohne Abkühlzeit
Garzeit: etwa 80 Minuten

1. Fleisch unter fließendem kalten Wasser abspülen und trocken tupfen. Die Zwiebel abziehen und würfeln. Bohnenkraut abspülen und trocken tupfen. Das Rapsöl in einem großen Suppentopf erhitzen. Das Fleisch darin rundherum kräftig anbraten.

2. Die Zwiebelwürfel dazugeben, glasig dünsten und das Wasser dazugießen. Salz, Bohnenkraut, Lorbeerblatt und Pfefferkörner hinzugeben, alles aufkochen lassen und zugedeckt bei mittlerer Hitze etwa 50 Minuten garen.

3. In der Zwischenzeit von den Bohnen die Enden abschneiden, evtl. abfädeln. Die Bohnen abspülen, abtropfen lassen und in kleine Stücke schneiden oder brechen. Kartoffeln schälen, abspülen, abtropfen lassen und in Würfel schneiden. Bohnen und Kartoffeln in die Brühe geben. Alles wieder zum Kochen bringen und zugedeckt noch weitere etwa 20 Minuten garen.

4. Die Tomaten kreuzweise einschneiden und mit kochendem Wasser übergießen. Nach 1–2 Minuten herausnehmen und mit kaltem Wasser abschrecken. Tomaten enthäuten, vierteln, entkernen und die Stängelansätze herausschneiden. Tomatenviertel in kleine Würfel schneiden.

5. Die Tomatenwürfel in den Eintopf geben. Den Eintopf weitere etwa 10 Minuten köcheln lassen.

6. Das Bohnenkraut und Lorbeerblatt aus dem Eintopf entfernen. Fleisch herausnehmen und etwas abkühlen lassen. Fleisch vom Knochen lösen, würfeln und nochmals kurz im Eintopf erhitzen.

7. Den Eintopf mit Salz und Pfeffer abschmecken und mit Petersilie bestreut servieren.

Grüne-Bohnen-Salat mit Fischstäbchen vom Lachs I

Raffiniert

4 Portionen

Pro Portion: E: 45 g, F: 42 g, Kh: 32 g, kJ: 2858, kcal: 683, BE: 2,5

700 g grüne Bohnen (nach Möglichkeit je zur Hälfte Schneide- und Brechbohnen)
1 ½ l Wasser
1 TL Salz
150 g Couscous
800 g Lachsfilet
Salz
gem. Pfeffer
2 EL Olivenöl
1 EL Butter

4 EL Olivenöl
5 Stängel Bohnenkraut
2 große Tomaten

Zubereitungszeit: 25 Minuten
Garzeit: etwa 30 Minuten

1. Von den Bohnen die Enden abschneiden, evtl. Fäden abziehen. Bohnen abspülen, abtropfen lassen und in Stücke schneiden oder brechen.

2. Wasser in einem Topf zum Kochen bringen. Salz hinzugeben. Nacheinander die beiden Bohnensorten zugedeckt in 8–12 Minuten gar kochen.

3. Die Bohnen in ein Sieb geben, mit kaltem Wasser abschrecken und abtropfen lassen.

4. Couscous nach Packungsanleitung zubereiten. Couscous mit einer Gabel auflockern und auf einem großen Teller verteilen.

5. Das Lachsfilet unter fließendem kalten Wasser abspülen, trocken tupfen und mit Salz und Pfeffer bestreuen. Das Filet rundherum im Couscous wälzen. Couscous andrücken. Das Filet in 8 gleich große Streifen schneiden.

6. Olivenöl und Butter in einer Pfanne erhitzen. Die Lachsstreifen darin bei mittlerer Hitze rundherum etwa 10 Minuten braten.

7. In der Zwischenzeit die Bohnen mit Olivenöl mischen, mit Salz und Pfeffer würzen. Bohnenkraut abspülen und trocken tupfen. 4 kleine Stängel abzupfen und beiseitelegen. Die Blättchen von den restlichen Stängeln zupfen.

8. Tomaten abspülen, abtrocknen, vierteln und den Stängelansatz herausschneiden. Tomaten entkernen und das Fruchtfleisch in Würfel schneiden. Die Bohnenkrautblättchen und Tomatenwürfel unter den Bohnensalat heben.

9. Den Bohnensalat auf 4 Tellern verteilen, mit den Fischstäbchen vom Lachs anrichten und mit den beiseitegelegten Bohnenkrautstängeln garniert servieren.

Grüner Sommersalat mit Parmesan-Dressing I

Raffiniert

4 Portionen

Pro Portion: E: 16 g, F: 19 g, Kh: 23 g, kJ: 1380, kcal: 329, BE: 1,5

400 g grüne Bohnen
150 g Zuckerschoten
500 g grüner Spargel
150 g dicke Bohnenkerne (frisch, TK oder aus dem Glas)
500 g Brokkoli
Salz
2 EL gehobelte Mandeln

Für das Dressing:

150 g Joghurt-Salatcreme
100 g Joghurt (3,5 % Fett)
1/2 TL milder Senf
2 EL Zitronensaft
6 EL Gemüse-Kochwasser
1 Knoblauchzehe
25 g frisch ger. Parmesan
gem. Pfeffer
einige Spritzer Worcestersauce

Zubereitungszeit: 45 Minuten, ohne Abkühlzeit

1. Grüne Bohnen und Zuckerschoten putzen, evtl. abfädeln. Grünen Spargel im unteren Drittel schälen und die Enden abschneiden.

2. Bohnen, Zuckerschoten und den Spargel abspülen, abtropfen lassen und in Stücke schneiden.

3. Bohnenkerne vorbereiten (TK-Bohnenkerne auftauen lassen, frische Bohnenkerne aus den Schoten palen, die Bohnenkerne aus dem Glas in einem Sieb abtropfen lassen).

4. Brokkoli putzen und in Röschen teilen. Dicke Stiele abschneiden und schälen. Röschen und Stiele abspülen und abtropfen lassen.

5. Salzwasser in einem Topf zum Kochen bringen und nacheinander grüne Bohnen etwa 8 Minuten, frische und TK-Bohnenkerne etwa 15 Minuten, Spargel etwa 5 Minuten, Brokkoli etwa 6 Minuten, Zuckerschoten etwa 2 Minuten darin garen.

6. Dabei das Gemüse jeweils mit einem Schaumlöffel aus dem Topf nehmen, in ein Sieb geben, mit kaltem Wasser abschrecken und gut abtropfen lassen. Vom Kochwasser 6 Esslöffel abmessen.

7. Die Mandeln in einer Pfanne ohne Fett hellbraun rösten, dann auf einem Teller erkalten lassen.

8. Für das Dressing Salatcreme mit Joghurt, Senf, Zitronensaft und abgemessenem Gemüse-Kochwasser verrühren.

9. Knoblauch abziehen und durch eine Knoblauchpresse hinzudrücken. Parmesan hinzugeben und unterrühren.

10. Das Dressing mit Salz, Pfeffer und Worcestersauce abschmecken.

11. Gemüse auf einer großen Platte anrichten, mit dem Dressing beträufeln und mit den gerösteten Mandeln bestreuen.

Tipp: Geben Sie noch etwas gehobelten Parmesan oder einige gebratene Knoblauch-Garnelen auf den Salat.

Grünkohl

Die Erntezeit für Grünkohl, auch Braunkohl, ist von Ende September bis Februar/März. Wird er nach dem ersten Frost geerntet, schmeckt er feiner und wird bekömmlicher. Grünkohl liefert viel Eisen, Kalium und Kalzium sowie Beta-Carotin, B-Vitamine und Vitamin C.

Grünkohl in Senfsauce mit Schnitzelchen vom Schwarzgeräucherten I

Deftig

4 Portionen

Pro Portion: E: 40 g, F: 55 g, Kh: 29 g, kJ: 3235, kcal: 773, BE: 2,5

1 1/4 kg Grünkohl (gestrippt)
Salz
1 große Zwiebel
3 EL Rapsöl
200 ml Gemüsebrühe

Für die Senfsauce:

250 g Schlagsahne
2 EL Feigensenf oder mittelscharfer Senf
20 g Weizenmehl
gem. Pfeffer

Für die Schnitzelchen:

8 Scheiben Schwarzgeräuchertes vom Schwein (je etwa 60 g)
80 g Semmelbrösel
1 Ei (Größe M)
60 g Butterschmalz

Zubereitungszeit: 40 Minuten
Garzeit: etwa 35 Minuten

1. Grünkohl gründlich waschen, in kochendem Salzwasser etwa 2 Minuten blanchieren, abgießen, mit kaltem Wasser abschrecken, abtropfen lassen und etwas kleiner schneiden.

2. Die Zwiebel abziehen und würfeln. Das Rapsöl in einem Bräter erhitzen. Die Zwiebelwürfel darin glasig dünsten. Grünkohl hinzufügen und etwa 10 Minuten unter gelegentlichem Rühren schmoren.

3. Dann die Brühe hinzugießen, kurz aufkochen und den Grünkohl bei schwacher Hitze etwa 30 Minuten köcheln lassen, bis die Flüssigkeit eingekocht ist.

4. Für die Senfsauce die Sahne mit dem Senf verrühren, kurz aufkochen lassen und etwas einkochen lassen, dabei gelegentlich umrühren.

5. Mehl mit etwas kaltem Wasser anrühren und in die Sauce einrühren. Die Sauce nochmals kurz aufkochen und bei schwacher Hitze etwa 5 Minuten köcheln lassen.

6. Inzwischen die Fleischscheiben trocken tupfen. Die Semmelbrösel auf einen flachen Teller geben und das Ei in einem tiefen Teller verschlagen.

7. Die Fleischscheiben zuerst in dem verschlagenen Ei und dann in den Semmelbröseln wenden. Die Semmelbrösel etwas andrücken, nicht anhaftende Semmelbrösel leicht abschütteln.

8. Butterschmalz in einer großen Pfanne zerlassen und die Schnitzelchen darin von beiden Seiten braten.

9. Die Senfsauce unter den Grünkohl rühren. Den Grünkohl mit Salz und Pfeffer abschmecken und mit den Schnitzelchen servieren.

Beilage: Kartoffeln.

Tipp: Bekommen Sie kein Schwarzgeräuchertes, dann bereiten Sie das Rezept mit Schnitzelchen vom Kasseler Filet oder mageren Bauchspeckscheiben zu.

Grünkohlragout mit Gänsegulasch

Mit Alkohol

4 Portionen

Pro Portion: E: 52 g, F: 22 g, Kh: 30 g, kJ: 2422, kcal: 577, BE: 2,5

1 ¼ kg Grünkohl (gestrippt)
Salz
400 g Kartoffeln
1 Gemüsezwiebel
2 EL Rapsöl
1 l Gemüsebrühe
gem. Pfeffer
1 EL mittelscharfer Senf

2 kleine Gänsebrüste (etwa 600 g, ohne Haut)
1 EL Rapsöl
500 ml Geflügelbrühe
300 ml trockener Rotwein
2 EL Crema di Balsamico

Zubereitungszeit: 30 Minuten
Garzeit: etwa 45 Minuten

1. Grünkohl gründlich waschen, in kochendem Salzwasser etwa 2 Minuten blanchieren, abgießen, mit kaltem Wasser abschrecken, abtropfen lassen und klein schneiden.

2. Die Kartoffeln schälen, abspülen, abtropfen lassen und in Stücke schneiden. Die Zwiebel abziehen und würfeln. Die Hälfte der Zwiebelwürfel für das Gänsegulasch beiseitestellen.

3. Das Rapsöl in einem Topf erhitzen. Zwiebelwürfel, die Kartoffelstücke und den Grünkohl darin andünsten. Die Brühe hinzugießen, mit Salz, Pfeffer und Senf würzen. Das Grünkohlragout etwa 45 Minuten unter gelegentlichem Rühren kochen lassen.

4. In der Zwischenzeit die Gänsebrüste unter fließendem kalten Wasser abspülen, trocken tupfen und in kleinere Würfel schneiden. Das Rapsöl in einem Bräter erhitzen. Die beiseitegestellten Zwiebelwürfel und die Geflügelwürfel darin anbraten, mit der Geflügelbrühe ablöschen. Die Brühe um etwa die Hälfte einkochen lassen. Dann den Rotwein hinzugießen und das Ganze mit Crema di Balsamico, Salz und Pfeffer würzen. Das Gänsegulasch zugedeckt etwa 40 Minuten köcheln lassen.

5. Das Grünkohlragout und das Gulasch vor dem Servieren nochmals mit Salz und Pfeffer abschmecken und servieren.

Tipp: Anstelle von Gänsebrüsten können auch Entenbrüste verwendet werden.

Gurken

Salatgurken, auch Schlangengurken, kommen vorwiegend aus dem Gewächshaus. Freilandgurken werden von Mitte August bis Ende September angeboten. Da Gurken zu 98 % aus Wasser bestehen, liefern sie sehr wenig Kalorien, pro 100 g nur etwa 12 kcal. Die früher enthaltenen Bitterstoffe wurden durch Züchtung stark zurückgedrängt.

Gurkengemüse mit Saibling I

Einfach

2 Portionen

Pro Portion: E: 49 g, F: 32 g, Kh: 4 g, kJ: 2121, kcal: 505, BE: 0,0

2 Saiblingfilets (mit Haut, je etwa 250 g)
1 Salatgurke (etwa 400 g)
2 EL Olivenöl
40 g Butter
½ Bund Dill
Salz
gem. Pfeffer
Saft von
1 Limette

Zubereitungszeit: 35 Minuten
Garzeit: etwa 15 Minuten

1. Saiblingfilets kurz unter fließendem kalten Wasser abspülen und trocken tupfen.

2. Salatgurke abspülen, trocken tupfen und die Enden abschneiden. Die Gurke längs halbieren und die Kerne mit einem Löffel herausschaben. Die Gurkenhälften in etwa 1 cm dicke Scheiben schneiden.

3. Olivenöl in einer großen Pfanne erhitzen. Die Fischfilets darin auf der Hautseite anbraten, herausnehmen und warm stellen.

4. Die Butter in die Pfanne geben und zerlassen. Die Gurkenscheiben darin etwa 5 Minuten unter Rühren garen.

5. Dill abspülen und trocken tupfen. Die Spitzen von den Stängeln zupfen. Einige Dillspitzen zum Garnieren beiseitelegen. Restliche Spitzen klein schneiden. Den Dill unter das Gurkengemüse rühren, mit Salz, Pfeffer und Limettensaft abschmecken.

6. Die Fischfilets mit Salz und Pfeffer bestreuen und nebeneinander mit der Hautseite nach oben auf das Gurkengemüse setzen. Die Saiblingpfanne weitere etwa 5 Minuten bei schwacher Hitze durchziehen lassen.

7. Zum Servieren die Saiblingpfanne mit den beiseitegelegten Dillspitzen garnieren.

Herbstgemüse mit Hirse I

Vegetarisch

4 Portionen

Pro Portion: E: 17 g, F: 13 g, Kh: 79 g, kJ: 2098, kcal: 502, BE: 6,5

1–2	*rote Zwiebeln*
2	*Knoblauchzehen*
400 g	*Möhren*
4 Stangen	*Staudensellerie*
2 EL	*Speiseöl, z. B. Sonnenblumen- oder Rapsöl*
400 g	*Hirse*
900 ml	*Gemüsebrühe*
2–3 EL	*Zitronensaft*
	Salz
	gem. Pfeffer
etwa 1 TL	*Garam Masala (indische Gewürzmischung)*
40 g	*ger. Parmesan*

Zubereitungszeit: 40 Minuten

1. Zwiebeln und Knoblauch abziehen. Beides fein würfeln. Möhren putzen, schälen, abspülen und abtropfen lassen. Möhren in Scheiben schneiden. Staudensellerie putzen und die harten Außenfäden abziehen. Den Sellerie abspülen, abtropfen lassen und in Scheiben schneiden. Das Selleriegrün abspülen, trocken tupfen, fein hacken und beiseitelegen.

2. Das Öl in einem Topf erhitzen. Zwiebel- und Knoblauchwürfel darin bei mittlerer Hitze unter gelegentlichem Rühren in etwa 2 Minuten andünsten. Möhren- und Selleriescheiben hinzufügen und ebenso in etwa 2 Minuten unter gelegentlichem Rühren andünsten.

3. Hirse und Gemüsebrühe hinzugeben. Die Zutaten umrühren, dann einmal aufkochen lassen. Das Hirse-Gemüse zugedeckt bei schwacher bis mittlerer Hitze etwa 10 Minuten köcheln lassen. Dann die Hitze reduzieren und das Ganze in weiteren etwa 10 Minuten gar ziehen lassen, dabei ab und zu umrühren.

4. Das Hirse-Gemüse mit Zitronensaft, Salz, Pfeffer und Garam Masala abschmecken. Die Hirse mit Parmesan und Selleriegrün bestreuen und servieren.

Junges Gemüse aus der Bratfolie

Sommerlicher Genuss

4 Portionen

Pro Portion: E: 7 g, F: 6 g, Kh: 31 g, kJ: 868, kcal: 206, BE: 2,5

1 Bund	*junge Möhren (etwa 400 g)*
1	*Kohlrabi (etwa 250 g)*
1	*Fenchelknolle (etwa 250 g)*
250 g	*Zuckerschoten*
400 g	*neue, kleine Kartoffeln*
2 Bund	*Kerbel*
4	*Knoblauchzehen*
2 EL	*Olivenöl*
	Salz
	gem. bunter Pfeffer

Außerdem:

1 Stück	*Bratfolie oder Bratschlauch*

Zubereitungszeit: 30 Minuten
Garzeit: etwa 30 Minuten

1. Möhren putzen, das Grün bis auf etwa 2 cm abschneiden. Möhren schälen, abspülen und abtropfen lassen. Kohlrabi schälen, abspülen, abtropfen lassen. Kohlrabi zuerst in Scheiben, dann in Stifte schneiden. Fenchelknolle putzen, abspülen, abtropfen lassen und in Stücke schneiden.

2. Den Backofen vorheizen.
Ober-/Unterhitze: etwa 200 °C
Heißluft: etwa 180 °C

3. Von den Zuckerschoten die Enden abschneiden, evtl. abfädeln. Schoten abspülen und abtropfen lassen. Kartoffeln unter fließendem kalten Wasser gründlich abbürsten und abtropfen lassen. Kerbel abspülen und trocken tupfen. Die Blättchen von den Stängeln zupfen. Blättchen grob zerkleinern.

4. Vorbereitete Zutaten in einer Schüssel mischen. Knoblauch mit der Haut in Scheiben schneiden, mit dem Olivenöl untermischen. Gemüse mit Salz und Pfeffer würzen.

5. Ein großes Stück Bratfolie oder einen Bratschlauch auf ein Backblech legen. Gemüse-Kartoffel-Mischung auf die Folie oder in den Bratschlauch geben und nach Packungsanleitung verschließen. Das Backblech in den vorgeheizten Backofen schieben. Das Gemüse **etwa 30 Minuten garen.**

6. Die Folie oder den Bratschlauch aufschneiden. Das Gemüse mit den Kartoffeln in einer vorgewärmten Schale anrichten und servieren.

Kartoffeln

Kartoffeln werden mittlerweile das ganze Jahr über angeboten. Mit nur 70 kcal pro 100 g geputzter Ware sind sie wahre Schlankmacher, darüber hinaus auch reich an Vitamin C, Niacin, B 1, B 2 und B 6. Sie enthalten hochwertiges Eiweiß und einen beachtlichen Anteil an Magnesium, Kalium und Eisen. Kartoffeln sind ein wichtiger Ballaststofflieferant, darum am besten mit Schale verzehren. Wer seine Kartoffelgerichte fettarm und schonend zubereitet, nutzt die Nährwerte der Kartoffel am besten. Kartoffeln kühl und dunkel lagern.

Kartoffelauflauf auf skandinavische Art I

Etwas teurer

4 Portionen

Pro Portion: E: 35 g, F: 30 g, Kh: 29 g, kJ: 2236, kcal: 535, BE: 2,5

300 g Zucchini
1 EL Butter
1 große Zwiebel
Salz
gem. Pfeffer
600 g festkochende Kartoffeln
75 ml Gemüsebrühe
150 g Schlagsahne
150 g Höhlenkäse
1 Bund Dill
3–4 TL Meerrettich (aus dem Glas)
200 g Erbsen
350 g Tiefseegarnelen (gegart und geschält)

Zubereitungszeit: 30 Minuten
Garzeit: etwa 25 Minuten

1. Die Zucchini putzen, abspülen, abtrocknen und die Enden abschneiden. Zucchini längs halbieren und in etwa 1/2 cm dicke Scheiben schneiden.

2. Die Butter in einem Topf zerlassen. Die Zwiebel abziehen, fein würfeln und in der Butter kurz andünsten.

3. Die Zucchinischeiben hinzugeben und unter Wenden etwa 2 Minuten mit andünsten, mit Salz und Pfeffer würzen.

4. Gemüse mit einem Schaumlöffel aus der Pfanne nehmen und in eine große, flache Auflaufform (gefettet) geben. Die Pfanne mit dem Bratfett für die Kartoffeln beiseitestellen.

5. Den Backofen vorheizen.
Ober-/Unterhitze: etwa 200 °C
Heißluft: etwa 180 °C

6. Kartoffeln schälen, abspülen, abtropfen lassen und in etwa 1/2 cm dicke Scheiben schneiden. Brühe und Sahne zum verbliebenen Bratfett in die Pfanne gießen und verrühren. Sahnebrühe zum Kochen bringen. Die Kartoffelscheiben darin etwa 6 Minuten vorgaren. In der Zwischenzeit den Käse raspeln.

7. Dill abspülen, trocken tupfen und die Spitzen abzupfen. Einige Spitzen zum Garnieren beiseitelegen, restliche Dillspitzen fein hacken.

8. Die Kartoffelscheiben mit Salz, Pfeffer und Meerrettich abschmecken. Dill unterrühren. Das Ganze in die Auflaufform geben. Die Erbsen und Garnelen hinzufügen. Die Zutaten in der Auflaufform gut vermischen. Geraspelten Käse darauf verteilen.

9. Die Form auf dem Rost auf mittlerer Einschubleiste in den vorgeheizten Backofen schieben. Den Auflauf **etwa 25 Minuten garen.**

10. Zum Servieren den Auflauf mit den beiseitegelegten Dillspitzen garnieren.

Kartoffelgulasch mit Avocadocreme I

Vegetarisch

4 Portionen

Pro Portion: E: 7 g, F: 17 g, Kh: 32 g, kJ: 1309, kcal: 312, BE: 2,0

600 g neue, kleine Kartoffeln
250 g Schalotten
1 gelbe Paprikaschote
1 rote Chilischote
4 EL Olivenöl
Salz
gem. Pfeffer
Paprikapulver edelsüß
Cayennepfeffer
1 TL Weizenmehl
500 ml Gemüsebrühe
2 Fleischtomaten

Für die Avocadocreme:

1 reife Avocado
1 EL Limettensaft
1 Knoblauchzehe
1 Fleischtomate

Zubereitungszeit: 60 Minuten

1. Kartoffeln gründlich waschen, knapp mit Wasser bedeckt zum Kochen bringen und zugedeckt in etwa 20 Minuten gar kochen.

2. Inzwischen die Schalotten abziehen, evtl. halbieren. Die Paprikaschote halbieren, entstielen, entkernen und die weißen Scheidewände entfernen. Die Schote abspülen, trocken tupfen und in Stücke schneiden. Chilischote abspülen, trocken tupfen, halbieren, entstielen, entkernen und in Streifen schneiden.

3. Die Kartoffeln abgießen, mit kaltem Wasser abschrecken, abtropfen lassen und sofort pellen.

4. Etwas Olivenöl in einem Bräter erhitzen. Die Kartoffeln darin von allen Seiten gut anbraten und herausnehmen. Die Kartoffeln mit Salz, Pfeffer, Paprika und Cayennepfeffer würzen.

5. Wieder etwas von dem Olivenöl in dem Bräter erhitzen. Schalotten darin unter Rühren anbraten, herausnehmen und zu den Kartoffeln geben.

6. Restliches Olivenöl zum verbliebenen Bratfett in den Bräter geben und erhitzen. Paprikastücke und Chilistreifen darin unter Rühren andünsten.

7. Kartoffeln und Schalotten wieder in den Bräter geben und mit Mehl bestäuben. Die Brühe hinzugießen und das Ganze gut durchrühren. Die Zutaten zum Kochen bringen und etwa 10 Minuten bei mittlerer Hitze garen.

8. In der Zwischenzeit die Tomaten kreuzweise einschneiden und mit kochendem Wasser übergießen. Nach 1–2 Minuten herausnehmen und mit kaltem Wasser abschrecken.

9. Tomaten enthäuten, halbieren und die Stängelansätze herausschneiden. Die Tomatenhälften in große Stücke schneiden, zu dem Kartoffelgulasch geben und miterhitzen. Nochmals mit den Gewürzen abschmecken, evtl. etwas Wasser hinzufügen.

10. Für die Avocadocreme Avocado in der Mitte längs durchschneiden und entkernen. Das Fruchtfleisch mit einem kleinen Löffel aus den Schalen herauslösen und in eine kleine Schüssel geben. Avocadofruchtfleisch mit einer Gabel sehr fein zerdrücken, Limettensaft sofort daraufträufeln.

11. Knoblauch abziehen und durch eine Knoblauchpresse drücken. Knoblauch zur Avocadocreme geben und mit dem Limettensaft unterrühren. Avocadocreme mit Salz und Pfeffer abschmecken und bis zum Servieren zugedeckt in den Kühlschrank stellen.

12. Tomate wie unter Punkt 8 und 9 beschrieben enthäuten, in kleine Würfel schneiden und unter die Avocadocreme rühren.

13. Kartoffelgulasch anrichten und die Avocadocreme in Klecksen darauf verteilen.

Tipp: Nach Belieben das Gericht mit einem Stängel Oregano garniert servieren.

Kartoffel-Wurzelgemüse-Kuchen mit Endiviensalat I

Deftig

4–6 Portionen

Pro Portion: E: 17 g, F: 18 g, Kh: 41 g, kJ: 1675, kcal: 400, BE: 3,5

1 dicke Möhre
250 g Steckrübe
150 g Petersilienwurzel
100 g Knollensellerie
1 kg festkochende Kartoffeln
50 g Kartoffelmehl (Kartoffelstärke)
3 Eier (Größe M)
Salz
gem. Pfeffer
ger. Muskatnuss
200 g Frühstücksspeck in Scheiben (Bacon)

Für den Salat:

1 Kopf Endiviensalat
150 g Joghurt (3,5 % Fett)
1 Prise Zucker
etwas Zitronensaft
1 EL Schnittlauchröllchen

Zubereitungszeit: 35 Minuten
Backzeit: etwa 60 Minuten

1. Möhre, Steckrübe, Petersilienwurzel und Sellerie putzen. Kartoffeln, Möhre, Steckrübe, Petersilienwurzel und Sellerie schälen, abspülen und abtropfen lassen.

2. Das Gemüse fein raspeln (das gelingt am besten mit einer Küchenmaschine, dazu das Gemüse vor dem Raspeln in grobe Stücke schneiden).

3. Den Backofen vorheizen.
Ober-/Unterhitze: etwa 160 °C
Heißluft: etwa 140 °C

4. Zuerst das Kartoffelmehl und dann die Eier mit den Gemüseraspeln vermengen. Gemüsemischung mit Salz, Pfeffer und Muskatnuss würzen.

5. Gemüsemischung gleichmäßig auf einem Backblech (30 x 40 cm, gefettet) verteilen. Die Frühstücksspeckscheiben halbieren oder dritteln und darauf verteilen.

6. Das Backblech auf mittlerer Einschubleiste in den vorgeheizten Backofen schieben. Den Kartoffelkuchen **etwa 60 Minuten backen.**

7. Für den Salat Endiviensalat putzen, abspülen und abtropfen lassen oder trocken schleudern. Den Salat in Streifen schneiden.

8. Joghurt in einer Schüssel verrühren, mit Salz, Pfeffer, Zucker und Zitronensaft abschmecken.

9. Die Salatstreifen mit dem Joghurtdressing vermischen. Die Schnittlauchröllchen daraufstreuen.

10. Kartoffel-Wurzelgemüse-Kuchen mit Endiviensalat servieren.

Tipp: Der Endiviensalat bekommt mit einer **Roquefortsauce** eine völlig andere Geschmacksnote. Dazu 60 g Roquefort mit einer Gabel zerdrücken, mit 1 Esslöffel Weinessig, 1 Teelöffel Senf und 4 Esslöffeln Walnussöl verrühren. Die Sauce mit Pfeffer, Salz und etwas Zucker abschmecken. Die Sauce dann statt der Joghurtsauce mit dem vorbereiteten Endiviensalat kurz vor dem Servieren vermengen. 1–2 Esslöffel gehackte Nusskerne daraufstreuen.

Kartoffel-Zucchini-Rösti mit Kräuter-Vinaigrette I

Etwas aufwendiger
4 Portionen

Pro Portion: E: 7 g, F: 45 g, Kh: 38 g, kJ: 2418, kcal: 603, BE: 3,0

4 große, festkochende Kartoffeln (je etwa 200 g)
400 g Zucchini
2 Zwiebeln
2 EL Speisestärke
Salz
gem. Pfeffer
12 EL Speiseöl, z. B. Olivenöl

Für die Kräuter-Vinaigrette:
2 EL Apfel- oder Obstessig
2 TL flüssiger Honig
8 EL Walnussöl
2 Schalotten
50 g TK-italienische Kräuter

Für den Salat:
200 g Feldsalat
8 Radieschen
2 EL Crème fraîche
4 EL Orangensaft
1 Prise Zucker

Zubereitungszeit: 40 Minuten

1. Kartoffeln schälen, abspülen und abtropfen lassen. Die Zucchini abspülen, abtrocknen und die Enden abschneiden. Kartoffeln grob raspeln. Die Kartoffelraspel in einem feuchten Küchentuch gut ausdrücken. Die Zucchini ebenfalls grob raspeln, aber nicht ausdrücken.

2. Zwiebeln abziehen und fein reiben. Kartoffel- und Zucchiniraspel mit der geriebenen Zwiebel gut vermengen. Speisestärke daraufstäuben, Salz und Pfeffer daraufstreuen. Die Masse nochmals gut vermengen.

3. Jeweils etwas vom Speiseöl in einer beschichteten Pfanne erhitzen. Den Teig in 4 kleinen Portionen mit einem Esslöffel hineingeben, etwas flach drücken. Die Rösti bei mittlerer Hitze von beiden Seiten goldgelb braten.

4. Die fertigen Rösti aus der Pfanne nehmen, überschüssiges Fett mit Küchenpapier abtupfen und die Rösti warm stellen. Auf die gleiche Weise insgesamt 16–20 Rösti braten.

5. Für die Kräuter-Vinaigrette Essig mit Honig verrühren, mit Pfeffer und Salz würzen. Walnussöl unterschlagen. Die Schalotten abziehen und ganz fein würfeln. Zusammen mit der Kräutermischung unter die Vinaigrette rühren.

6. Für den Salat Feldsalat verlesen und Wurzelansätze abschneiden. Salat waschen und gut abtropfen lassen oder trocken schleudern. Salat in mundgerechte Stücke zupfen. Radieschen putzen, abspülen gut abtropfen lassen und in dünne Scheiben schneiden.

7. Crème fraîche mit dem Orangensaft verrühren, mit Salz, Pfeffer und Zucker abschmecken. Feldsalat mit Radieschen und Crème-fraîche-Sauce vermischen.

8. Die Rösti mit Vinaigrette und Salat servieren.

Käse-Gemüse auf mediterrane Art I

Vegetarisch

4 Portionen

Pro Portion: E: 41 g, F: 43 g, Kh: 15 g, kJ: 2551, kcal: 609, BE: 1,0

4	*Roma-Tomaten (etwa 300 g)*
1	*Aubergine (etwa 300 g)*
1	*Zucchini (etwa 300 g)*
500 g	*Halloumi-Käse*
einige Stängel	*Basilikum*
250 g	*abgetropfte, italienische, weiße Bohnen (aus der Dose)*
	Salz, gem. Pfeffer
	Knoblauchpulver
2 EL	*Olivenöl*

Außerdem:

1 Stück	*Bratfolie oder Bratschlauch*

Zubereitungszeit: 30 Minuten
Garzeit: 30–35 Minuten

1. Den Backofen vorheizen.
Ober-/Unterhitze: etwa 180 °C
Heißluft: etwa 160 °C

2. Tomaten abspülen, trocken tupfen, halbieren und die Stängelansätze entfernen. Aubergine und Zucchini abspülen, abtrocknen und die Enden bzw. den Stängelansatz abschneiden. Das Gemüse in gleich große Stücke schneiden. Käse würfeln.

3. Basilikum abspülen und trocken tupfen. Die Blättchen von den Stängeln zupfen. Einige Blättchen zum Garnieren beiseitelegen. Die restlichen Blättchen fein schneiden. Bohnen und Basilikum mit den Gemüse- und Käsewürfeln mischen, mit Salz, Pfeffer und Knoblauch würzen. Olivenöl hinzufügen.

4. Die Käse-Gemüse-Mischung auf ein Stück Bratfolie oder in den Bratschlauch geben, nach Packungsanleitung verschließen und auf ein Backblech legen. Das Backblech in den vorgeheizten Backofen schieben. Das Käse-Gemüse **30–35 Minuten garen.**

5. Die Folie aufschneiden. Das Käse-Gemüse herausnehmen und in einer vorgewärmten Schale mit den beiseitegelegten Basilikumblättchen anrichten.

Kohlrabi

Kohlrabi schmeckt angenehm süßlich und kaum nach Kohl, seine Konsistenz ist fest und saftig. Die Knolle enthält Vitamin C und E sowie Folsäure und Selen, außerdem Kalium, Magnesium, Eisen und Kupfer. Die jungen Blätter sind wegen ihres hohen Gehalts an Vitaminen und Mineralstoffen wertvoll und können mitverarbeitet werden. 100 g geputzter Kohlrabi liefert etwa 24 kcal. Kühl gelagert bleibt Kohlrabi etwa 1 Woche frisch. Von Mai bis Oktober können Sie deutschen Kohlrabi genießen.

Kohlrabi, gefüllt mit pikantem Kalbshack I

Für Kinder

4 Portionen

Pro Portion: E: 35 g, F: 23 g, Kh: 24 g, kJ: 1855, kcal: 442, BE: 2,0

1 Brötchen (Semmel) vom Vortag
4 große Kohlrabi (je etwa 400 g)
etwa 500 ml Gemüsebrühe
1 Zwiebel
1 Knoblauchzehe
1 Bund Schnittlauch
500 g Kalbsgehacktes
1 Ei (Größe M)
2 EL scharfer Senf
1 EL abgetropfte, fein gehackte Kapern (aus dem Glas)
1 Msp. Chilipulver
Salz, gem. Pfeffer
2 große Möhren
1 Stange Porree (Lauch)
2 EL Butter

Zubereitungszeit: 45 Minuten
Garzeit: etwa 30 Minuten

1. Das Brötchen in kaltem Wasser einweichen. Von den Kohlrabi das zarte Grün entfernen und beiseitelegen.

2. Kohlrabi putzen, schälen, abspülen und abtropfen lassen. An der oberen Seite der Kohlrabi jeweils einen „Deckel" abschneiden. Die Kohlrabi am besten mit einem Kugelausstecher so aushöhlen, dass ein etwa 1/2 cm breiter Rand stehen bleibt. Das ausgehöhlte Kohlrabifruchtfleisch fein hacken.

3. Gemüsebrühe in einem großen Topf zum Kochen bringen und ausgehöhlte Kohlrabi darin etwa 10 Minuten vorgaren. Die Kohlrabi mit einem Schaumlöffel herausnehmen, mit kaltem Wasser abschrecken und abtropfen lassen. Gemüsebrühe beiseitestellen.

4. Zwiebel und Knoblauch abziehen, fein würfeln. Schnittlauch abspülen, trocken tupfen und in feine Röllchen schneiden.

5. Kalbsgehacktes mit Zwiebel, Knoblauch, Ei, Senf, Kapern, Chili, Schnittlauch und dem gehacktem Kohlrabifleisch vermischen. Das eingeweichte Brötchen gut ausdrücken und gut unter die Gehacktesmasse arbeiten. Die Masse mit Salz und Pfeffer würzen. Die Kohlrabi mit der Masse füllen. Evtl. übrig gebliebene Gehacktesmasse zu kleinen Bällchen formen.

6. Den Backofen vorheizen.
Ober-/Unterhitze: etwa 200 °C
Heißluft: etwa 180 °C

7. Möhren putzen, schälen, abspülen und abtropfen lassen. Porree putzen, die Stange längs halbieren, gründlich waschen und abtropfen lassen. Möhren, Porree und Kohlrabideckel in feine Stücke schneiden.

8. Das beiseitegelegte Kohlrabigrün abspülen, trocken tupfen und einige Blättchen zum Garnieren beiseitelegen. Restliches Kohlrabigrün fein schneiden. Butter in einer Pfanne zerlassen. Möhren, Porree, Kohlrabi und Kohlrabigrün darin andünsten, mit Salz und Pfeffer würzen.

9. Das Gemüse und evtl. die Gehacktesbällchen in eine Auflaufform (gefettet) geben. Die gefüllten Kohlrabi daraufsetzen. Von der beiseitegestellten Gemüsebrühe 200 ml abmessen und hinzugießen.

10. Die Form auf dem Rost in den vorgeheizten Backofen schieben. Die Kohlrabi **etwa 30 Minuten garen.**

11. Zum Servieren die gefüllten Kohlrabi nach Belieben mit den beiseitegelegten Kohlrabiblättchen garnieren.

Beilage: Kleine Butterkartoffeln oder Reis.

Tipp: Sie können zusätzlich noch 1 Esslöffel Crème fraîche unter die abgemessene Gemüsebrühe rühren.

Kohlrabigemüse „Asia“ I

Raffiniert

4 Portionen

Pro Portion: E: 5 g, F: 9 g, Kh: 15 g, kJ: 693, kcal: 165, BE: 0,5

1 Zwiebel
20 g frischer Ingwer oder etwa 1 TL gem. Ingwer
4 Kohlrabi (etwa 1,3 kg)
2 Bund Frühlingszwiebeln (etwa 300 g)
2 EL Butter oder Margarine
200 ml Gemüsebrühe
Salz
gem. Pfeffer
2 TL Zitronensaft
evtl. 1 TL süßer Senf

Zubereitungszeit: 30 Minuten

1. Die Zwiebel abziehen, den Ingwer schälen und beides fein würfeln. Kohlrabi schälen, abspülen, abtropfen lassen und erst in Scheiben, dann in schmale Stifte schneiden. Die Frühlingszwiebeln putzen, abspülen, abtropfen lassen und schräg in feine Scheiben schneiden.

2. Butter oder Margarine in einem großen Topf zerlassen. Zwiebel- und Ingwerwürfel bzw. gemahlenen Ingwer darin bei mittlerer Hitze unter Rühren in etwa 2 Minuten andünsten. Kohlrabistifte hinzufügen und etwa 1 Minute mit andünsten. Die Brühe mit etwas Salz hinzufügen. Die Zutaten einmal aufkochen lassen, dann zugedeckt bei schwacher Hitze 8–12 Minuten garen, bis die Kohlrabistifte noch etwas bissfest sind. Dabei gelegentlich umrühren.

3. Die Frühlingszwiebelscheiben unter das Kohlrabigemüse rühren und 1–2 Minuten ohne Deckel mitgaren. Das Kohlrabigemüse mit Salz, Pfeffer, Zitronensaft und nach Belieben mit Senf abschmecken. Das Gemüse auf Tellern anrichten.

Kohlrabi-Lachs-Lasagne

Für Gäste

4 Portionen

Pro Portion: E: 46 g, F: 47 g, Kh: 37 g, kJ: 3178, kcal: 761, BE: 3,0

2 mittelgroße Kohlrabi
1 Zwiebel
2 EL Butter oder Margarine
Salz, gem. Pfeffer
ger. Muskatnuss
300 ml Gemüsebrühe
200 ml Milch (1,5 % Fett)
100 g Schlagsahne
2 EL Weizenmehl
½ Bund glatte Petersilie
75 g ger. Gouda
600 g Lachsfilet (ohne Haut)
8–10 Lasagneplatten (weiß oder grün, ohne Vorkochen)
1 große Fleischtomate
125 g Crème fraîche
3 EL ger. Parmesan

Zubereitungszeit: 35 Minuten
Garzeit: etwa 50 Minuten

1. Kohlrabi putzen, schälen, abspülen, abtropfen lassen (etwas von dem feinen Grün beiseitelegen). Die Kohlrabi zuerst in Scheiben, dann in sehr feine Stifte schneiden. Zwiebel abziehen und klein würfeln.

2. Die Butter oder Margarine in einem Topf zerlassen. Zwiebelwürfel und Kohlrabistifte darin unter Rühren andünsten, mit Salz, Pfeffer und Muskat würzen. Die Brühe und Milch hinzugießen, zum Kochen bringen. Kohlrabistifte zugedeckt 3–5 Minuten bei schwacher Hitze garen.

3. Die Sahne mit Mehl anrühren, unter vorsichtigem Rühren unter die Kohlrabistifte rühren und weitere etwa 2 Minuten bei schwacher Hitze kochen lassen.

4. Den Backofen vorheizen.
Ober-/Unterhitze: etwa 180 °C
Heißluft: etwa 160 °C

5. Petersilie abspülen und trocken tupfen. Blättchen von den Stängeln zupfen. Blättchen klein schneiden. Beiseitegelegtes Kohlrabigrün ebenfalls klein schneiden. Geriebenen Käse, Petersilie und Kohlrabigrün unter die Kohlrabisauce rühren.

6. Lachsfilet kurz unter fließendem kalten Wasser abspülen, trocken tupfen und in Streifen schneiden. Etwas Kohlrabisauce in einer Lasagne- oder Auflaufform (gefettet) verteilen. 2–3 Lasagneplatten darauflegen. Lachsstreifen und Kohlrabisauce abwechselnd in die Form schichten, bis alle Zutaten aufgebraucht sind. Die letzte Schicht sollte aus Lasagneplatten bestehen.

7. Tomate abspülen, trocken tupfen und den Stängelansatz herausschneiden. Tomate in Scheiben schneiden und auf den Lasagneplatten verteilen. Die Crème fraîche mit dem Parmesan-Käse verrühren und auf den Lasagneplatten verteilen. Die Form auf dem Rost in den vorgeheizten Backofen schieben. Die Lasagne **etwa 50 Minuten garen,** evtl. kurz vor Ende der Garzeit mit Alufolie zudecken.

Kräutermaultaschen auf Gemüse

Etwas aufwendiger

4 Portionen

Pro Portion: E: 23 g, F: 15 g, Kh: 85 g, kJ: 2380, kcal: 568, BE: 7,0

Für den Teig:

300 g Weizenmehl
3 Eier (Größe M)
1 EL Speiseöl, z. B. Sonnenblumenöl
½ gestr. TL Salz
evtl. etwas Wasser

Für die Füllung:

2 Bund Petersilie
1 Bund Schnittlauch
1 Ei (Größe M)
50 g Semmelbrösel
Salz
ger. Muskatnuss

Zum Bestreichen:

1 Eiweiß

Für das Gemüse:

500 g Wirsing
400 g Möhren
300 g weiße Rübe
400 g Steckrübe
2 EL Olivenöl
500 ml Gemüsebrühe
gem. Pfeffer

etwa 2 l Gemüsebrühe
2–3 EL Schnittlauchröllchen

Zubereitungszeit: 40 Minuten, ohne Ruhezeit
Garzeit: etwa 30 Minuten

1. Für den Teig das Mehl in eine Rührschüssel geben. Eier, Öl und Salz zufügen. Die Zutaten mit einem Mixer (Knethaken) kurz auf niedrigster, dann auf höchster Stufe in etwa 3 Minuten zu einem glatten Teig verarbeiten, evtl. noch etwas Wasser zugeben. Den Teig zugedeckt etwa 40 Minuten ruhen lassen.

2. Für die Füllung Petersilie und Schnittlauch abspülen und trocken tupfen. Die Petersilienblättchen von den Stängeln zupfen und mit dem Schnittlauch fein hacken. Petersilie und Schnittlauch mit dem Ei und den Semmelbröseln in einer Schüssel vermischen, mit Salz und Muskat würzen.

3. Den Teig auf einer leicht bemehlten Arbeitsfläche dünn zu einem Rechteck (mindestens 40 x 60 cm) ausrollen. Aus dem Teigrechteck Quadrate (jeweils 10 x 10 cm) ausrädeln. Etwas von der Füllung auf jedes Teigquadrat geben.

4. Dann das Eiweiß mit einer Gabel verschlagen und die Teigränder damit bestreichen. Die Teigquadrate zu Dreiecken übereinanderklappen, die Ränder andrücken.

5. Für das Gemüse von dem Wirsing die groben äußeren Blätter entfernen. Den Wirsing vierteln, abspülen, abtropfen lassen und den Strunk herausschneiden. Kohl in feine Streifen schneiden.

6. Möhren und Rüben putzen, schälen, abspülen, abtropfen lassen und in Würfel schneiden.

7. Olivenöl in einem Bratentopf erhitzen. Die Wirsingstreifen, die Möhren- und Rübchenwürfel darin unter Rühren anbraten.

8. Die Brühe hinzugießen. Das Gemüse mit Salz und Pfeffer würzen und etwa 20 Minuten schmoren, dabei gelegentlich umrühren.

9. Inzwischen die Brühe in einem großen Topf erhitzen. Die Maultaschen portionsweise hineingeben und ohne Deckel bei mittlerer Hitze in etwa 5 Minuten garziehen lassen. Die gegarten Maultaschen mit einer Schaumkelle aus der Brühe nehmen, warm stellen.

10. Das Gemüse mit den Maultaschen und Schnittlauchröllchen bestreut servieren.

Tipp: Schneller geht die Zubereitung der Kräutermaultaschen, wenn Sie fertigen Nudelteig (aus- und aufgerollt aus dem Kühlregal oder TK-Nudelteig, nach Packungsanleitung aufgetaut) verwenden.

Krauttopf mit Schweinefleisch

Gut vorzubereiten

4 Portionen

Pro Portion: E: 38 g, F: 34 g, Kh: 8 g, kJ: 2068, kcal: 493, BE: 0,5

750 g	*Schweinefleisch, z. B. Nacken (ohne Knochen)*
3 EL	*Rapsöl*
500 g	*Weißkohl*
2	*Zwiebeln*
1 Stange	*Porree (Lauch)*
250 ml	*Fleischbrühe*
	Salz, gem. Pfeffer
	Paprikapulver edelsüß
300 g	*abgetropftes Sauerkraut*
1 TL	*gem. Kümmel*
1	*Lorbeerblatt*

Zubereitungszeit: 30 Minuten
Garzeit: etwa 60 Minuten

1. Das Fleisch mit Küchenpapier trocken tupfen und in etwa 3 cm große Würfel schneiden.

2. Öl in einem großen Bräter erhitzen. Die Fleischwürfel unter gelegentlichem Wenden gut darin anbraten.

3. Inzwischen vom Weißkohl die äußeren Blätter entfernen. Kohl vierteln, abspülen und abtropfen lassen. Den Strunk herausschneiden. Weißkohl in Streifen schneiden.

4. Die Zwiebeln abziehen, halbieren und in Scheiben schneiden. Porree putzen, längs einschneiden, gründlich abspülen, gut abtropfen lassen und in Streifen schneiden.

5. Das Gemüse zu dem Fleisch geben, kurz mit anbraten und das Ganze unter gelegentlichem Rühren zugedeckt etwa 45 Minuten durchschmoren lassen, evtl. etwas von der Brühe hinzufügen, mit Salz, Pfeffer und Paprika würzen.

6. Sauerkraut locker zupfen, zusammen mit der restlichen Brühe, Kümmel und Lorbeerblatt hinzufügen und noch 15 Minuten garen.

7. Den Krauttopf mit Salz und Pfeffer abschmecken.

Kürbis

Im Herbst hat der Kürbis Saison. Man unterscheidet Zier- und Speisekürbisse. Zu den Speisekürbissen zählen u. a. der Hokkaido-, Spaghetti- und Moschuskürbis. Der Hokkaido-Kürbis ist breitrund, meist orangerot und wiegt 1–2 kg. Seine Schale wird beim Kochen weich und kann mitverzehrt werden. Das Fruchtfleisch hat ein nussiges Aroma. Alle Kürbissorten sind reich an Beta-Carotin, enthalten Folsäure sowie Kalium.

Kürbis-Chorizo-Auflauf | Würzig

4 Portionen

Pro Portion: E: 27 g, F: 40 g, Kh: 19 g, kJ: 2272, kcal: 543, BE: 1,0

750 g Hokkaido-Kürbis
1 Bund Frühlingszwiebeln
2 Knoblauchzehen
40 g getrocknete Tomaten, in Öl eingelegt
80 g Chorizo (spanische Knoblauch-Paprika-Wurst)
Salz, gem. Pfeffer
je 1 Prise gem. Kreuzkümmel (Cumin), Kardamom und Zimt
175 g Frischkäse mit Joghurt (13 % Fett)
250 ml Milch (3,5 % Fett)
3 Eier (Größe M)
1 TL gerebelter Rosmarin
100 g junger Manchego-Käse

Zubereitungszeit: 25 Minuten
Garzeit: 25–30 Minuten

1. Kürbis abspülen, abtrocknen und halbieren. Kerne und faserigen Innenteil entfernen. Den Kürbis in feine, etwa 1 cm breite Spalten schneiden, evtl. schälen. Frühlingszwiebeln putzen, abspülen, abtropfen lassen und in etwa 2 cm breite Stücke schneiden. Knoblauch abziehen, fein würfeln.

2. Die Tomaten in einem Sieb abtropfen lassen, dabei 3 Esslöffel von dem Öl auffangen. Tomaten in Streifen schneiden. Evtl. die Haut (Pelle) von der Chorizo-Wurst entfernen. Die Wurst in dünne Scheiben schneiden.

3. Den Backofen vorheizen.
Ober-/Unterhitze: etwa 200 °C
Heißluft: etwa 180 °C

4. Das aufgefangene Tomatenöl in einer Pfanne erhitzen. Die Kürbisspalten darin etwa 5 Minuten unter Wenden anbraten. Die Frühlingszwiebelstücke und Knoblauchwürfel hinzugeben, kurz mitbraten. Alles mit Salz, Pfeffer, Cumin, Kardamom und Zimt würzen.

5. Kürbis-Frühlingszwiebel-Mischung mit Tomatenstreifen und Chorizo-Scheiben in eine große, flache Auflaufform (gefettet) geben und vermischen. Frischkäse mit Milch und Eiern verschlagen, mit Salz, Pfeffer und Rosmarin würzen, gleichmäßig auf dem Auflauf verteilen. Käse grob raspeln und daraufstreuen.

6. Die Form auf dem Rost in den vorgeheizten Backofen schieben. Den Auflauf **25–30 Minuten garen.**

Kürbiscurry mit Reis

Exotisch

4 Portionen

Pro Portion: E: 9 g, F: 45 g, Kh: 46 g, kJ: 2620, kcal: 629, BE: 3,5

150 g Basmatireis
225 ml kaltes Wasser
1 gestr. TL Salz
40 g Butter
1 kg Hokkaido-Kürbis
100 g Zwiebeln
½ grüne Chilischote
10 grüne Kardamomkapseln
4 EL Maiskeimöl
1 gestr. EL gem. Zimt
1 gestr. EL Paprikapulver edelsüß
1 TL braune Senfkörner
1 gestr. EL Currypulver
600 ml ungesüßte Kokosmilch
300 ml Gemüsebrühe
Salz
2 EL Zitronensaft
3 Stängel Minze

Zubereitungszeit: 40 Minuten
Garzeit: etwa 30 Minuten

1. Den Reis in einem Sieb kurz mit lauwarmem Wasser abspülen und gut abtropfen lassen. Den Reis mit Wasser und Salz im offenen Topf bei starker Hitze kochen lassen, bis das Wasser den Reis nicht mehr bedeckt. Die Butter zugeben. Den Reis zugedeckt etwa 15 Minuten bei schwacher Hitze quellen lassen. Dann den Topf von der Kochstelle nehmen und den Reis im geschlossenen Topf warm halten.

2. In der Zwischenzeit Kürbis abspülen, abtrocknen und halbieren. Kerne und faserigen Innenteil entfernen. Kürbis schälen, in etwa 3 ½ cm große Stücke schneiden. Zwiebeln abziehen und in dünne Spalten schneiden.

3. Chilischote entstielen, entkernen, abspülen, abtropfen lassen und fein würfeln. Kardamomsamen aus den Kapseln lösen und im Mörser fein zerstoßen.

4. Das Öl in einem weiten Topf erhitzen. Kürbis und Zwiebeln darin unter Wenden bei starker Hitze anbraten. Chili, Kardamomsamen, Zimt, Paprika, Senfkörner und Curry unterrühren und noch etwa 1 weitere Minute braten. Kokosmilch, Brühe und Salz zugeben und unterrühren.

5. Das Curry im offenem Topf bei starker Hitze etwa 15 Minuten kochen lassen. Dabei ab und zu umrühren. Zitronensaft unterrühren. Minzeblätter von den Stängeln zupfen, abspülen, trocken tupfen und grob schneiden. Das Curry mit Minze bestreut mit dem Reis servieren.

Kürbis-Kokosmilch-Auflauf mit Hähnchen | Exotisch

4 Portionen

Pro Portion: E: 43 g, F: 37 g, Kh: 19 g, kJ: 2424, kcal: 582, BE: 1,0

750 g Speisekürbis, z. B. Hokkaido-Kürbis
1 Zwiebel
2 Knoblauchzehen
1 EL Rapsöl
Salz, gem. Pfeffer
¼ TL Cayennepfeffer
400 ml Kokosmilch
250 g Tomaten
4 Hähnchenbrustfilets (je etwa 150 g)
2 EL Rapsöl
1 Bund Frühlingszwiebeln
1 TL gem. Ingwer
1 ½ EL Semmelbrösel
2 EL Butter (zimmerwarm)
35 g gesalzene Erdnusskerne

Zubereitungszeit: 35 Minuten
Garzeit: etwa 25 Minuten

1. Den Kürbis vierteln. Kerne und faserigen Innenteil entfernen. Kürbis abspülen, abtropfen lassen, in etwa 1 cm dicke Spalten schneiden, evtl. schälen. Zwiebel- und Knoblauch abziehen und fein würfeln. Das Öl in einer Pfanne erhitzen. Die Zwiebel- und Knoblauchwürfel darin andünsten. Die Kürbisspalten hinzugeben, kurz mitdünsten, mit Salz, Pfeffer und Cayennepfeffer würzen. Die Kokosmilch unterrühren. Die Zutaten ohne Deckel etwa 5 Minuten garen, dabei gelegentlich umrühren.

2. Den Backofen vorheizen.
Ober-/Unterhitze: etwa 220 °C
Heißluft: etwa 200 °C

3. Tomaten abspülen, abtrocknen und halbieren. Die Stängelansätze herausschneiden. Tomaten würfeln. Kürbisspalten mit einem Schaumlöffel aus der Pfanne nehmen, mit den Tomatenwürfeln in eine große, flache Auflaufform (gefettet) geben. Den Kokosfond kräftig einkochen lassen, dabei gelegentlich umrühren.

4. In der Zwischenzeit die Hähnchenbrustfilets unter fließendem kalten Wasser abspülen und mit Küchenpapier trocken tupfen. Rapsöl in einer Pfanne erhitzen. Filets darin rundherum goldbraun anbraten.

5. Die Frühlingszwiebeln putzen, abspülen, abtropfen lassen und in etwa 1 cm breite Stücke schneiden. Die Frühlingszwiebelstücke in die Pfanne geben und etwa ½ Minute mitbraten, mit Salz und Pfeffer würzen. Die Hähnchen-Frühlingszwiebel-Mischung gleichmäßig auf der Gemüsemischung verteilen.

6. Den eingekochten Kokosfond daraufträufeln. Ingwer, Semmelbrösel, Butter und etwas Cayennepfeffer vermischen, auf den Filets verstreichen. Die Erdnüsse hacken und daraufstreuen.

7. Die Form auf dem Rost in den vorgeheizten Backofen schieben. Den Auflauf **etwa 25 Minuten garen.** Der Auflauf ist fertig, wenn die Kruste auf den Filets knusprig braun ist.

Kürbis-Nudel-Suppe mit Rosmarin I

Vegetarisch – schnell

4 Portionen

Pro Portion: E: 7 g, F: 6 g, Kh: 32 g, kJ: 907, kcal: 217, BE: 2,5

Zum Vorbereiten:

1 Knoblauchzehe
1 mittelgroße Zwiebel
150 g Möhren
1 kleiner Zweig Rosmarin
500 g Hokkaido-Kürbis

Für die Suppe:

2 EL Speiseöl, z. B. Rapsöl
1 l heiße Gemüsebrühe
1 Lorbeerblatt
2 Gewürznelken
Salz
gem. Pfeffer
200 g Porree (Lauch)

125 g Suppennudeln
1 l kochendes Salzwasser

1–2 EL Zitronensaft

Zubereitungszeit: 30 Minuten

1. Zum Vorbereiten Knoblauch und Zwiebel abziehen und in feine Würfel schneiden. Möhren putzen, schälen, abspülen, abtropfen lassen und in feine Scheiben schneiden. Rosmarinzweig abspülen, trocken tupfen und kleiner zupfen. Kürbis abspülen, abtrocknen und halbieren. Kerne und faserigen Innenteil entfernen. Kürbishälften in mundgerechte Stücke schneiden.

2. Für die Suppe das Speiseöl in einem Topf erhitzen. Zwiebelwürfel, Knoblauchwürfel und Rosmarinzweig darin andünsten. Die Möhrenscheiben hinzugeben und etwa 2 Minuten mitdünsten. Die Gemüsebrühe hinzugießen und zum Kochen bringen. Lorbeerblatt und Gewürznelken hinzugeben. Das Ganze mit Salz und Pfeffer würzen.

3. Porree putzen, die Stange längs halbieren, gründlich waschen, abtropfen lassen. Porree in feine Streifen schneiden. Kürbiswürfel und Porreestreifen in die Suppe geben. Die Suppe zugedeckt bei mittlerer Hitze etwa 10 Minuten kochen.

4. Nudeln in kochendem Salzwasser nach Packungsanleitung bissfest garen lassen.

5. Die Nudeln in ein Sieb geben, mit heißem Wasser abspülen und abtropfen lassen.

6. Lorbeerblatt und Nelken aus der Suppe entfernen. Nudeln in die Suppe geben und noch etwa 1 Minute mitkochen. Die Suppe mit Salz, Pfeffer und Zitronensaft abschmecken.

Kürbis-Quiche | Raffiniert

12 Stücke

Pro Stück: E: 6 g, F: 14 g, Kh: 14 g, kJ: 869, kcal: 208, BE: 1,0

Für den Streuselteig:

200 g Weizenmehl
½ TL Salz
90 g Butter oder Margarine (zimmerwarm)
1 Ei (Größe M)
1–2 EL kaltes Wasser

Für die Füllung:

½ kleiner Hokkaido-Kürbis (etwa 250 g Kürbisfruchtfleisch)
200 g Schmand (Sauerrahm)
2 Eier (Größe M)
1–2 TL gerebelter Salbei, Thymian oder Rosmarin
Salz, gem. Pfeffer
125 g Fetakäse

Zubereitungszeit: 25 Minuten
Backzeit: etwa 30 Minuten

1. Den Backofen vorheizen.
Ober-/Unterhitze: etwa 220 °C
Heißluft: etwa 200 °C

2. Für den Streuselteig das Mehl mit Salz, Butter oder Margarine, Ei und Wasser in eine Rührschüssel geben. Die Zutaten mit einem Mixer (Rührstäbe) zuerst auf niedrigster Stufe, dann auf höchster Stufe zu feinen Streuseln verarbeiten.

3. Die Streusel in einer Springform (Ø 26 cm, gefettet, mit Backpapier belegt) verteilen, mit einem Löffelrücken oder leicht bemehlten Händen zu einem Boden andrücken und einen kleinen Rand formen.

4. Für die Füllung den Kürbis abspülen, abtrocknen und Kerne und faserigen Innenteil entfernen. Kürbis grob raspeln. Schmand mit den Eiern und Kräutern verschlagen. Kürbisraspel unterrühren, mit Salz und Pfeffer kräftig würzen. Die Kürbis-Schmand-Mischung

auf dem Streuselboden verteilen. Feta fein zerkrümeln oder raspeln und daraufstreuen.

5. Die Form auf dem Rost im unteren Drittel in den vorgeheizten Backofen schieben und die Quiche **etwa 30 Minuten backen.** Die Kürbis-Quiche vor dem Anschneiden und Servieren etwa 3 Minuten abkühlen lassen.

Tipp: Statt mit Kräutern die Kürbismischung mit etwas Curry und grob geschrotetem Chili würzen.

Extratipp: Verarbeiten Sie die restliche Hälfte des Hokkaido-Kürbisses zu **Kürbismuffins.** Dazu den Backofen auf Ober-/Unterhitze: etwa 180 °C, Heißluft: etwa 160 °C vorheizen. Für den Teig 150 g Maismehl mit 150 g Weizenmehl und 1 Päckchen Backpulver in einer Rührschüssel vermischen. 100 g braunen Zucker, 150 g Joghurt (3,5 % Fett), 2 Esslöffel Zitronensaft, 4 Eier (Größe M), 100 ml Sonnenblumen- oder Rapsöl und 1 Prise Salz hinzufügen. Die Zutaten mit einem Mixer (Rührstäbe) zunächst kurz auf niedrigster, dann auf höchster Stufe gut durcharbeiten. 200 g fein geraspeltes Kürbisfruchtfleisch unterheben. Den Teig in einer Muffinform (für 12 Muffins, mit Papierbackförmchen ausgelegt) verteilen und die Form auf dem Rost in den vorgeheizten Backofen schieben. Die Muffins etwa 25 Minuten backen.

Kürbis-Tandoori-Suppe I

Exotisch

4 Portionen

Pro Portion: E: 19 g, F: 30 g, Kh: 13 g, kJ: 1672, kcal: 400, BE: 0,5

1 EL	*Olivenöl*
250 g	*Rindergehacktes*
1	*Knoblauchzehe*
1 TL	*Tomatenmark*
	Salz, gem. Pfeffer
1–2 TL	*Tandoori-Gewürz (Pulver oder Paste, aus dem Glas)*
800 ml	*heiße Gemüsebrühe*
500 g	*Kürbis, z. B. Butternut, gelber Zentner oder Hokkaido*
1	*Blumenkohl (etwa 500 g)*
1 Bund	*Frühlingszwiebeln*
200 g	*Schlagsahne*
4 TL	*Crème fraîche*

Zubereitungszeit: 35 Minuten

1. Das Olivenöl in einem Topf erhitzen. Das Gehackte hinzugeben und unter Rühren anbraten, dabei die Fleischklümpchen mit einer Gabel zerdrücken.

2. Knoblauch abziehen, fein würfeln und hinzugeben. Tomatenmark unterrühren, mit anbraten. Die Hackfleischmasse mit Salz, Pfeffer und Tandoori-Gewürz würzen. Brühe hinzugießen und zum Kochen bringen.

3. Kürbis abspülen, abtrocknen und halbieren. Kerne und faserigen Innenteil entfernen. Kürbis schälen, in 1–2 cm große Würfel schneiden.

4. Vom Blumenkohl die Blätter und schlechten Stellen entfernen. Den Strunk abschneiden. Den Blumenkohl in kleine Röschen teilen, abspülen und abtropfen lassen.

5. Kürbiswürfel und Blumenkohlröschen in die Suppe geben. Die Suppe wieder zum Kochen bringen, bei schwacher Hitze etwa 10 Minuten kochen lassen.

6. Inzwischen die Frühlingszwiebeln putzen, abspülen, abtropfen lassen und in Scheiben schneiden. Frühlingszwiebelscheiben und Sahne in die Suppe geben, unterrühren. Die Suppe wieder zum Kochen bringen und weitere etwa 5 Minuten kochen lassen.

7. Die Kürbis-Tandoori-Suppe mit Salz und Pfeffer abschmecken, in tiefen Tellern oder Suppentassen verteilen und mit je 1 Teelöffel Crème fraîche garnieren.

Kürbis-Tortiglioni-Pfanne I

Würzig – schnell

4 Portionen

Pro Portion: E: 22 g, F: 22 g, Kh: 71 g, kJ: 2423, kcal: 579, BE: 6,0

750 g Hokkaido-Kürbis
1 Knoblauchzehe
40 g getrocknete Tomaten
70 g Chorizo (spanische Knoblauch-Paprika-Wurst) oder Cabanossi (in Scheiben)
3 Zweige Rosmarin oder 1–2 TL gerebelter Rosmarin

3 1/2 l Wasser
3 1/2 gestr. TL Salz
350 g Pasta, z. B. Tortiglioni

Salz, gem. Pfeffer
1 Lorbeerblatt
250 ml heiße Gemüsebrühe
Saft von
1/2 Zitrone
175 g Doppelrahm-Frischkäse

Zubereitungszeit: 25 Minuten

1. Kürbis gründlich abspülen, abtrocknen, halbieren und die Kerne und den faserigen Innenteil entfernen. Die Kürbishälften in etwa 1 cm breite und etwa 5 cm lange Streifen schneiden. Knoblauch abziehen und in Scheiben schneiden. Tomaten in Streifen schneiden. Die Wurstscheiben evtl. halbieren. Rosmarin abspülen und trocken tupfen.

2. Wasser in einem großen Topf zugedeckt zum Kochen bringen. Salz und Nudeln hinzugeben. Nudeln im geöffneten Topf bei mittlerer Hitze nach Packungsanleitung knapp bissfest garen, dabei gelegentlich umrühren.

3. In der Zwischenzeit die Wurstscheiben in einer großen Pfanne von beiden Seiten bei mittlerer Hitze knusprig braten, herausnehmen und auf Küchenpapier abtropfen lassen.

4. Knoblauch und Rosmarin im Bratfett leicht anbraten. Kürbis hinzugeben und von beiden Seiten anbraten. Mit Salz, Pfeffer, Lorbeerblatt würzen. Tomaten hinzugeben. Die Hälfte der Brühe und Zitronensaft hinzugießen, zum Kochen bringen. Alles zugedeckt etwa 5 Minuten garen.

5. Die garen Nudeln in ein Sieb geben, mit heißem Wasser abspülen und abtropfen lassen. Frischkäse mit der restlichen Brühe glatt rühren und unter die Nudeln mischen. Nudeln zu den Kürbisstreifen in die Pfanne geben und vorsichtig untermischen. Alles zum Kochen bringen und die Flüssigkeit bei starker Hitze sämig einkochen lassen.

6. Die Kürbis-Nudel-Pfanne mit Salz und Pfeffer würzig abschmecken und mit den Chorizo-Scheiben auf Tellern anrichten. Das Lorbeerblatt entfernen.

Leipziger Allerlei mit Kalbshackbällchen

Etwas aufwendiger – für Gäste

4–6 Portionen

Pro Portion: E: 40 g, F: 34 g, Kh: 34 g, kJ: 2536, kcal: 606, BE: 2,5

Für die Hackbällchen:

1 Brötchen (Semmel) vom Vortag
2 Schalotten
600 g Kalbsgehacktes
1 Ei (Größe M)
1 EL fein gehackte Kapern
2 EL Schnittlauchröllchen
Salz
gem. Pfeffer

500 g weißer Spargel
1 kleiner Blumenkohl
1 Bund Möhren
300 g frische Erbsen
200 g rosé Champignons
2 Schalotten
2 EL Butter
3 EL Weizenmehl
1 Bund Kerbel
250 g Schlagsahne
Saft von
1 Zitrone

Zubereitungszeit: 45 Minuten
Garzeit: etwa 30 Minuten

1. Das Brötchen in kaltem Wasser einweichen und ausdrücken. Schalotten abziehen und in kleine Würfel schneiden. Das Gehackte in eine Rührschüssel geben. Ausgedrücktes Brötchen, Ei, Schalottenwürfel, gehackte Kapern und Schnittlauchröllchen hinzugeben. Die Zutaten gut verkneten, mit Salz und Pfeffer würzen.

2. Salzwasser in einem Topf zum Kochen bringen. Aus der Hackfleischmasse mit angefeuchteten Händen kleine Bällchen formen. Die Hackbällchen in dem siedenden Salzwasser bei schwacher Hitze etwa 15 Minuten gar ziehen lassen. Die Hackbällchen mit einer Schaumkelle herausnehmen, auf einen Teller legen und warm stellen. Den Fond durch ein feines Sieb gießen und beiseitestellen.

3. Den Spargel von oben nach unten schälen. Darauf achten, dass die Schalen vollständig entfernt, die Köpfe aber nicht verletzt werden. Die unteren Enden abschneiden (holzige Stellen vollkommen entfernen). Die Spargelstangen abspülen, abtropfen lassen und in etwa 4 cm lange Stücke schneiden.

4. Von dem Blumenkohl die Blätter und schlechten Stellen entfernen. Den Blumenkohl in Röschen teilen, abspülen und abtropfen lassen.

5. Möhren putzen, schälen, abspülen, abtropfen lassen und je nach Größe in Scheiben schneiden oder der Länge nach halbieren.

6. Die Erbsen abspülen und abtropfen lassen. Champignons putzen, mit Küchenpapier abreiben, evtl. abspülen, trocken tupfen und vierteln. Die Schalotten abziehen und in kleine Würfel schneiden.

7. Butter in einem großen Topf zerlassen. Schalottenwürfel darin andünsten und mit Mehl bestäuben. Beiseitegestellten Fond unter Rühren hinzugießen. Spargelstücke, Blumenkohlröschen und Möhrenscheiben oder -stücke hinzugeben.

8. So viel heißes Wasser hinzugießen, dass die Gemüsezutaten mit Wasser bedeckt sind. Anschließend zum Kochen bringen. Den Eintopf zudeckt etwa 10 Minuten bei schwacher Hitze kochen lassen.

9. Kerbel abspülen und trocken tupfen. Blättchen von den Stängeln zupfen. Anschließend Blättchen klein schneiden.

10. Die Erbsen und die Champignonviertel in den Eintopf geben. Diesen wieder zum Kochen bringen und zugedeckt weitere etwa 5 Minuten bei schwacher Hitze kochen lassen.

11. Die Sahne unterrühren. Die warm gestellten Hackbällchen hinzugeben. Das Leipziger Allerlei mit Salz, Pfeffer und Zitronensaft abschmecken.

Mairübchen

Mairübchen und Teltower Rübchen gehören zu den zarten Speiserüben, die im Frühjahr Saison haben. Dabei zeichnen sich die Mairübchen durch ihre kleinen, kugeligen weißfleischigen Wurzelrübchen aus. Die Teltower Rübchen gelten als besondere Delikatesse. Diese Zwergrübchen schmecken süßlich-mild.

Mairübchen mit Lammkoteletts I

Schnell

4 Portionen

Pro Portion: E: 33 g, F: 35 g, Kh: 21 g, kJ: 2200, kcal: 526, BE: 1,5

1 Knoblauchzehe
1 TL Anissamen
2 EL Rapsöl
12 Stielkoteletts vom Lamm (je etwa 60 g)

50 g Pinienkerne
2 Bund Mairübchen oder Teltower Rübchen (je etwa 400 g)
2 EL Rapsöl
1 EL Currypulver
100 ml Gemüsebrühe
2 EL Rosinen
Salz, gem. Pfeffer

Zubereitungszeit: 35 Minuten, ohne Ruhezeit

1. Knoblauch abziehen und in Scheiben schneiden. Anissamen im Mörser grob zerstoßen. Knoblauch und Anis mit dem Rapsöl vermischen.

2. Die Lammkoteletts unter fließendem kalten Wasser abspülen und mit Küchenpapier trocken tupfen. Die Lammkoteletts rundherum mit der Marinade bestreichen und zugedeckt bis zur Weiterverarbeitung bei Zimmertemperatur etwas durchziehen lassen.

3. Die Pinienkerne in einer Pfanne ohne Fett unter Wenden anrösten und dann auf einen Teller geben.

4. Rübchen putzen, evtl. etwas Grün an den Knollen stehen lassen. Die Knollen schälen, abspülen, abtropfen lassen und vierteln. Das Rapsöl in einer Pfanne erhitzen. Die Rübchenviertel darin andünsten und mit Curry bestäuben. Die Gemüsebrühe hinzugießen und die Rosinen unterrühren. Das Gemüse mit Salz würzen, in etwa 8 Minuten bissfest dünsten.

5. In der Zwischenzeit die Lammkoteletts mit Salz würzen und in einer erhitzten Pfanne portionsweise jeweils 3 Minuten pro Seite bei großer Hitze braten. Dann die Kochstelle ausschalten, alle Lammkoteletts wieder in die Pfanne geben, mit Pfeffer würzen und zugedeckt etwa 5 Minuten ruhen lassen.

6. Zum Servieren die Pinienkerne unter die Curry-Rübchen geben und mit den Lammkoteletts servieren.

Mangold

Mangold stammt ursprünglich aus dem Mittelmeerraum. Sein Geschmack ähnelt dem des Spinats, er ist aber würziger und nussiger. Man unterscheidet Blatt- und Stielmangold. Ersterer hat schmale Rippen und breite Blätter, die wie Spinat zubereitet werden. Typisch für Stielmangold sind die dicken, fleischigen Stiele, die von den Blättern getrennt wie Spargel oder Schwarzwurzeln zubereitet werden. Mangold ist kalorienarm und dabei reich an Kalium, Kalzium und Magnesium. Er enthält Eisen, Folsäure und Vitamin C. Hauptsächlich von Juni bis September erhalten Sie frisch geernteten deutschen Mangold.

Mangoldsalat mit Schupfnudeln I

Raffiniert

4 Portionen

Pro Portion: E: 18 g, F: 25 g, Kh: 25 g, kJ: 1660, kcal: 395, BE: 2,0

750 g Mangold
Salz
20 g Pinienkerne
1–2 EL Olivenöl
250 g Schupfnudeln (aus dem Kühlregal)
1 Knoblauchzehe
1 rote Zwiebel
2–3 EL Balsamico-Essig
Zucker, gem. Pfeffer
4–5 EL Olivenöl
200 g Räucherlachs (am Stück)

Zubereitungszeit: 45 Minuten, ohne Abkühlzeit

1. Mangold gründlich abspülen, abtropfen lassen und die Stiele von den Blättern schneiden. Die Mangoldstiele und -blätter getrennt in 2–3 cm große Stücke schneiden.

2. Salzwasser in einem großen Topf zum Kochen bringen und zuerst die Mangoldstiele hinzufügen. Diese etwa 3 Minuten kochen, dann die Blätter hinzufügen und alles weitere etwa 2 Minuten kochen lassen. Mangold in ein Sieb geben, mit kaltem Wasser abschrecken, abtropfen und erkalten lassen.

3. Pinienkerne in einer beschichteten Pfanne ohne Fett goldbraun rösten, in eine Salatschüssel geben.

4. Öl in der Pfanne erhitzen. Die Schupfnudeln etwa 3 Minuten darin anbraten. Knoblauch abziehen, fein hacken, zu den Schupfnudeln geben, kurz mit anrösten und die Schupfnudeln erkalten lassen.

5. Mangold zu den Pinienkernen geben. Zwiebel abziehen, fein würfeln und dazugeben.

6. Essig mit Salz, Zucker und Pfeffer verrühren, Öl unterschlagen und die Sauce mit den Salatzutaten vermengen. Räucherlachs in kleine Stücke schneiden oder zerteilen, mit den Schupfnudeln unter den Mangold heben. Salat abschmecken und servieren.

Mediterraner Gemüse-Fisch-Auflauf I

Beliebt

4 Portionen

Pro Portion: E: 32 g, F: 23 g, Kh: 10 g, kJ: 1579, kcal: 376, BE: 0,5

1 Gemüsezwiebel
500 g Auberginen
500 g Zucchini
4 EL Olivenöl
evtl. 2 EL Wasser
4 Tomaten
Salz
gem. Pfeffer
600 g Lachsforellen- oder Seelachsfilet
2 EL Zitronensaft
geschrotete, rosa Pfefferbeeren
½ TL gerebelter Oregano
½ TL gerebeltes Basilikum
40 g Butter

Zubereitungszeit: 30 Minuten
Garzeit: etwa 20 Minuten

1. Gemüsezwiebel abziehen, vierteln und in Streifen schneiden. Die Auberginen und Zucchini abspülen, abtrocknen und die Enden abschneiden. Auberginen und Zucchini längs halbieren und in halbe Scheiben schneiden.

2. Den Backofen vorheizen.
Ober-/Unterhitze: etwa 200 °C
Heißluft: etwa 180 °C

3. Olivenöl in einer großen Pfanne erhitzen. Zwiebelstreifen, Auberginen- und Zucchinischeiben darin andünsten. Evtl. 2 Esslöffel Wasser hinzugeben. Das gedünstete Gemüse in eine große, flache Auflaufform (gefettet) geben.

4. Die Tomaten kreuzweise einschneiden und mit kochendem Wasser begießen. Nach 1–2 Minuten herausnehmen und mit kaltem Wasser abschrecken. Anschließend die Tomaten enthäuten, halbieren und die Stängelansätze herausschneiden. Die Tomaten in Scheiben schneiden. Die Tomatenscheiben auf dem Gemüse verteilen, mit Salz und Pfeffer bestreuen.

5. Lachsforellen- oder Seelachsfilet unter fließendem kalten Wasser abspülen, trocken tupfen und evtl. in Portionsstücke schneiden. Filetstücke mit Zitronensaft beträufeln und mit Salz bestreuen.

6. Fischfilet auf das Gemüse legen, mit Pfefferbeeren, Oregano und Basilikum bestreuen. Die Butter in Flöckchen daraufsetzen. Die Form auf dem Rost in den vorgeheizten Backofen schieben und den Auflauf **etwa 20 Minuten garen.**

Tipp: Den Auflauf zum Servieren mit einigen abgespülten und trocken getupften Basilikumblättchen bestreuen.

Mediterraner Gemüse-Quark-Auflauf I

Gut vorzubereiten

4 Portionen

Pro Portion: E: 19 g, F: 20 g, Kh: 17 g, kJ: 1350, kcal: 323, BE: 0,5

1 Gemüsezwiebel
2 Knoblauchzehen
600 g Zucchini
je 1 rote, grüne und gelbe Paprikaschote
2 Tomaten
5 EL Olivenöl
Salz
gem. Pfeffer
50 g TK-Kräuter der Provence

Für die Quarkmasse:

250 g Magerquark
3 Eier (Größe M)

2 EL gehackte Petersilie

Zubereitungszeit: 35 Minuten
Garzeit: 10–15 Minuten

1. Zwiebel und Knoblauchzehen abziehen und klein würfeln. Zucchini abspülen, abtrocknen und die Enden abschneiden. Zucchini evtl. längs halbieren und in Scheiben schneiden.

2. Paprikaschoten vierteln, entstielen, entkernen und die weißen Scheidewände entfernen. Paprika abspülen, abtropfen lassen und in Stücke schneiden. Tomaten abspülen, abtrocknen, halbieren und die Stängelansätze herausschneiden. Die Tomaten in Stücke schneiden.

3. Jeweils die Hälfte des Olivenöls in 2 großen Pfannen erhitzen. In einer Pfanne die Zwiebelwürfel und Paprikastücke unter Rühren bei mittlerer Hitze etwa 10 Minuten braten. In der zweiten Pfanne zuerst die Zucchinischeiben mit dem Knoblauch unter gelegentlichem Rühren braten. Zum Schluss noch die Tomatenstücke kurz mitbraten.

4. Den Backofen vorheizen.
Ober-/Unterhitze: etwa 180 °C
Heißluft: etwa 160 °C

5. Die Gemüsezutaten in einer großen Auflaufform (gefettet) mischen, mit Salz, Pfeffer und Kräutern der Provence würzen.

6. Den Quark mit den Eiern verschlagen, mit Salz und Pfeffer würzen. Die Quarkmasse auf dem Gemüse verteilen.

7. Die Form auf dem Rost in den vorgeheizten Backofen schieben. Den Auflauf **10–15 Minuten garen,** bis die Quark-Eier-Masse gestockt ist.

8. Vor dem Servieren den Gemüse-Quark-Auflauf mit gehackter Petersilie bestreuen.

Minestrone I

Klassisch

4 Portionen

Pro Portion: E: 18 g, F: 17 g, Kh: 32 g, kJ: 1497, kcal: 357, BE: 2,0

200 g Möhren
300 g vorwiegend festkochende Kartoffeln
100 g grüne Bohnen
100 g Staudensellerie
150 g Zucchini
200 g Porree (Lauch)
2 Zwiebeln
75 g durchwachsener Speck
2 EL Olivenöl
1 l Gemüsebrühe

2 Fleischtomaten
100 g Erbsen
50 g Hörnchennudeln
2 EL gehackte Petersilie
2 EL gehackte Basilikumblättchen
Salz
gem. Pfeffer
70 g gehobelter Parmesan

Zubereitungszeit: 45 Minuten
Garzeit: 15–19 Minuten

1. Möhren putzen. Möhren und Kartoffeln schälen, abspülen, abtropfen lassen und in Würfel schneiden. Von den Bohnen die Enden abschneiden, evtl. Fäden abziehen. Bohnen abspülen, abtropfen lassen und in Stücke schneiden oder brechen.

2. Staudensellerie putzen und die harten Außenfäden abziehen. Den Sellerie abspülen und abtropfen lassen. Die Zucchini abspülen, abtrocknen und die Enden abschneiden. Porree putzen, die Stange längs halbieren, gründlich waschen, abtropfen lassen. Staudensellerie, Zucchini und Porree in kleine Stücke schneiden.

3. Zwiebeln abziehen und würfeln. Den Speck fein würfeln. Olivenöl in einem Topf erhitzen. Die Zwiebel- und Speckwürfel darin anbraten. Klein geschnittene Möhren, Kartoffeln, Sellerie und Bohnen hinzugeben und andünsten. Gemüsebrühe hinzugießen, zum Kochen bringen und zugedeckt 10–12 Minuten kochen lassen.

4. Inzwischen Tomaten abspülen, abtropfen lassen, kreuzweise einschneiden und mit kochendem Wasser übergießen. Nach 1–2 Minuten herausnehmen und mit kaltem Wasser abschrecken. Tomaten enthäuten, halbieren und die Stängelansätze herausschneiden. Tomaten klein schneiden.

5. Dann Zucchini, Porree, Erbsen und Hörnchennudeln in die Suppe geben, wieder zum Kochen bringen und weitere 5–7 Minuten kochen. Tomaten mit gehackter Petersilie und gehackten Basilikumblättchen zugeben. Die Suppe mit Salz und Pfeffer abschmecken, mit Parmesan bestreut servieren.

Minestrone mit Ricotta-Nocken

Für Gäste

4 Portionen

Pro Portion: E: 15 g, F: 21 g, Kh: 17 g, kJ: 1335, kcal: 319, BE: 1,5

Für die Nocken:

250 g Ricotta (ital. Frischkäse; ersatzweise Doppelrahm-Frischkäse)
35 g Hartweizengrieß
1 Ei (Größe M)
30 g ger. Pecorino oder Parmesan
gem. Pfeffer, Salz
ger. Muskatnuss
2 l Salzwasser

Für die Suppe:

1 Zwiebel
1 Knoblauchzehe
180 g Staudensellerie
350 g Fenchelknolle
150 g Möhren
500 g Mangold
3 EL Olivenöl
1 Lorbeerblatt
1 TL Fenchelsamen
1 l heiße Gemüsebrühe
200 g Cocktailtomaten

Zubereitungszeit: 45 Minuten

1. Für die Nocken Ricotta, Grieß, Ei, Pecorino oder Parmesan, Pfeffer, etwas Salz und Muskat in eine Schüssel geben und mit einem Schneebesen verrühren. Die Ricottamasse zugedeckt etwa 10 Minuten quellen lassen.

2. In der Zwischenzeit für die Suppe Zwiebel und Knoblauch abziehen und fein würfeln. Staudensellerie putzen und die harten Außenfäden abziehen. Sellerie abspülen, abtropfen lassen und in Scheiben schneiden. Fenchelknolle putzen, abspülen, abtropfen lassen und halbieren. Die Fenchelhälften in Streifen schneiden. Die Möhren putzen, schälen, abspülen, abtropfen lassen und in Scheiben schneiden. Mangold gründlich abspülen, abtropfen lassen und die Stiele von den Blättern schneiden. Die Mangoldstiele und -blätter getrennt in feine Streifen schneiden.

3. Olivenöl in einem Topf erhitzen. Die Zwiebel- und Knoblauchwürfel darin glasig dünsten. Sellerie, Fenchel, Möhren und Mangoldstielstreifen in den Topf geben und unter Rühren mit andünsten. Mit Salz, Pfeffer, Muskat, Lorbeerblatt und Fenchelsamen würzen. Die Gemüsebrühe hinzugießen. Die Suppe zum Kochen bringen und zugedeckt bei mittlerer Hitze etwa 5 Minuten kochen lassen.

4. Für die Nocken das Salzwasser in einem weiten Topf zum Kochen bringen, dann die Temperatur reduzieren. Aus der Ricottamasse mit 2 Esslöffeln Nocken ausstechen und ins siedende Salzwasser geben. Bei schwacher Hitze etwa 10 Minuten ziehen lassen (nicht mehr kochen, da die Nocken sonst zerfallen).

5. Mangoldblattstreifen in die Suppe geben und die Zutaten weitere etwa 10 Minuten kochen lassen.

6. Tomaten abspülen, abtrocknen, halbieren und die Stängelansätze herausschneiden. Tomatenhälften in die Suppe geben und etwa 2 Minuten miterhitzen. Die Suppe nochmals abschmecken. Minestrone in tiefen Tellern verteilen. Die Nocken in die Suppe geben und sofort servieren.

Möhren

Möhren aus Deutschland werden im Sommer als Bund- und Waschmöhren angeboten, dann folgen Herbst- und Wintermöhren. Möhren sind reich an Beta-Carotin (Vorstufe von Vitamin A) und sollten immer mit etwas Fett zubereitet werden, damit der Körper das Carotin besser verwerten kann. Möhren sind kalorienarm, aber ballaststoffreich.

Möhren-Frühlingszwiebel-Gemüse mit Fischröllchen I

Raffiniert

4 Portionen

Pro Portion: E: 34 g, F: 14 g, Kh: 12 g, kJ: 1298, kcal: 310, BE: 0,0

600 g	*Seelachsfilet (4 gleich große, dünne Fischfilets)*
	Salz, gem. Pfeffer
8 dünne Scheiben	*Schinkenspeck (etwa 80 g)*
750 g	*Möhren*
50 g	*Butter oder Margarine*
200 ml	*Gemüsebrühe*
1 Bund	*Frühlingszwiebeln*
1 EL	*gehackte Petersilie*

Außerdem:

8 Holzstäbchen oder Küchengarn

Zubereitungszeit: 30 Minuten
Garzeit: etwa 10 Minuten

1. Seelachsfilets unter fließendem kalten Wasser abspülen, trocken tupfen und mit Salz und Pfeffer bestreuen. Die Fischfilets (mit der silbrig glänzenden Seite nach unten) auf eine Arbeitsfläche legen.

2. Auf jedes Fischfilet je 2 Scheiben Schinkenspeck legen. Die Filets vorsichtig von der schmalen Seite her aufrollen und mit je 2 Holzstäbchen feststecken oder mit Küchengarn verschnüren.

3. Die Möhren putzen, schälen, abspülen, abtropfen lassen und in dünne Scheiben schneiden.

4. Butter oder Margarine in einem großen, flachen Topf zerlassen. Die Möhrenscheiben darin andünsten und mit Salz und Pfeffer würzen. Gemüsebrühe hinzugießen und kurz aufkochen lassen.

5. In der Zwischenzeit die Frühlingszwiebeln putzen, abspülen, abtropfen lassen und in etwa 1 cm breite Stücke schneiden.

6. Die Frühlingszwiebelstücke unter die Möhrenscheiben geben. Fischröllchen auf das Gemüse setzen und das Ganze zugedeckt etwa 10 Minuten bei schwacher Hitze dünsten, dabei die Fischröllchen einmal vorsichtig wenden.

7. Die Fischröllchen aus dem Topf nehmen und warm stellen. Petersilie unter das Gemüse rühren. Die Fischröllchen auf vorgewärmten Tellern auf dem Möhren-Frühlingszwiebel-Gemüse anrichten und servieren.

Möhrengemüse I

Beliebte Beilage – für Kinder (ohne Foto)
4 Portionen

Pro Portion: E: 2 g, F: 11 g, Kh: 14 g, kJ: 640, kcal: 153, BE: 0,0

1 kg Möhren
50 g Butter
100 ml Gemüsebrühe
Salz
1–2 EL gehackte Petersilie

Zubereitungszeit: 20 Minuten
Garzeit: 5–10 Minuten

1. Die Möhren putzen, schälen, abspülen, abtropfen lassen und in Scheiben oder Stifte schneiden.

2. Butter in einem Topf zerlassen. Möhren darin unter Rühren kurz dünsten. Brühe zufügen, die Möhren zugedeckt bei schwacher Hitze 5–10 Minuten gar dünsten.

3. Die Möhren mit Salz würzen, mit Petersilie bestreut servieren.

Tipp: Für Kohlrabigemüse statt Möhren 1 kg Kohlrabi wie im Rezept beschrieben zubereiten. Würzen Sie den Kohlrabi zusätzlich mit Muskatnuss.

Möhrengemüse mit Erbsen I

Klassische Beilage
4 Portionen

Pro Portion: E: 5 g, F: 9 g, Kh: 15 g, kJ: 677, kcal: 162, BE: 1,0

500 g Möhren
40 g Butter
100 ml Gemüsebrühe
250 g junge Erbsen
Salz
gem. Pfeffer
1 EL fein gehackte Petersilie

Zubereitungszeit: 15 Minuten
Garzeit: 8–10 Minuten

1. Die Möhren putzen, schälen, abspülen, abtropfen lassen und in Scheiben schneiden.

2. Butter in einem Topf zerlassen. Möhren darin unter Rühren kurz dünsten. Gemüsebrühe zufügen und die Möhren zugedeckt bei schwacher Hitze 3–5 Minuten dünsten.

3. Dann die Erbsen hinzufügen. Das Gemüse weitere etwa 5 Minuten dünsten, mit Salz und Pfeffer abschmecken und Petersilie unterrühren.

Möhren-Kartoffel-Suppe mit Erdnusscreme I

Für Gäste – schnell

4 Portionen

Pro Portion: E: 19 g, F: 7 g, Kh: 28 g, kJ: 1270, kcal: 304, BE: 2,0

Für die Suppe:

1	*Zwiebel*
1	*Knoblauchzehe*
500 g	*Möhren*
500 g	*mehligkochende Kartoffeln*
1–2 EL	*Speiseöl, z. B. Rapsöl*
2 EL	*Erdnusscreme (aus dem Glas)*
	Salz
	gem. Pfeffer
	grob geschrotete Chiliflocken oder Cayennepfeffer
1 l	*heiße Gemüsebrühe*
350 g	*Porree (Lauch)*
4–5 Stängel	*Koriander oder glatte Petersilie*
200 g	*geräucherter Putenbrustaufschnitt*

Zubereitungszeit: 20 Minuten

1. Für die Suppe die Zwiebel abziehen, halbieren und grob würfeln. Knoblauch abziehen und in feine Würfel schneiden. Möhren putzen, schälen, abspülen und abtropfen lassen. Die Möhren in Scheiben schneiden.

2. Die Kartoffeln schälen, abspülen, abtropfen lassen und in 2 cm große Würfel schneiden.

3. Das Speiseöl in einem Topf erhitzen. Zwiebel- und Knoblauchwürfel darin glasig dünsten. Die Möhrenscheiben hinzugeben und mit andünsten. Anschließend die Erdnusscreme hinzufügen und unterrühren. Das Erdnussgemüse mit Salz, Pfeffer und Chiliflocken und Cayennepfeffer würzen. Die heiße Gemüsebrühe hinzugießen, zum Kochen bringen und bei schwacher Hitze etwa 5 Minuten kochen lassen.

4. In der Zwischenzeit den Porree putzen, die Stangen längs halbieren, gründlich waschen und abtropfen lassen. Porree in Streifen schneiden. Die Kartoffelwürfel und die Porreestreifen in die Suppe geben, wieder zum Kochen bringen. Die Suppe weitere etwa 12 Minuten unter gelegentlichem Rühren kochen lassen.

5. Koriander oder Petersilie abspülen, trocken tupfen und die Blättchen von den Stängeln zupfen. Einige Blättchen zum Garnieren beiseitelegen. Den Putenbrustaufschnitt in Streifen schneiden. Die Suppe mit Salz und Pfeffer abschmecken. Putenbruststreifen und Koriander oder Petersilie hinzugeben.

6. Die Möhren-Kartoffel-Suppe in tiefen Tellern oder Suppentassen verteilen und mit den beiseitegelegten Koriander- oder Petersilienblättchen bestreut servieren.

Möhren-Mangold-Zucchini-Gratin I

Vegetarisch
4 Portionen

Pro Portion: E: 19 g, F: 17 g, Kh: 27 g, kJ: 1442, kcal: 344, BE: 2,0

500 g festkochende Kartoffeln
½ TL Salz
400 g Möhren
400 g Zucchini
300 g Mangold
1 Gemüsezwiebel
1 kleines Stück frischer Ingwer
Salz
200 g geraspelter Käse, z. B. Edamer
gem. Pfeffer
200 ml Gemüsebrühe

Zubereitungszeit: 60 Minuten, ohne Abkühlzeit
Garzeit: etwa 20 Minuten

1. Die Kartoffeln schälen, abspülen, abtropfen lassen und die Hälfte der Kartoffeln in einem Topf knapp mit Wasser bedeckt zum Kochen bringen. Salz hinzufügen und die Kartoffeln zugedeckt in etwa 20 Minuten gar kochen. Dann die Kartoffeln abgießen und erkalten lassen.

2. Möhren putzen, schälen, abspülen, abtropfen lassen und in Scheiben schneiden. Zucchini abspülen, abtrocknen und die Enden abschneiden. Die Zucchini längs halbieren und in Scheiben schneiden.

3. Den Mangold putzen. Die Stiele aus den Blättern schneiden. Mangoldblätter und -stiele getrennt voneinander abspülen und abtropfen lassen. Mangoldstiele abziehen. Mangoldblätter und -stiele jeweils in feine Streifen schneiden. Gemüsezwiebel abziehen und würfeln.

4. Die ungekochten Kartoffeln in dünne Scheiben schneiden. Ingwer schälen, fein reiben oder in kleine Würfelchen schneiden.

5. Salzwasser in einem Topf zum Kochen bringen. Darin nacheinander die Möhren- und Kartoffelscheiben sowie die Mangoldstiele je etwa 7 Minuten, die Zwiebelwürfel etwa 5 Minuten und die Zucchinischeiben und Mangoldblätter je etwa 2 Minuten vorgaren. Dann die Gemüse jeweils mit einer Schaumkelle aus dem Topf nehmen, mit kaltem Wasser abschrecken und in einem Sieb abtropfen lassen.

6. Den Backofen vorheizen.
Ober-/Unterhitze: etwa 180 °C
Heißluft: etwa 160 °C

7. Die gekochten, erkalteten Kartoffeln raspeln und mit den Käseraspeln vermischen.

8. Das vorgegarte Gemüse in eine große Auflaufform (gefettet) geben. Ingwer unterrühren und das Ganze mit Salz und Pfeffer würzen. Gemüsebrühe hinzugießen. Auflauf mit der Kartoffel-Käse-Raspelmischung bestreuen.

9. Die Auflaufform auf dem Rost in den vorgeheizten Backofen schieben. Den Auflauf **etwa 20 Minuten garen.**

Möhren-Pesto | Gut vorzubereiten

etwa 1 1/2 kg

Insgesamt: E: 99 g, F: 392 g, Kh: 137 g, kJ: 18554, kcal: 4429, BE: 11,5

200 g Sonnenblumenkerne
4 Knoblauchzehen
1 kg Möhren, Salz
300 ml Olivenöl
1/2 Bund Petersilie
1 TL Sambal Oelek
1 TL flüssiger Honig
125 g frisch ger. Parmesan
gem. Pfeffer

Zubereitungszeit: 20 Minuten, ohne Abkühlzeit
Garzeit: 15–20 Minuten
Haltbarkeit: im Kühlschrank etwa 1 Monat

1. Sonnenblumenkerne in einer Pfanne ohne Fett unter Rühren goldbraun rösten, herausnehmen und auf einen Teller geben. Den Knoblauch abziehen und durch eine Knoblauchpresse drücken.

2. Möhren putzen, schälen, abspülen, abtropfen lassen und in kleine Stücke schneiden. Möhrenstücke mit Salzwasser bedeckt zum Kochen bringen und zugedeckt in 15–20 Minuten weich kochen.

3. Möhrenstücke in einem Sieb abtropfen und erkalten lassen. Möhrenstücke mit den Sonnenblumenkernen und 250 ml Olivenöl in einen hohen Rührbecher geben und mit einem Pürierstab pürieren.

4. Petersilie abspülen und trocken tupfen. Die Blättchen von den Stängeln zupfen. Blättchen klein schneiden. Sambal Oelek, Honig, Parmesan, Knoblauch und die Petersilie unter das Möhren-Sonnenblumen-Püree rühren, mit Salz und Pfeffer abschmecken.

5. Pesto in vorbereitete Gläser füllen. Die Oberfläche glatt streichen und mit dem restlichen Olivenöl bedecken. Die Gläser mit Twist-off-Deckeln® verschließen. Pesto kühl und dunkel stellen.

Tipp: Klein gehackte, schwarze Oliven unter das Pesto rühren. Diese geben dem Möhren-Pesto ein mediterranes Flair.

Möhren-Tofu-Suppe I

Gluten- und laktosefrei

4 Portionen

Pro Portion: E: 8 g, F. 9 g, Kh: 12 g, kJ: 704, kcal: 168, BE: 1,0

1 Zwiebel
600 g Möhren
2 EL Speiseöl, z. B. Sonnenblumenöl
750 ml Gemüsebrühe
2 Lorbeerblätter
1 Stange Porree (Lauch, etwa 200 g)
175 g geräucherter Tofu (aus dem Kühlregal)
1 Bio-Zitrone (unbehandelt, ungewachst)
1–2 TL Sojasauce
1 Prise Zucker
Salz
gem. Pfeffer
1 EL gehackte Petersilie

Zubereitungszeit: 25 Minuten

1. Die Zwiebel abziehen, halbieren und in feine Würfel schneiden. Die Möhren putzen, schälen, abspülen und abtropfen lassen. 1 Möhre beiseitelegen. Die restlichen Möhren in Scheiben schneiden.

2. Von dem Speiseöl 1 Esslöffel in einem Topf erhitzen. Zwiebelwürfel darin unter Rühren bei mittlerer Hitze in etwa 2 Minuten andünsten. Die Möhrenscheiben hinzugeben und unter Rühren kurz mitdünsten. Dann die Gemüsebrühe und die Lorbeerblätter hinzugeben. Die Suppe einmal aufkochen lassen und zugedeckt bei mittlerer Hitze etwa 15 Minuten köcheln lassen, bis die Möhrenscheiben weich sind.

3. In der Zwischenzeit den Porree putzen, die Stange längs halbieren, gründlich waschen und abtropfen lassen. Den Porree in schmale Streifen schneiden. Die beiseitegelegte Möhre in kleine Würfel schneiden.

4. Den Tofu in größere, mundgerechte Würfel schneiden. Das restliche Speiseöl in einer großen Pfanne erhitzen. Die Porreestreifen, Möhren- und Tofuwürfel darin von allen Seiten unter gelegentlichem Rühren bei mittlerer Hitze in 5–6 Minuten anbraten. Das Gemüse beiseitestellen.

5. Die Zitrone heiß abwaschen und abtrocknen. Die Hälfte der Schale abreiben. Zitrone halbieren und von einer Hälfte den Saft auspressen.

6. Die Lorbeerblätter aus der Suppe nehmen. Die Zitronenschale in die Suppe einrühren. Die Suppe mit den Möhrenscheiben mit einem Pürierstab pürieren und nochmals kurz aufkochen lassen.

7. Das restliche Gemüse mit den Tofuwürfeln in die Suppe geben und noch etwa 3 Minuten bei schwacher Hitze darin gar ziehen lassen. Die Suppe mit 1 1/2–2 Esslöffeln Zitronensaft, der Sojasauce, dem Zucker, Salz und Pfeffer abschmecken. Zuletzt die Petersilie unter die Tofu-Möhren-Suppe rühren und sofort servieren.

Beilage: Fladenbrot.

Ofengulasch mit Möhren und Kartoffeln I

Deftig

4–6 Portionen

Pro Portion: E: 48 g, F: 32 g, Kh: 36 g, kJ: 2646, kcal: 631, BE: 2,5

1 kg Rindergulasch
500 g Zwiebeln
80 g Butter
Salz
gem. Pfeffer
15 g Paprikapulver edelsüß
15 g Paprikapulver rosenscharf
30 g Weizenmehl
1 EL Tomatenmark mit Würzgemüse
1 l Tomatensaft
1 l Rinderfond

150 g Pastinaken
300 g Möhren
600 g Kartoffeln

2 EL gehackte Petersilie

Zubereitungszeit: 40 Minuten
Garzeit: etwa 90 Minuten

1. Rindergulasch mit Küchenpapier trocken tupfen und in ganz kleine Stücke schneiden (jedes Gulaschstück achteln). Zwiebeln abziehen und in feine Würfel schneiden.

2. Den Backofen vorheizen.
Ober-/Unterhitze: etwa 200 °C
Heißluft: etwa 180 °C

3. Butter in einem Bräter erhitzen. Die Fleischstücke darin unter Rühren 3–4 Minuten anbraten. Zwiebelwürfel dazugeben und weitere 3-4 Minuten mitbraten. Das Ganze mit Salz und Pfeffer würzen.

4. Das Paprikapulver und Mehl daraufstäuben und so lange verrühren (am besten mit einem Kochlöffel), bis von dem Paprikapulver und Mehl nichts mehr zu sehen ist.

5. Den Bräter auf dem Rost im unteren Drittel in den vorgeheizten Backofen schieben und das Fleisch **etwa 10 Minuten garen.**

6. Dann Tomatenmark unterrühren. Tomatensaft und Fond hinzugießen und unterrühren. Das Fleisch sollte jetzt mit Sauce bedeckt sein.

7. Den Bräter zugedeckt wieder in den heißen Backofen schieben und die Backofentemperatur um etwa 20 °C auf Ober-/Unterhitze: etwa 180 °C, Heißluft: etwa 160 °C herunterschalten. Das Gulasch **weitere etwa 50 Minuten garen.**

8. In der Zwischenzeit Pastinaken und Möhren putzen. Kartoffeln, Pastinaken und Möhren schälen, abspülen, abtropfen lassen und wie das Gulaschfleisch in ganz kleine Würfel schneiden.

9. Die Gemüsewürfel in den Bräter geben und das Ganze **bei gleicher Backofeneinstellung weitere etwa 30 Minuten garen.**

10. Das Ofengulasch mit gehackter Petersilie bestreuen und servieren.

Tipps: Das Ofengulasch mit 1 Esslöffel Crème fraîche verfeinern. Probieren Sie das Ofengulasch statt mit Pastinaken doch einmal mit Petersilienwurzeln. Die Zubereitung bleibt dann gleich.

Ofentomaten mit Couscous-Füllung I

Für Gäste

4 Portionen

Pro Portion: E: 18 g, F: 26 g, Kh: 40 g, kJ: 1954, kcal: 466, BE: 2,5

30 g Pinienkerne
1 gelbe Paprikaschote
4 Fleischtomaten
325 ml Gemüsebrühe
150 g Couscous
einige Stängel Koriander
100 g Doppelrahm-Frischkäse
100 ml Milch
1 Msp. gem. Kreuzkümmel (Cumin)
Salz, gem. Pfeffer
100 g Sucuk (Rohwurst aus der Türkei) oder 100 g Chorizo (spanische Knoblauch-Paprika-Wurst)
3–4 EL Kartoffelchips (orientalisch gewürzt)

Zubereitungszeit: 35 Minuten
Garzeit: etwa 15 Minuten

1. Die Pinienkerne in einer Pfanne ohne Fett leicht anrösten, dann aus der Pfanne nehmen und auf einen Teller geben.

2. Paprikaschote halbieren, entstielen, entkernen und die weißen Scheidewände entfernen. Schote abspülen, abtropfen lassen und in kleine Würfel schneiden.

3. Tomaten abspülen, abtrocknen und einen Deckel abschneiden (dabei den Stängelansatz mit abschneiden). Die Deckel in kleine Würfel schneiden, dabei die Stängelansätze herausschneiden. Tomaten vorsichtig aushöhlen und das Fruchtfleisch beiseitestellen.

4. Von der Gemüsebrühe 200 ml zum Kochen bringen. Die Paprikawürfel hinzugeben und etwa 2 Minuten köcheln lassen. Dann Couscous hinzufügen und das Ganze weitere etwa 3 Minuten bei schwacher Hitze ziehen lassen.

5. Koriander abspülen, trocken tupfen und die Blättchen von den Stängeln zupfen. Einige Blättchen zum Garnieren beiseitelegen. Restliche Blättchen hacken.

6. Frischkäse mit Milch verrühren. Nach und nach Tomatenwürfel, gehackte Korianderblättchen und Kreuzkümmel hinzufügen.

7. Das Ganze unter den Couscous heben und mit Salz und Pfeffer würzen.

8. Die Wurst in kleine Würfel schneiden. Eine Pfanne ohne Fett erwärmen, Wurstwürfel darin kurz anbraten. Wurstwürfel zusammen mit den Pinienkernen zum bunten Couscous geben und alles in die ausgehöhlten Tomaten füllen.

9. Den Backofen vorheizen.
Ober-/Unterhitze: etwa 200 °C
Heißluft: etwa 180 °C

10. Das beiseitegestellte Tomatenfruchtfleisch mit 125 ml Wasser in einem Topf kurz aufkochen lassen. Die restliche Brühe einrühren.

11. Tomatensauce mit Salz und Pfeffer würzen und in eine Auflaufform (gefettet) geben. Die gefüllten Tomaten darauf verteilen.

12. Die Auflaufform auf dem Rost im unteren Drittel in den vorgeheizten Backofen schieben. Die Ofentomaten **etwa 10 Minuten garen.**

13. Die Kartoffelchips vorsichtig zerbröseln und auf den gefüllten Tomaten verteilen. Die Ofentomaten **bei gleicher Backofeneinstellung weitere etwa 5 Minuten garen.**

14. Die Ofentomaten mit den beiseitegelegten Korianderblättchen garnieren und servieren.

Tipps: Dazu eisgekühlten Ayran (türkisches Erfrischungsgetränk auf der Basis von Joghurt) reichen. Statt der Couscous-Füllung können Sie auch eine Bulgur-Füllung zubereiten. Dazu einfach Couscous durch Bulgur (nach Packungsanleitung zubereiten) ersetzen.

Okraschoten

Okraschoten gehören zu den ältesten Gemüsesorten der Welt. Sie werden unter anderem in Afrika, in Vorderasien, im Balkan- und Mittelmeerraum angebaut. Die schotenartigen Früchte sind schmal und meist mehrkantig. Sie werden unreif geerntet, wenn sie noch grün, zart und saftig sind. Okraschoten können roh gegessen werden, z. B. im Salat. Meist werden sie gekocht und gedünstet und in Kombination mit Tomaten serviert.

Okraragout mit Reis I

Würzig

4 Portionen

Pro Portion: E: 12 g, F: 8 g, Kh: 44 g, kJ: 1248, kcal: 298, BE: 3,5

200 g Langkornreis
400 g Okraschoten
20 g Butter oder Margarine
2 kleine Zwiebeln
1 Knoblauchzehe
1 große, grüne Paprikaschote (etwa 200 g)
200 g Staudensellerie
1 EL Sonnenblumenöl
100 ml Hühnerbrühe
Salz, gem. Pfeffer
2 Lorbeerblätter
125 g abgetropfte Garnelen (aus dem Kühlregal)
3 EL Zitronensaft
2–3 Spritzer Tabasco

Zubereitungszeit: 30 Minuten

1. Den Reis nach Packungsanleitung garen.

2. In der Zwischenzeit von den Okraschoten die Spitzen knapp abschneiden und die Stielansätze wie einen Bleistift „anspitzen“, dabei das Fruchtfleisch nicht verletzen. Okraschoten abspülen und abtropfen lassen.

3. Butter oder Margarine in einem breiten Topf zerlassen. Die Okraschoten hinzugeben und bei schwacher bis mittlerer Hitze unter gelegentlichem Rühren in 10–12 Minuten bissfest dünsten, (dabei kann das Gemüse leichte Fäden ziehen).

4. In der Zwischenzeit Zwiebeln abziehen, halbieren und in feine Würfel schneiden. Knoblauch abziehen und sehr fein hacken.

5. Die Paprikaschote halbieren, entstielen, entkernen und die weißen Scheidewände entfernen. Schotenhälften abspülen, abtropfen lassen und klein würfeln.

6. Die Okraschoten beiseitestellen.

7. Staudensellerie putzen und die harten Außenfäden abziehen. Sellerie abspülen und abtropfen lassen. Den Sellerie in dünne Scheiben schneiden.

8. Das Sonnenblumenöl zum verbliebenen Bratfett in den Topf geben und erhitzen. Die gehackten Zwiebeln, den Knoblauch, die Paprikawürfel und Selleriescheiben hinzugeben und darin unter gelegentlichem Rühren bei mittlerer Hitze in etwa 2 Minuten andünsten.

9. Dann die Hühnerbrühe hinzugießen und alles einmal aufkochen lassen. Beiseitegestellte Okraschoten wieder zu dem Gemüse in den Topf geben. Die Zutaten mit Salz, Pfeffer und Lorbeerblättern würzen, dabei vorsichtig einmal umrühren. Das Okraragout zugedeckt bei mittlerer Hitze etwa 5 Minuten weitergaren.

10. Die Garnelen kurz abspülen und abtropfen lassen. Garnelen mit dem Reis in den Topf geben, vorsichtig unterheben und kurz darin erwärmen.

11. Das Okraragout kräftig mit Salz, Pfeffer, Zitronensaft und Tabasco abschmecken. Lorbeerblätter entfernen und das Okraragout auf Tellern servieren.

Orientalische Tomaten-Zwiebel-Suppe I

Für Gäste – mit Alkohol

4 Portionen

Pro Portion: E: 39 g, F: 12 g, Kh: 69 g, kJ: 2382, kcal: 569, BE: 5,0

Für den Couscous:

500 ml heiße Gemüsebrühe
200 g Couscous

Für die Suppe:

2 Knoblauchzehen
300 g Gemüsezwiebeln
400 g Putenmedaillons
3 EL Olivenöl
Salz
gem. Pfeffer
je 1 Prise gem. Kreuzkümmel (Cumin) und Koriander
grob geschroteter Chili
je 3 Gewürznelken und Pimentkörner
2 Lorbeerblätter
100 ml trockener Rotwein
500 g Fleischtomaten
750 ml Gemüsebrühe
125 g getrocknete Pflaumen (ohne Stein)
265 g abgetropfte, abgespülte Kichererbsen (aus der Dose)

Zum Garnieren:

1–2 Stängel Minze

Zubereitungszeit: 45 Minuten

1. Für den Couscous Gemüsebrühe in einem Topf zum Kochen bringen. Couscous einstreuen und auf der ausgeschalteten Kochstelle (nach Packungsanleitung) zugedeckt etwa 10 Minuten quellen lassen.

2. Inzwischen für die Suppe Knoblauch und Zwiebeln abziehen. Knoblauch fein würfeln, Zwiebeln zuerst in Scheiben schneiden, dann in Ringe teilen. Die Putenmedaillons unter fließendem kalten Wasser abspülen und gut trocken tupfen.

3. Olivenöl in einem großen Bratentopf erhitzen. Die Putenmedaillons darin von beiden Seiten anbraten, mit Salz und Pfeffer würzen, herausnehmen und zugedeckt warm stellen.

4. Knoblauchwürfel und Zwiebelringe im verbliebenen Bratfett andünsten, mit Salz, Pfeffer, Cumin, Koriander und Chili würzen. Gewürznelken, Pimentkörner und Lorbeerblätter hinzugeben. Rotwein hinzugießen und bei starker Hitze etwas einkochen lassen.

5. Tomaten kreuzweise einschneiden und mit kochendem Wasser übergießen. Nach 1–2 Minuten herausnehmen, mit kaltem Wasser abschrecken. Tomaten enthäuten, halbieren und die Stängelansätze herausschneiden. Tomaten in kleine Stücke schneiden.

6. Gemüsebrühe und Tomaten in den Topf geben. Die Zutaten wieder zum Kochen bringen und bei schwacher Hitze etwa 10 Minuten kochen lassen.

7. In der Zwischenzeit die Pflaumen in feine Würfel schneiden. Kichererbsen, Pflaumenwürfel und Putenmedaillons in die Suppe geben. Weitere etwa 5 Minuten kochen lassen. Die Suppe mit Salz und Pfeffer abschmecken.

8. Couscous in tiefen Tellern verteilen. Die Suppe daraufgeben und mit abgespülter und trocken getupfter Minze garnieren.

Tipp: Möchten Sie auf den Alkohol verzichten, erhöhen Sie die Menge der Brühe entsprechend.

Pak Choi

Auch chinesischer Senfkohl genannt, wird Pak Choi vorwiegend in China, Korea und Japan angebaut und in der asiatischen Küche häufig verwendet. Als Gemüse wird er roh, blanchiert oder gegart verzehrt. Die kleinen Blätterkohlstauden gewinnen auch bei uns zunehmend an Beliebtheit.

Pak Choi | Schnelle Beilage

4 Portionen

Pro Portion: E: 2 g, F: 10 g, Kh: 3 g, kJ: 443, kcal: 106, BE: 0,0

500 g Pak Choi (chinesischer Senfkohl)
2 Zwiebeln
2 EL Olivenöl, 1 EL Butter
2 Knoblauchzehen
Salz, gem. Pfeffer
evtl. 1 EL Sojasauce

Zubereitungszeit: 25 Minuten
Garzeit: etwa 10 Minuten

1. Pak-Choi-Stauden putzen und die Stielenden abschneiden. Pak Choi abspülen und abtropfen lassen. Pak-Choi-Stauden in einzelne Blätter teilen.

2. Zwiebeln abziehen und klein würfeln. Olivenöl in einem Topf erhitzen. Butter darin zerlassen. Zwiebelwürfel hinzugeben und glasig dünsten. Knoblauch abziehen, in Scheiben schneiden, mit andünsten.

3. Die Pak-Choi-Blätter hinzugeben und zugedeckt etwa 10 Minuten dünsten. Das Gemüse mit Salz, Pfeffer und evtl. Sojasauce abschmecken.

Tipp: Schnell ist auch **Pak Choi mit Mie-Nudeln und Viktoriabarschfilet** im Wok zubereitet. Dazu 500 g Viktoriabarschfilet (in etwa 2 cm Würfel geschnitten) mit 1 Esslöffel China-Gewürzzubereitung würzen. 800 g Pak Choi putzen, in einzelne Blätter teilen, diese gründlich abspülen und gut abtropfen lassen. Die Stängel von den Blättern schneiden. Stängel und Blätter jeweils getrennt in etwa 1 cm breite Streifen schneiden. 3 Schalotten abziehen. 20 g frischen Ingwer schälen. Schalotten und Ingwer fein würfeln. 100 g Shiitakepilze putzen und in Scheiben schneiden. 250 g Mie-Nudeln (asiatische Instant-Nudeln) nach Packungsanleitung zubereiten. Die Nudeln in ein Sieb geben, kurz abspülen und abtropfen lassen. 6 Esslöffel Erdnussöl in einem Wok erhitzen. Die Fischwürfel darin unter Rühren anbraten, herausnehmen und warm stellen. Pak-Choi-Stängel und Pilzscheiben im verbliebenen Bratfett unter Rühren andünsten. Die Schalotten- und Ingwerwürfel hinzufügen, kurz mitdünsten. Pak-Choi-Blätter unterrühren, mit 1 Esslöffel gehackten Korianderblättchen und je 2 Esslöffeln Fisch- und Austernsauce würzen. Die Mie-Nudeln unterheben. Die Fischwürfel in den Wok geben und sofort servieren.

Pak Choi mit Fischfilet und Garnelen | Fernöstlich inspiriert

4 Portionen

Pro Portion: E: 33 g, F: 15 g, Kh: 7 g, kJ: 1253, kcal: 298, BE: 0,5

1 ¼ kg	*Pak Choi (chinesischer Senfkohl)*
250 g	*rote Zwiebeln*
4 EL	*Speiseöl, z. B. Maiskeimöl*
500 ml	*Gemüsebrühe*
	Salz, gem. Pfeffer
2–3 TL	*Sojasauce*
12	*kleine Garnelen (etwa 150 g, geschält und entdarmt)*
500 g	*Kabeljaufilet*
1 EL	*Limettensaft*
2 EL	*Sesamöl*

Zubereitungszeit: 30 Minuten
Garzeit: 10–15 Minuten

1. Den Backofen vorheizen.
Ober-/Unterhitze: etwa 180 °C
Heißluft: etwa 160 °C

2. Pak Choi putzen und die Stielenden abschneiden. Pak Choi abspülen und abtropfen lassen. Zwiebeln abziehen und in Streifen schneiden.

3. In einem großen, feuerfesten Bräter das Speiseöl erhitzen. Die Zwiebelstreifen darin andünsten. Pak Choi hinzufügen und unter Rühren etwa 10 Minuten anbraten. Dann die Gemüsebrühe hinzugießen. Das Gemüse mit Salz, Pfeffer und Sojasauce würzen.

4. Den Bräter auf dem Rost in den vorgeheizten Backofen schieben. Pak Choi **10–15 Minuten schmoren lassen.**

5. In der Zwischenzeit die Garnelen und das Fischfilet unter fließendem kalten Wasser abspülen und trocken tupfen. Das Fischfilet in 4 gleich große Stücke schneiden. Die Garnelen und die Filets mit Limettensaft, Salz und Pfeffer würzen.

6. In einer großen Pfanne das Sesamöl erhitzen. Die Fischfiletstücke und die Garnelen darin unter gelegentlichem Rühren etwa 10 Minuten braten.

7. Geschmorten Pak Choi mit Garnelen und Fischfiletstücken anrichten und servieren.

Pak Choi und breite grüne Bohnen I

Raffiniert

4 Portionen

Pro Portion: E: 6 g, F: 3 g, Kh: 10 g, kJ: 398, kcal: 95, BE: 0,5

600 g Pak Choi (chinesischer Senfkohl)
600 g breite grüne Bohnen
Salz
1 walnussgroßes Stück frischer Ingwer
200 ml Gemüsebrühe
1 EL Wasabipaste
gem. Pfeffer
2 EL geschälte Sesamsamen (etwa 15 g)

Außerdem:

2 Bratschläuche

Zubereitungszeit: 30 Minuten
Garzeit: etwa 20 Minuten

1. Die Pak-Choi-Stauden putzen und die Stielenden abschneiden. Die Pak-Choi-Stauden abspülen und abtropfen lassen.

2. Von den Bohnen die Enden abschneiden. Die Bohnen evtl. abfädeln, abspülen, abtropfen lassen und in etwa 5 cm lange Stücke schneiden.

3. Salzwasser in einem großen Topf zum Kochen bringen. Pak Choi und Bohnenstücke darin nacheinander je etwa 3 Minuten blanchieren, anschließend mit kaltem Wasser abschrecken und gut abtropfen lassen.

4. Ingwer schälen und fein hacken. Die Gemüsebrühe mit gehacktem Ingwer und Wasabipaste verrühren, mit Salz und Pfeffer würzen.

5. Den Backofen vorheizen.
Ober-/Unterhitze: etwa 180 °C
Heißluft: etwa 160 °C

6. Die Bratschläuche zunächst von einer Seite nach Packungsanleitung fest verschließen. Jeweils die Hälfte vom Pak-Choi-Gemüse und den Bohnenstücken in einen Bratschlauch füllen und je die Hälfte der gewürzten Gemüsebrühe hinzugießen.

7. Die Bratschläuche nach Packungsanleitung verschließen und nebeneinander auf ein Backblech legen.

8. Das Backblech in den vorgeheizten Backofen schieben. Das Gemüse **etwa 20 Minuten garen.**

9. Zum Servieren die Bratschläuche öffnen und das Gemüse mit Sesam bestreut servieren.

Tipp: Pak Choi lässt sich auch wunderbar dämpfen. Dazu 1 kleines Stück frischen Ingwer schälen, abspülen, abtropfen lassen und in Scheiben schneiden. Einen Topf (Ø etwa 24 cm) etwa 3 cm hoch mit Wasser füllen, 2 Esslöffel gemahlenes Zitronengras und Ingwer hinzufügen, zum Kochen bringen. 8 Pak-Choi-Stauden putzen, dabei die Stauden ganz lassen, abspülen und abtropfen lassen. 4 Pak-Choi-Stauden in einen Dämpfeinsatz legen, diesen in den Topf hängen und mit einem Deckel verschließen. Die Stauden etwa 5 Minuten dämpfen, dann die Stauden warm stellen. Die restlichen Stauden auf die gleiche Weise zubereiten, evtl. heißes Wasser nachfüllen. 2 Esslöffel Sesamöl in einer Pfanne erwärmen. Die gedämpften Pak-Choi-Stauden damit vermischen, mit Salz und Pfeffer würzen.

Paprika

Der Gemüsepaprika ist bei uns in Rot, Gelb, Grün und Orange das ganze Jahr über erhältlich. Da die Pflanze Licht und Wärme liebt, wird sie im Freiland nur in Ländern mit dem entsprechend heißen und sonnigen Klima angebaut. In Mitteleuropa findet der Anbau unter Glas statt. Paprikaschoten sind reich an Beta-Carotin und Vitamin C.

Paprika „Mexikanisch" I

Macht richtig satt

4 Portionen

Pro Portion: E: 11 g, F: 12 g, Kh: 62 g, kJ: 1690, kcal: 402, BE: 5,0

1–2 Auberginen (etwa 500 g)
2 Zwiebeln
4 Knoblauchzehen
3 EL Olivenöl
240 g Arborio-Reis (Rundkornreis)
2 Tomaten
800 ml Gemüsebrühe
Salz
Chilipulver
8 grüne Paprikaschoten
einige Stängel glatte Petersilie

Zubereitungszeit: 45 Minuten
Garzeit: 40–45 Minuten

1. Auberginen abspülen, abtrocknen und die Stängelansätze abschneiden. Auberginen in Würfel schneiden. Zwiebel und Knoblauch abziehen und fein würfeln.

2. Das Olivenöl in einem weiten Topf erhitzen. Die Auberginenwürfel darin von allen Seiten kräftig anbraten.

3. Zwiebeln und Knoblauch hinzufügen und andünsten. Anschließend den Reis dazugeben und glasig dünsten.

4. Die Tomaten abspülen, abtrocknen, halbieren und den Stängelansätze herausschneiden. Tomaten grob würfeln und zu der Reismischung geben.

5. Dann 600 ml von der Brühe hinzugießen und alles etwa 10 Minuten bei schwacher Hitze köcheln lassen.

6. Den Reis in etwa 5 Minuten bei ausgeschalteter Kochstelle ausquellen lassen. Die Reismasse mit Salz und Chilipulver würzen.

7. In der Zwischenzeit von den Paprikaschoten am Stielende einen flachen Deckel abschneiden, die Schoten entkernen und die weißen Scheidewände entfernen. Die Schoten und die Deckel abspülen und abtrocknen. Die Deckel beiseitelegen.

8. Den Backofen vorheizen.
Ober-/Unterhitze: etwa 200 °C
Heißluft: etwa 180 °C

9. Die Reismasse in die vorbereiteten Paprikaschoten füllen. Die Schoten in eine große, flache Auflaufform (gefettet) setzen.

10. Die beiseitegelegten Paprikadeckel wieder aufsetzen. Die restliche Füllung und restliche Brühe um die Paprikaschoten verteilen.

11. Die Form auf dem Rost im unteren Drittel in den vorgeheizten Backofen schieben. Die Paprikaschoten **40–45 Minuten garen.**

12. Petersilie abspülen, trocken tupfen, die Blättchen von den Stängeln zupfen und fein schneiden.

13. Die Paprikaschoten mit Petersilie bestreuen und nach Belieben mit etwas Garflüssigkeit auf 4 Tellern servieren.

Paprika-Chili-Suppe mit Käse-Crostini I

Vegetarisch – schnell

4 Portionen

Pro Portion: E: 14 g, F: 33 g, Kh: 38 g, kJ: 2121, kcal: 512, BE: 3,0

Für die Suppe:

500 g rote Paprikaschoten
1 große Zwiebel
1 Knoblauchzehe
40 g Butter
30 g brauner Zucker
400 g passierte Tomaten (aus der Dose)
300 ml Apfelsaft
400 ml heiße Gemüsebrühe
Salz
gem. Pfeffer
½ gestr. TL mildes Currypulver
1–2 Prisen grob geschroteter Chili

Für die Käse-Crostini:

100–200 g weicher Edelpilzkäse ohne Rinde, z. B. Gorgonzola
gem. Pfeffer
1–2 Msp. abgeriebene Bio-Zitronenschale
4–6 Scheiben Vollkorn-Toast oder Weizenmischbrot

Außerdem:

150 g Crème fraîche

Zubereitungszeit: 25 Minuten

1. Paprikaschoten halbieren, entstielen, entkernen und die weißen Scheidewände entfernen. Schotenhälften abspülen, abtropfen lassen und nach Belieben mit einem Sparschäler schälen. Schotenhälften grob würfeln. Zwiebel und Knoblauch abziehen, in feine Würfel schneiden.

2. Butter in einem Topf zerlassen. Zwiebel- und Knoblauchwürfel hinzugeben und glasig dünsten. Zucker daraufstreuen und karamellisieren lassen.

3. Die Paprikawürfel hinzugeben, etwa 2 Minuten mit andünsten. Tomaten, Apfelsaft und Brühe hinzugießen und zum Kochen bringen. Mit Salz, Pfeffer, Curry und Chili würzen. Die Zutaten bei schwacher Hitze etwa 10 Minuten kochen lassen, anschließend pürieren.

4. In der Zwischenzeit für die Käse-Crostini den Käse in eine kleine Schüssel geben. Mit einer Gabel zerdrücken, dabei Pfeffer und Zitronenschale unterarbeiten.

5. Crème fraîche in die Suppe rühren und die Suppe nochmals abschmecken.

6. Die Brotscheiben im Toaster goldbraun rösten. Sofort 2-mal diagonal durchschneiden und mit der Käsemischung bestreichen. Paprika-Chili-Suppe in tiefen Tellern verteilen und die Käse-Crostini auf die Suppe oder an den Rand des Tellers legen.

Paprikasalat mit Minze I

Für Gäste

4 Portionen

Pro Portion: E: 7 g, F: 24 g, Kh: 9 g, kJ: 1168, kcal: 279, BE: 0,5

je 1 rote, gelbe und grüne Paprikaschote
250 g mittelgroße Tomaten
100 g Schafskäse
100 g Zwiebeln
1/2 Bund frische Minze
4 EL Weißweinessig
6 EL Olivenöl
Salz
gem. Pfeffer
100 g abgetropfte, grüne Oliven (mit Paprika gefüllt)

Zubereitungszeit: 30 Minuten, ohne Durchziehzeit

1. Paprikaschoten halbieren, entstielen, entkernen und die weißen Scheidewände entfernen. Schoten abspülen, abtropfen lassen und in etwa 2 cm große Stücke schneiden.

2. Die Tomaten abspülen, abtrocknen, halbieren, entkernen und die Stängelansätze herausschneiden. Die Tomaten in etwa 1 cm dicke Spalten schneiden. Den Schafskäse in etwa 1 x 1 cm große Stücke schneiden.

3. Die Zwiebeln abziehen, halbieren und fein würfeln. Die Minze abspülen, trocken tupfen und die Blättchen von den Stängeln zupfen. Blättchen in feine Streifen schneiden.

4. Den Essig mit dem Olivenöl verrühren, mit Salz und Pfeffer würzen. Paprikastücke, Tomatenspalten, Schafskäsestücke, Zwiebelwürfel, Minzestreifen und Oliven hinzufügen. Die Zutaten mit dem Dressing gut verrühren. Den Paprikasalat mindestens 10 Minuten ziehen lassen.

Paprikaschoten, gefüllte I

Fettarm – vegetarisch

4 Portionen

Pro Portion: E: 6 g, F: 11 g, Kh: 17 g, kJ: 805, kcal: 192, BE: 1,0

4 gelbe Paprikaschoten (je etwa 250 g)

Für die Füllung:

1 Zucchini (etwa 250 g)
1 Aubergine (etwa 250 g)
2 Fleischtomaten (je etwa 150 g)
1 grüne Paprikaschote (etwa 250 g)
Salz
6 Zweige Rosmarin
3 Knoblauchzehen
3 EL Olivenöl
1 TL grüne Pfefferkörner (in Lake)
1 TL rosa Pfefferbeeren

200 ml Gemüsebrühe

Zubereitungszeit: 35 Minuten
Garzeit: etwa 40 Minuten

1. Von den Paprikaschoten am Stielende einen flachen Deckel abschneiden, die Schoten entkernen und die weißen Scheidewände entfernen. Die Schoten und die Deckel abspülen und gut abtrocknen. Die Deckel beiseitelegen.

2. Für die Füllung Zucchini abspülen, abtrocknen und die Enden abschneiden. Aubergine abspülen, abtrocknen und den Stängelansatz abschneiden. Die Zucchini und die Aubergine in Würfel schneiden. Die Tomaten abspülen, abtrocknen und die Stängelansätze herausschneiden.

3. Die grüne Paprikaschote halbieren, entstielen, entkernen und die weißen Scheidewände entfernen. Die Schote abspülen und abtropfen lassen. Tomaten und Paprika in Würfel schneiden.

4. Schoten etwa 5 Minuten, Deckel etwa 2 Minuten in kochendem Salzwasser blanchieren, in einem Sieb mit kaltem Wasser abschrecken und abtropfen lassen.

5. Den Backofen vorheizen.
Ober-/Unterhitze: etwa 180 °C
Heißluft: etwa 160 °C

6. Rosmarin abspülen und trocken tupfen. 2 Zweige kleiner zupfen und zum Garnieren beiseitelegen. Den Knoblauch abziehen und fein hacken.

7. Olivenöl in einer Pfanne erhitzen. Gemüsewürfel und Rosmarinzweige unter Rühren darin andünsten. Pfefferkörner abtropfen lassen, mit Knoblauch unterrühren. Gemüse mit Salz würzen und Pfefferbeeren untermengen.

8. Die Paprikaschoten mit der Gemüsemasse füllen. Deckel wieder auflegen und die gefüllten Paprikaschoten in eine Auflaufform (gefettet) setzen. Die Brühe hinzugießen.

9. Die Form auf dem Rost in den vorgeheizten Backofen schieben. Gefüllte Paprikaschoten **etwa 40 Minuten garen.**

10. Die gefüllten Paprikaschoten mit beiseitegelegten Rosmarinzweigen garniert servieren.

Paprika-Zuckerschoten-Gemüse mit Orangenstückchen I

Süßlich-scharfe Beilage

4 Portionen

Pro Portion: E: 7 g, F: 5 g, Kh: 29 g, kJ: 832, kcal: 199, BE: 2,5

4 rote Paprikaschoten (etwa 800 g)
400 g Zuckerschoten
20 g Butter oder Margarine
100 ml Gemüsebrühe
Salz, Cayennepfeffer
Zucker
1 Bio-Orange (unbehandelt, ungewachst, etwa 150 g)
2 Orangen (etwa 300 g)

Zubereitungszeit: 25 Minuten

1. Paprika halbieren, entstielen, entkernen und die weißen Scheidewände entfernen. Schoten abspülen, abtropfen lassen, in kurze, feine Streifen schneiden.

2. Von den Zuckerschoten die Enden abschneiden, die Schoten evtl. abfädeln. Schoten abspülen, abtropfen lassen und schräg halbieren.

3. Die Butter oder Margarine in einem Topf zerlassen. Die Paprikastreifen und die halbierten Zuckerschoten darin unter Rühren bei mittlerer Hitze in 2–3 Minuten andünsten. Die Gemüsebrühe hinzugießen, mit Salz, Cayennepfeffer und 1 Prise Zucker würzen. Das Gemüse bei mittlerer bis starker Hitze in 5–6 Minuten bissfest garen, dabei gelegentlich umrühren.

4. In der Zwischenzeit die Bio-Orange heiß abwaschen, abtrocknen und die Schale fein abreiben. Die Orange halbieren und den Saft auspressen. Die restlichen Orangen schälen, teilen und dabei die einzelnen Fruchtspalten ablösen. Die Orangenspalten in Stücke schneiden.

5. Die abgeriebene Orangenschale mit dem Saft und den Orangenstücken zu dem Gemüse geben und kurz darin erwärmen. Das Gemüse mit Salz, Cayennepfeffer und Zucker süßlich-scharf abschmecken.

Pastinaken

Pastinaken gehören wie die Petersilienwurzeln zu den sogenannten vergessenen Gemüsesorten. Die gelblichbräunliche Wurzelrübe zählt zu den typischen Wintergemüsesorten. Die Wurzeln haben einen hohen Anteil an ätherischen Ölen, die den intensiv würzigen Geschmack prägen. Wie Möhren können sie roh oder gekocht verarbeitet werden.

Pastinakengemüse

Schnelle Beilage

4 Portionen

Pro Portion: E: 2 g, F: 5 g, Kh: 17 g, kJ: 513, kcal: 123, BE: 1,5

750 g	*junge Pastinaken*
20 g	*Butter oder Margarine*
knapp	
125 ml	*Gemüsebrühe*
	Salz
	gem. Pfeffer
1–2 Stängel	*Dill*
1–2 Stängel	*Petersilie*

Zubereitungszeit: 25 Minuten

1. Pastinaken putzen, schälen, abspülen, abtropfen lassen und in Würfel schneiden. Butter oder Margarine in einem Topf zerlassen. Die Pastinakenwürfel darin von allen Seiten andünsten.

2. Die Gemüsebrühe zu den Pastinaken in den Topf gießen. Das Gemüse mit Salz und Pfeffer würzen, zum Kochen bringen. Die Pastinakenwürfel zugedeckt etwa 8 Minuten garen, dabei ab und zu umrühren.

3. In der Zwischenzeit Dill und Petersilie abspülen, trocken tupfen. Die Spitzen bzw. Blättchen von den Stängeln zupfen und fein hacken.

4. Das Pastinakengemüse in einer Schüssel anrichten, mit Dill und Petersilie bestreuen.

Rezeptvariante: Abwechslung bringt ein **Pastinaken-Möhren-Gemüse** in Ihren Speiseplan. Dazu 300 g Möhren und 700 g Pastinaken putzen, schälen, abspülen, abtropfen lassen und in dünne Scheiben schneiden. 25 g Butter in einem Topf zerlassen. Die Möhrenscheiben darin bei schwacher Hitze etwa 3 Minuten unter Rühren dünsten. Die Pastinakenscheiben zugeben und 125 ml Gemüsebrühe hinzugießen. Das Gemüse mit Salz und Pfeffer würzen und 6–8 Minuten zugedeckt weiterdünsten, dabei gelegentlich umrühren. Zum Servieren das Gemüse mit Salz und Pfeffer abschmecken, mit 1 Esslöffel klein geschnittener glatter Petersilie bestreut servieren.

Pastinaken-Weizen-Risotto mit glasierten Zwiebeln | Mit Alkohol

4 Portionen

Pro Portion: E: 22 g, F: 43 g, Kh: 112 g, kJ: 4057, kcal: 968, BE: 9,0

150 g ganze Weizenkörner
300 g Zwiebeln
1 Knoblauchzehe
125 g Bergkäse
1 Bund Petersilie
500 g Pastinaken
2–2,2 l Gemüsebrühe
100 g Butter
300 g Risottoreis
200 ml trockener Weißwein
Salz, gem. Pfeffer
2 geh. EL Zucker
200 ml Birnensaft
2 EL Balsamico-Essig
4 EL Walnussöl

Zubereitungszeit: 60 Minuten, ohne Einweichzeit

1. Am Vortag die Weizenkörner in eine Schüssel geben, mit kaltem Wasser übergießen, sodass sie ganz bedeckt sind. Weizenkörner über Nacht einweichen.

2. Am nächsten Tag die Weizenkörner abgießen, in einen Topf geben, so viel Wasser hinzugießen, dass sie ganz bedeckt sind, und zum Kochen bringen. Weizenkörner zugedeckt 40–45 Minuten bei schwacher Hitze kochen lassen. Den Topf von der Kochstelle nehmen.

3. In der Zwischenzeit Zwiebeln und Knoblauch abziehen. 100 g der Zwiebeln in kleine Würfel schneiden. Knoblauch in dünne Scheiben schneiden. Restliche Zwiebeln zuerst in dünne Scheiben schneiden, dann in Ringe teilen. Bergkäse entrinden und fein reiben.

4. Die Petersilie abspülen und trocken tupfen. Die Blättchen von den Stängeln zupfen. Blättchen klein schneiden. Pastinaken schälen, abspülen, abtropfen lassen und in dünne Scheiben schneiden, große Pastinaken evtl. zuvor durchschneiden.

5. Die Gemüsebrühe aufkochen lassen. Die Hälfte der Butter in einem Topf zerlassen. Zwiebelwürfel und Knoblauchscheiben darin bei mittlerer Hitze andünsten. Reis hinzugeben und kurz glasig-weiß andünsten. Mit Wein ablöschen und fast vollständig einkochen lassen. Weizenkörner hinzugeben. Ein Achtel der heißen Brühe hinzugießen und bei mittlerer Hitze kochen lassen. Mit Salz und Pfeffer würzen.

6. Dann das Risotto etwa 20 Minuten unter häufigem Rühren al dente garen. Dabei nach und nach die restliche heiße Brühe (sobald die Brühe vom Reis aufgenommen wurde) hinzugießen. Die Pastinakenscheiben nach etwa 10 Minuten Garzeit unter den Reis rühren und mitgaren lassen.

7. In der Zwischenzeit restliche Butter in einer Pfanne zerlassen. Die Zwiebelringe mit Zucker, etwas Salz und Pfeffer kräftig andünsten. Nach und nach den Birnensaft mit dem Balsamico hinzugeben und immer wieder ganz einkochen lassen, bis die Zwiebelringe weich sind.

8. Den geriebenen Käse und die Petersilie unter das Risotto rühren, evtl. nachwürzen. Pastinaken-Weizen-Risotto anrichten. Glasierte Zwiebelringe darauf verteilen und mit Walnussöl beträufeln.

Petersilienwurzeln

Petersilienwurzeln liegen auch durch ihre Lagerfähigkeit wieder im Trend. In der Küche werden die länglichen, 3–5 cm dicken und leicht süßlich schmeckenden Wurzeln oft zur unterstützenden Würzung von Brühen oder Suppen mitgekocht. Das Wintergemüse wird ab Oktober/November angeboten. Die Blätter der Petersilienwurzel können wie Blattpetersilie verwendet werden.

Petersilienwurzel-Couscous-Ragout mit Lamm I

Arabisch inspiriert

4 Portionen

Pro Portion: E: 33 g, F: 30 g, Kh: 80 g, kJ: 3063, kcal: 729, BE: 6,5

500 g Petersilienwurzeln
Salz
200 g Couscous
1 Bund glatte Petersilie
8 getrocknete Feigen
2 Knoblauchzehen
500 g schieres Lammfleisch (aus dem Rücken)
4 EL Olivenöl
gem. Pfeffer
80 g Rosinen
Saft von
1 Limette

Zum Bestreuen:

1 EL rosa Pfefferbeeren

Zubereitungszeit: 45 Minuten

1. Petersilienwurzeln putzen, schälen, abspülen, abtropfen lassen und in Würfel schneiden.

2. Salzwasser in einem Topf zum Kochen bringen und die Petersilienwurzelwürfel darin etwa 3 Minuten blanchieren, dann mit kaltem Wasser abschrecken und abtropfen lassen.

3. Den Couscous nach Packungsanleitung zubereiten (quellen lassen).

4. Petersilie abspülen, trocken tupfen, die Blättchen von den Stängeln zupfen. Einige Blättchen zum Garnieren beiseitelegen. Die restlichen Blättchen fein hacken.

5. Von den Feigen die Stielansätze abschneiden. Die Feigen in kleine Stücke schneiden. Knoblauch abziehen und in Scheiben schneiden.

6. Lammfleisch unter fließendem kalten Wasser abspülen, trocken tupfen und in kleine Würfel schneiden.

7. Die Hälfte des Olivenöls in einer Pfanne erhitzen. Die Lammfleischwürfel darin kurz und kräftig braten, mit Salz und Pfeffer würzen. Das Fleisch aus der Pfanne nehmen und zugedeckt warm stellen.

8. Den gequellten Couscous mit einer Gabel etwas auflockern.

9. Das restliche Olivenöl in der Pfanne erhitzen. Petersilienwurzeln, Feigen, Rosinen und Knoblauch darin kurz anbraten. Couscous unterrühren.

10. Zum Schluss das warm gestellte Lammfleisch und die Petersilie unterrühren.

11. Das Ragout mit Salz, Pfeffer und Limettensaft abschmecken, mit rosa Pfefferbeeren bestreut und beiseitegelegten Petersilienblättchen garniert servieren.

Tipps: Das Ragout kann statt mit Couscous auch mit Bulgur oder Reis zubereitet werden. Bei der Zubereitung dann die jeweilige Packungsanleitung beachten. Die Rosinen lassen sich durch entsteinte, getrocknete Aprikosen oder Cranberrys austauschen.

Pfannengerührtes Gemüse I

Schnell

4 Portionen

Pro Portion: E: 5 g, F: 18 g, Kh: 11 g, kJ: 934, kcal: 223, BE: 0,5

200 g Hokkaido-Kürbis
225 g Aubergine
175 g Frühlingszwiebeln
175 g Pak Choi (chinesischer Senfkohl)
4 Knoblauchzehen
5 EL Sonnenblumenöl
40 g geröstete, gesalzene Cashewkerne
6 Stängel Koriander
4 Minzeblätter
4 große Basilikumblätter
150 ml Hühner- oder Gemüsebrühe
4 EL Sojasauce
1 EL Fischsauce

Zubereitungszeit: 35 Minuten

1. Kürbis abspülen, abtrocknen und halbieren. Kerne und faserigen Innenteil entfernen. Kürbis evtl. schälen und in etwa 3 mm breite Scheiben schneiden.

2. Die Aubergine abspülen, abtropfen lassen und den Stängelansatz abschneiden. Aubergine längs halbieren und in etwa 2 cm breite Streifen schneiden.

3. Frühlingszwiebeln putzen, abspülen, abtropfen lassen, längs halbieren und in etwa 6 cm lange Stücke schneiden. Pak Choi putzen und in einzelne Blätter teilen. Die Blätter abspülen und abtropfen lassen.

4. Knoblauch abziehen und in sehr dünne Scheiben schneiden. 2 Esslöffel vom Sonnenblumenöl in einer kleinen Pfanne erhitzen. Die Knoblauchscheiben darin goldgelb rösten und beiseitestellen.

5. Die Cashewkerne grob hacken. Kräuter abspülen und trocken tupfen. Die Korianderblätter von den Stängeln zupfen. Die Minze- und Basilikumblätter grob zerschneiden.

6. Restliches Sonnenblumenöl in einem Wok oder in einer großen Pfanne erhitzen.

7. Die Kürbisscheiben, Auberginensteifen und Frühlingszwiebelstücke darin evtl. in 2 Portionen bei starker Hitze unter Rühren kräftig anbraten.

8. Etwa ein Drittel der Brühe hinzugießen und diese ganz einkochen lassen. Diesen Vorgang noch 2-mal wiederholen, bis das Gemüse knackig-bissfest gegart ist. Dabei gelegentlich umrühren und die Sojasauce und Fischsauce dazugeben.

9. Zum Schluss die Pak-Choi-Blätter unterheben und kurz zusammenfallen lassen.

10. Beiseitegestelltes Öl mit den Knoblauchscheiben unterrühren. Das Gemüse mit Cashewkernen und Kräutern bestreut servieren.

Beilage: Klebreis.

Rezeptvariante: Für **pfannengerührtes Kurkuma-Gemüse** 500 g Möhren putzen, schälen, abspülen, abtropfen lassen und in schmale Streifen schneiden. 1 Fenchelknolle putzen, abspülen, abtropfen lassen, halbieren, erst in dünne Scheiben, dann in Streifen schneiden. 250 g Frühlingszwiebeln putzen, abspülen, abtropfen lassen, halbieren und in je 3 Stücke schneiden. 3 Esslöffel Sesamöl in einem Wok erhitzen. 1 Esslöffel gemahlene Kurkuma (Gelbwurz) einrühren. Möhren- und Fenchelstreifen hinzugeben und unter Rühren etwa 5 Minuten anbraten. Die Hitze reduzieren. Nun 125 ml Gemüsebrühe hinzugießen und das Gemüse mit 1–2 Teelöffeln Zitronensaft, Zucker, Salz und Pfeffer würzen. Die Frühlingszwiebelstücke hinzugeben und alles noch weitere etwa 2 Minuten garen. 1 Teelöffel Speisestärke mit 1 Esslöffel Reiswein anrühren, hinzufügen und einmal aufkochen lassen. Das Gemüse nochmals kräftig abschmecken.

Tipps: Kurkuma schmeckt brennend-würzig und leicht bitter. Oft wird gemahlene Kurkuma zur Herstellung von Gewürzmischungen wie z. B. Currypulvern verwendet. Wegen der stark gelbfärbenden Eigenschaften wird das Gewürz auch Gelbwurz genannt.

Pilches-Kuchen mit Mangold

Vegetarisch

4 Portionen

Pro Portion: E: 17 g, F: 27 g, Kh: 73 g, kJ: 2551, kcal: 608, BE: 6,0

1 Zwiebel
800 g gegarte Salzkartoffeln (vom Vortag)
400 g Mangold

Für den Teig:

200 g Weizenmehl
2 Eier (Größe M)
400 ml Milch (3,5 % Fett)
Salz
gem. Pfeffer

80 g Butterschmalz
ger. Muskatnuss

Zubereitungszeit: 30 Minuten
Garzeit: etwa 40 Minuten

1. Zwiebel abziehen und fein würfeln. Die Kartoffeln grob raspeln. Mangold putzen. Die Stiele aus den Blättern schneiden.

2. Mangoldblätter und -stiele getrennt voneinander abspülen und abtropfen lassen. Mangoldstiele abziehen. Mangoldblätter und -stiele jeweils in feine Streifen schneiden.

3. Weizenmehl in eine Rührschüssel geben. Eier mit Milch verschlagen, nach und nach unter Rühren zum Mehl geben, dabei darauf achten, dass keine Klümpchen entstehen. Den Teig mit Salz und Pfeffer würzen.

4. Etwas Butterschmalz in einer beschichteten Pfanne (Ø etwa 24 cm) erhitzen, ein Viertel der Zwiebelwürfel darin glasig dünsten.

5. Ein Viertel der Kartoffelraspel hinzufügen und unter Rühren anbraten. Ein Viertel vom Mangoldgemüse hinzugeben und unterrühren. Die Mischung mit Salz, Pfeffer und Muskat würzen.

6. Den Pfannkuchenteig nochmals durchrühren und ein Viertel davon auf die Kartoffel-Mangold-Mischung gießen. Teigmasse etwa 5 Minuten stocken lassen.

7. Dann den Pilches-Kuchen mithilfe eines flachen Deckels oder Tellers wenden.

8. Bevor der Pilches-Kuchen wieder in die Pfanne gegeben wird, etwas vom Butterschmalz in die Pfanne geben. Den Kuchen weitere etwa 5 Minuten braten.

9. Aus den restlichen Zutaten 3 weitere Pilches-Kuchen backen. Die gebackenen Pilches-Kuchen im Backofen bei Ober-/Unterhitze: etwa 80 °C, Heißluft: etwa 60 °C warm halten.

Pilze aus dem Wok mit Garnelen

Raffiniert (ohne Foto)

2 Portionen

Pro Portion: E: 25 g, F: 22 g, Kh: 5 g, kJ: 1276, kcal: 305, BE: 0,0

1 Stange Porree (Lauch)
500 g Austernpilze
12 Garnelen (ohne Schalen, entdarmt)
2 EL Olivenöl
Salz, gem. Pfeffer
Saft von
½ Zitrone
2 EL Olivenöl
1 Prise Zucker
2 Knoblauchzehen
100 ml Gemüsebrühe

Zubereitungszeit: 30 Minuten

1. Porree putzen, die Stange längs halbieren, gründlich waschen und abtropfen lassen. Den Porree in streichholzdünne Streifen schneiden.

2. Austernpilze putzen, evtl. kurz abspülen, gut abtropfen lassen und in dünne Streifen schneiden.

3. Die Garnelen unter fließendem kalten Wasser abspülen und trocken tupfen. Das Öl in einem Wok oder einer großen Pfanne erhitzen. Die Garnelen und die Porreestreifen darin unter Rühren anbraten, mit Salz, Pfeffer und etwas Zitronensaft abschmecken. Die Mischung aus der Pfanne nehmen und warm stellen.

4. Olivenöl in dem Wok oder der Pfanne erhitzen. Die Pilze unter Rühren darin anbraten, mit Salz, Pfeffer und Zucker würzen. Die Knoblauchzehen abziehen, zerdrücken und zu den Pilzen geben. Die Gemüsebrühe hinzugießen und etwas einkochen lassen.

5. Die Garnelen-Porree-Mischung wieder in den Wok oder die Pfanne geben, unterrühren und die Pfanne nochmals mit den Gewürzen und etwas Zitronensaft abschmecken.

Pilz-Fondue mit Möhren-Apfel-Salat I

Dauert länger

6 Portionen

Pro Portion: E: 21 g, F: 41 g, Kh: 24 g, kJ: 2277, kcal: 545, BE: 1,5

1 ¼ kg Pilze, z. B. Champignons, Pfifferlinge, Maronen, Steinpilze, Austernpilze

Für den Zwiebel-Dip:

300 g Zwiebeln
1 Knoblauchzehe
3 EL Olivenöl
80 g Schinkenwürfel
125 ml Hühnerbrühe
150 g Crème fraîche
Salz
gem. Pfeffer

Für den Gorgonzola-Dip:

150 g Gorgonzola
125 g Frischkäse
2 EL gehackte Petersilie

Für den Salat:

3–4 EL Zitronensaft
1 Prise Salz
2–3 TL Zucker
1 EL Sonnenblumenöl
750 g Möhren
500 g Äpfel, z. B. Cox Orange

500 ml Gemüsebrühe
200 g Schlagsahne

Zubereitungszeit: 60 Minuten

1. Pilze putzen, evtl. mit einem Pinsel säubern oder mit Küchenpapier abreiben und, je nach Größe, die Pilze halbieren oder vierteln.

2. Für den Zwiebel-Dip Zwiebeln und Knoblauch abziehen und in Würfel schneiden. Das Olivenöl in einem Topf erhitzen und Zwiebel- und Knoblauchwürfel darin

andünsten. Schinkenwürfel unterrühren. Hühnerbrühe und Crème fraîche zugeben und etwa 20 Minuten köcheln lassen, mit Salz und Pfeffer würzen und leicht pürieren.

3. Für den Gorgonzola-Dip Gorgonzola in einem Topf leicht erwärmen, dabei cremig rühren und mit Frischkäse und Petersilie verrühren.

4. Für den Salat den Zitronensaft mit Salz und Zucker verrühren. Öl hinzufügen und unterrühren. Die Möhren putzen, schälen, abspülen und abtropfen lassen. Äpfel abspülen und abtrocknen oder schälen, vierteln und entkernen. Beide Zutaten auf einer Haushaltsreibe grob raspeln.

5. Möhren und Äpfel mit der Sauce in einer Schüssel vermengen. Den Salat nach Belieben nochmals mit Zucker abschmecken und kurz durchziehen lassen.

6. Gemüsebrühe und Sahne in einem Fondue-Topf erhitzen. Verschiedene Pilzstücke auf Fondue-Gabeln spießen und etwa 10 Minuten darin garen, mit Zwiebel-Dip, Gorgonzola-Dip und Salat servieren.

Tipp: Oder die Pilze in 750 ml Olivenöl frittieren.

Pilzsalat mit Böhnchen, Serrano-Schinken und Pimpinelle I

Raffinierte Vorspeise

4 Portionen

Pro Portion: E: 13 g, F: 18 g, Kh: 7 g, kJ: 1018, kcal: 243, BE: 0,5

8 Scheiben	*Serrano-Schinken*
400 g	*gemischte Pilze, z. B. Pfifferlinge, Champignons, Kräutersaitlinge, Steinpilze*
300 g	*Keniaböhnchen (Nadelböhnchen)*
	Salz
1 gute Handvoll Stängel	*Pimpinelle*

Für die Vinaigrette:

1–2 EL	*Balsamico-Essig*
1 TL	*flüssiger Honig*
3 EL	*Olivenöl*
1 EL	*Walnussöl*
	gem. Pfeffer
2 EL	*Olivenöl*

Zubereitungszeit: 20 Minuten
Backzeit: 10–15 Minuten

1. Den Backofen vorheizen.
Ober-/Unterhitze: etwa 120 °C
Heißluft: etwa 100 °C

2. Die Schinkenscheiben auf einem Backblech (mit Backpapier belegt) verteilen. Das Backblech in den vorgeheizten Backofen schieben. Schinkenscheiben 10–15 Minuten knusprig braun backen.

3. Die Schinkenscheiben vom Backblech nehmen und auf Küchenpapier abtropfen lassen. Pilze putzen, mit Küchenpapier abreiben, evtl. kurz abspülen und gut trocken tupfen. Pilze in mundgerechte Stücke schneiden. Von den Keniabohnen die Enden abschneiden, evtl. abfädeln. Bohnen abspülen und in kochendem Salzwasser etwa 5 Minuten blanchieren. Bohnen mit kaltem Wasser abschrecken und in einem Sieb gut abtropfen lassen.

4. Pimpinelle abspülen und trocken tupfen. Die Blättchen von den Stängeln zupfen.

5. Für die Vinaigrette den Essig mit Honig verrühren. Oliven- und Walnussöl unterschlagen. Vinaigrette mit Salz und Pfeffer würzen.

6. Das Olivenöl in einer Pfanne erhitzen. Die Pilzstücke darin 4–5 Minuten bei starker Hitze unter Rühren anbraten, mit Salz und Pfeffer würzen.

7. Die Pilzstücke, Böhnchen und Pimpinelleblättchen vermischen und auf 4 Tellern oder einer Platte anrichten. Salat mit der Vinaigrette beträufeln. Die Schinkenscheiben darauflegen.

Tipps: Statt Serrano-Schinken können Sie auch einen anderen luftgetrockneten Schinken verwenden.

Porree

Porree, auch Lauch genannt, hat inzwischen das ganze Jahr über Saison. Schwefelhaltige ätherische Öle sind für den typischen Porreegeruch und -geschmack verantwortlich. Im späten Frühjahr und im Sommer schmeckt der Porree milder als der, der im Herbst und Winter geerntet wird.

Porree-Burgunderschinken-Auflauf | Raffiniert

4 Portionen

Pro Portion: E: 34 g, F: 47 g, Kh: 20 g, kJ: 2697, kcal: 654, BE: 1,5

400 g Porree (Lauch)
1 EL Butter
Salz, gem. Pfeffer
6 EL Gemüsebrühe
250 g kleine Pfifferlinge
1 EL Butter
250 g Burgunderschinken-Aufschnitt (6–8 große Scheiben)
125 g Kräuter-Crème-fraîche
2 EL Butter
6–8 Scheiben Weizenbaguette (etwa 100 g)
3–4 EL Pesto rosso (aus dem Glas)
125 g Raclette-Käse (in Scheiben)

Zubereitungszeit: 30 Minuten
Garzeit: 15–20 Minuten

1. Den Backofen vorheizen.
Ober-/Unterhitze: etwa 200 °C
Heißluft: etwa 180 °C

2. Porree putzen. Die Stangen längs einschneiden, gründlich waschen, abtropfen lassen und in feine Streifen schneiden. Butter in einer Pfanne zerlassen. Porreestreifen unter Rühren darin andünsten, mit Salz und Pfeffer würzen. Gemüsebrühe hinzugeben, unterrühren und die Flüssigkeit verdampfen lassen.

3. Die Pfifferlinge putzen. Die Butter in einer Pfanne zerlassen und die Pfifferlinge darin kurz andünsten. Die Schinkenscheiben auf der Arbeitsfläche nebeneinander legen. Die Pfifferlinge aus der Pfanne nehmen, mit Crème fraîche vermischen, mit Salz und Pfeffer würzen. Die Pilzmischung gleichmäßig längs in der Mitte der Schinkenscheiben verteilen.

4. Die Schinkenscheiben aufrollen und in eine große, flache Auflaufform (gefettet) legen. Porree darauf verteilen. Auflaufform auf dem Rost in den vorgeheizten Backofen schieben. Auflauf **8–10 Minuten garen.**

5. In der Zwischenzeit Butter in einer Pfanne zerlassen. Die Baguettescheiben darin von beiden Seiten knusprig anrösten, dann auf einen Teller legen, mit Pesto bestreichen und Käse darauf verteilen.

6. Die Auflaufform auf einen Kuchenrost stellen. Die Baguettescheiben mit dem Belag nach oben auf den Auflauf geben. Form wieder in den Backofen schieben. Den Auflauf **bei gleicher Backofeneinstellung weitere 7–10 Minuten goldbraun überbacken.**

Porree-Kasseler-Auflauf mit Wasabi-Kartoffel-Kruste I

Würzig

4 Portionen

Pro Portion: E: 20 g, F: 31 g, Kh: 23 g, kJ: 1888, kcal: 455, BE: 2,0

500 g Porree (Lauch)
1 säuerlicher Apfel, z. B. Boskop (etwa 200 g)
2 EL Butter
Salz
gem. Pfeffer
150 g Crème fraîche
1 Pck. Kartoffelpüreepulver (für 3 Portionen)
375 ml Wasser
125 ml Milch (3,5 % Fett)
etwa 3 TL Wasabipulver (ersatzweise geriebener Meerrettich, aus dem Glas)
4 Scheiben Kasseler-Lachsfleisch (etwa 350 g)
2 EL Butter

Zubereitungszeit: 20 Minuten
Garzeit: etwa 20 Minuten

1. Den Backofen vorheizen.
Ober-/Unterhitze: etwa 220 °C
Heißluft: etwa 200 °C

2. Porree putzen. Die Stangen längs einschneiden, gründlich waschen, abtropfen lassen, in etwa 1 cm breite Stücke schneiden. Den Apfel abspülen, abtrocknen, vierteln, entkernen und in Spalten schneiden.

3. Butter in einer Pfanne zerlassen. Die Apfelspalten darin unter Wenden goldbraun anbraten, herausnehmen und beiseitestellen. Die Porreestücke in dem verbliebenen Bratfett etwa 5 Minuten unter Wenden anbraten, mit Salz und Pfeffer würzen. 100 g Crème fraîche unterrühren.

4. Kartoffelpüreepulver nach Packungsanleitung mit Wasser und Milch zubereiten. 50 g Crème fraîche unter das Püree rühren. Kartoffelpüree mit Salz, Pfeffer und Wasabipulver würzen.

5. Kasselerscheiben trocken tupfen, mit dem Porree und den Apfelspalten in eine große, flache Auflaufform (gefettet) schichten. Kartoffelpüree darauf verteilen oder in Nocken daraufsetzen. Die Butter in Flöckchen darauf verteilen.

6. Die Form auf dem Rost in den vorgeheizten Backofen schieben. Den Kasselerauflauf **etwa 20 Minuten garen.**

Provenzalischer Gemüsetopf I

Mediterran inspiriert

4 Portionen

Pro Portion: E: 16 g, F: 2 g, Kh: 13 g, kJ: 570, kcal: 137, BE: 0,5

1 Aubergine (etwa 300 g)
400 g Zucchini
2 Fleischtomaten
je 1 rote, grüne und gelbe Paprikaschote
4 Schalotten
1 Zweig Rosmarin
1 Stängel Thymian
2 Knoblauchzehen
500 ml Gemüsebrühe

400 g Muscheln, z. B. Miesmuscheln
180 g Garnelen (geschält und entdarmt)

Salz
gem. Pfeffer
ger. Muskatnuss

Zubereitungszeit: 30 Minuten
Garzeit: 20–30 Minuten

1. Aubergine, Zucchini und Tomaten abspülen und abtrocknen. Von der Aubergine den Stängelansatz und von den Zucchini die Enden abschneiden. Tomaten halbieren und die Stängelansätze herausschneiden.

2. Paprikaschoten halbieren, entstielen, entkernen und die weißen Scheidewände entfernen. Schoten abspülen und abtropfen lassen. Das Gemüse in grobe Stücke schneiden.

3. Schalotten abziehen und längs halbieren. Die Kräuter abspülen und trocken tupfen. Knoblauch abziehen.

4. Die Gemüsebrühe mit den vorbereiteten Gemüsestücken, Schalottenhälften, Knoblauch und Kräutern in einen Topf geben und zum Kochen bringen.

5. Den Gemüseeintopf dann bei schwacher Hitze etwa 15 Minuten köcheln lassen.

6. In der Zwischenzeit die Muscheln in reichlich kaltem Wasser gründlich waschen und einzeln abbürsten, bis sie nicht mehr sandig sind. Muscheln die sich beim Waschen geöffnet haben, aussortieren, diese sind ungenießbar. Evtl. die Fäden (Bartbüschel) entfernen.

7. Die Garnelen unter fließendem kalten Wasser abspülen und trocken tupfen.

8. Die Muscheln und Garnelen zum Gemüse in den Topf geben. Den Eintopf weitere 5–10 Minuten kochen, bis die Muscheln sich öffnen (Muscheln, die sich nach dem Kochen nicht öffnen, sind ungenießbar).

9. Den Eintopf mit Salz, Pfeffer und Muskat abschmecken und servieren.

Tipp: Zusätzlich können Sie diesen Gemüsetopf noch mit Fischfilet aufpeppen. Dazu etwa 300 g Fischfilet, z. B. Tilapia, unter fließendem kalten Wasser abspülen, trocken tupfen und in Stücke schneiden, dabei evtl. Gräten entfernen. Die Fischstücke mit Salz und Pfeffer würzen, zum Schluss in den Eintopf geben. Die Fischstücke etwa 5 Minuten bei schwacher Hitze gar ziehen lassen.

Radieschen

Radieschen sind meist kugelig rund und rot, können aber auch oval und weiß sein. Immer sollen sie allerdings knackig, saftig und scharf sein. Sie enthalten Kalium und Eisen, aber nur etwa 14 kcal pro 100 g geputzter Ware. Radieschen können im Kühlschrank 2 Tage gelagert werden. Dafür vorher das Grün abschneiden und die Radieschen in ein feuchtes Tuch einschlagen oder in eine luftdicht verschlossene Dose legen. Deutsche Radieschen sind ein typisches Frühjahrsgemüse und von Mai bis Juli im Angebot.

Radieschen-Kartoffel-Salat I

Vegetarisch – klassisch

4 Portionen

Pro Portion: E: 7 g, F: 5 g, Kh: 30 g, kJ: 830, kcal: 198, BE: 2,5

700 g kleine, festkochende Kartoffeln

Für die Marinade:

1 Zwiebel (etwa 50 g)
2 abgetropfte Gewürzgurken (etwa 100 g)
200 ml Gemüsebrühe
4 EL Weißweinessig
1 TL Zucker
Salz
gem. Pfeffer
1 TL mittelscharfer Senf
1–2 EL ger. Meerrettich (aus dem Glas)

1 Bund Radieschen (etwa 150 g)
1 Bund Petersilie
75 g saure Sahne (10 % Fett)
evtl. etwas Gemüsebrühe

Zum Garnieren:

evtl. 1 hart gekochtes Ei
Salatblätter
Schnittlauchhalme

Zubereitungszeit: 30 Minuten, ohne Durchziehzeit
Garzeit: 20–25 Minuten

1. Kartoffeln gründlich waschen, knapp mit Wasser bedeckt zum Kochen bringen, zugedeckt 20–25 Minuten garen. Kartoffeln abgießen, abdämpfen und noch heiß pellen. Kartoffeln in Scheiben schneiden und in eine Schüssel geben.

2. Für die Marinade Zwiebel abziehen und in kleine Würfel schneiden. Die Gurken ebenfalls klein würfeln. Brühe mit Essig, Zucker, Salz und Pfeffer in einem Topf zum Kochen bringen und über die noch warmen Kartoffelscheiben gießen.

3. Zwiebel-, Gurkenwürfel, Senf und den Meerrettich hinzugeben. Die Zutaten vorsichtig vermengen. Den Salat so lange durchziehen lassen, bis die Marinade von den Kartoffelscheiben vollkommen aufgenommen worden ist. Dabei gelegentlich vorsichtig umrühren.

4. Radieschen putzen, abspülen, trocken tupfen und in Scheiben schneiden. Petersilie abspülen und trocken tupfen. Die Blättchen von den Stängeln zupfen. Blättchen klein schneiden.

5. Saure Sahne und evtl. etwas Brühe vorsichtig unter den Kartoffelsalat rühren. Radieschenscheiben und Petersilie unterheben.

6. Den Salat nochmals mit Salz und Pfeffer abschmecken. Nach Belieben das Ei pellen und in Scheiben schneiden.

7. Den Salat anrichten, mit abgespülten, trocken getupften Salatblättern, Schnittlauchhalmen und Eierscheiben garnieren.

Radieschensalat mit Falafel I

Etwas Besonderes

4 Portionen

Pro Portion: E: 22 g, F: 48 g, Kh: 45 g, kJ: 2964, kcal: 709, BE: 3,5

Für die Falafel:

1 Zwiebel
2 Knoblauchzehen
2 EL Sonnenblumenöl
Salz
2 TL gem. Kreuzkümmel (Cumin)
850 g abgespülte, abgetropfte Kichererbsen (aus der Dose)
2 Eier (Größe M)
2 Msp. Cayennepfeffer
1 Bund marokkanische Minze oder glatte Petersilie

Für den Radieschensalat:

2 große Bund Radieschen
1 TL Salz

etwa 200 ml Sonnenblumenöl

Für den Zitronen-Schmand-Dip:

200 g Schmand (Sauerrahm)
2 Msp. gem. Kreuzkümmel (Cumin)
2 Msp. Cayennepfeffer
1 Bio-Zitrone (unbehandelt, ungewachst)
1 Prise Zucker
2 EL Sonnenblumenöl

Zubereitungszeit: 70 Minuten
Garzeit: etwa 10 Minuten

1. Die Zwiebel abziehen und fein würfeln. Knoblauch abziehen und durch eine Knoblauchpresse drücken.

2. Sonnenblumenöl in einer Pfanne erhitzen. Zwiebelwürfel und Knoblauch darin andünsten, mit Salz und Kreuzkümmel würzen.

3. Kichererbsen und Ei in einen Rührbecher geben, fein pürieren. Die Masse mit Salz und Cayennepfeffer würzen. Zwiebel-Knoblauch-Masse unterziehen.

4. Kräuter abspülen, trocken tupfen und die Blättchen von den Stängeln zupfen. Die Hälfte der Blättchen fein schneiden und unter die Kichererbsenmasse mischen (die Masse soll trocken und formbar sein). Die Masse nochmals mit den Gewürzen abschmecken.

5. Radieschen putzen, abspülen, gut abtropfen lassen und auf einem Gemüsehobel in feine Scheiben hobeln. Die Scheiben mit Salz bestreuen.

6. Das Sonnenblumenöl in einer Pfanne erhitzen. Aus der Falafelmasse mit angefeuchteten Händen 12–16 kleine, frikadellenartige Falafel formen. Diese evtl. portionsweise in der Pfanne bei mittlerer Hitze in etwa 10 Minuten rundherum goldgelb braten. Die Falafel mit einer Schaumkelle aus der Pfanne nehmen und auf Küchenpapier abtropfen lassen.

7. Für den Zitronen-Schmand-Dip Schmand mit Salz, Kreuzkümmel und Cayennepfeffer würzen. Die Zitrone heiß abwaschen, abtrocknen und die Schale abreiben. Zitrone halbieren und auspressen. Schmand mit Zitronenschale, -saft und Zucker abschmecken.

8. Die Radieschenscheiben mit Sonnenblumenöl und den restlichen Kräuterblättern vermengen. Radieschensalat mit den Falafeln und dem Dip servieren.

Ratatouille auf Vorrat

Mediterran inspiriert

etwa 6 Gläser je 500 ml

Insgesamt: E: 44 g, F: 109 g, Kh: 140 g, kJ: 7269, kcal: 1739, BE: 9,0

2 kg Paprikaschoten (rot, gelb, grün)
2 Gemüsezwiebeln (geschält etwa 500 g)
6 Knoblauchzehen
10 EL Olivenöl
500 g Schältomaten oder stückige Tomaten (aus der Dose)
Salz
gem. Pfeffer
2 mittelgroße Auberginen (etwa 440 g)
2 mittelgroße Zucchini (etwa 440 g)
1 Stängel Rosmarin
2 Zweige Thymian
Zucker

Zubereitungszeit: 40 Minuten
Haltbarkeit: kühl und dunkel gestellt mindestens 1–2 Monate

1. Die Paprikaschoten halbieren, entstielen, entkernen und die weißen Scheidewände entfernen. Schoten abspülen, abtropfen lassen und in 2–3 cm große Stücke schneiden. Zwiebeln und Knoblauch abziehen. Zwiebeln halbieren und in kleine Würfel schneiden. Knoblauch durch eine Knoblauchpresse drücken.

2. Drei Esslöffel des Olivenöls in einem großen Bräter oder Topf erhitzen. Zwiebelwürfel darin portionsweise etwa 5 Minuten unter Rühren goldgelb anbraten. Paprikastücke und Knoblauch portionsweise hinzugeben und weitere etwa 5 Minuten mitbraten. Schältomaten oder stückige Tomaten hinzugeben. Das Ganze mit etwas Salz und Pfeffer würzen. Die Zutaten bei mittlerer Hitze unter gelegentlichem Rühren etwas sämig bis dickflüssig einkochen lassen.

3. Auberginen und Zucchini abspülen, abtrocknen und die Stängelansätze bzw. Enden abschneiden. Auberginen und Zucchini in 2–3 cm große Würfel schneiden.

4. Restliches Olivenöl in einer großen, weiten Pfanne erhitzen. Die Auberginen- und Zucchiniwürfel darin nacheinander unter Rühren anbraten, mit Salz und Pfeffer würzen. Rosmarin und Thymian abspülen, trocken tupfen. Die Nadeln bzw. Blättchen von den Stängeln zupfen. Nadeln und Blättchen klein schneiden.

5. Die Auberginen- und Zucchiniwürfel sowie die klein geschnittenen Kräuter zum etwas sämig eingekochten Zwiebel-Paprika-Tomaten-Gemisch geben und gut vermengen. Nochmals mit Salz, Pfeffer und etwas Zucker abschmecken.

6. Die heiße Ratatouillemasse sofort randvoll in vorbereitete Gläser füllen. Gläser mit Twist-off-Deckeln® verschließen, umdrehen und etwa 5 Minuten auf den Deckeln stehen lassen. Ratatouille kühl und dunkel stellen.

Tipp: Schmeckt lecker zu gegrillten Bratwürstchen und Steaks.

Reisauflauf mit Mangold und Zuckerschoten

Vegetarisch

4 Portionen

Pro Portion: E: 23 g, F: 39 g, Kh: 39 g, kJ: 2547, kcal: 609, BE: 3,0

1 EL	*Butter*
1 gestr. TL	*Kurkuma (Gelbwurz)*
150 g	*Langkornreis*
375 ml	*Gemüsebrühe*
200 g	*Zuckerschoten*
750 g	*Mangold*
	Salz
2 Bund	*glatte Petersilie*
	gem. Pfeffer
3	*Eier (Größe M)*
200 g	*Schlagsahne*
125 g	*Magerquark*
	ger. Muskatnuss
50 g	*ger. Parmesan*
40 g	*Butter*

Zubereitungszeit: 50 Minuten
Garzeit: etwa 30 Minuten

1. Butter in einem Topf zerlassen. Kurkuma unterrühren. Dann den Reis hinzugeben und darin andünsten. Die Gemüsebrühe hinzugießen und zum Kochen bringen. Den Reis zugedeckt bei schwacher Hitze etwa 20 Minuten garen, bis die gesamte Flüssigkeit vom Reis aufgenommen worden ist.

2. Den Backofen vorheizen.
Ober-/Unterhitze: etwa 200 °C
Heißluft: etwa 180 °C

3. In der Zwischenzeit die Zuckerschoten putzen, abspülen, abtropfen lassen und die Enden abschneiden. Mangold putzen, gründlich waschen und abtropfen lassen. Die Mangoldblätter von den Stielen schneiden. Die Stiele abziehen. Die Mangoldblätter und -stiele in Streifen schneiden.

4. Salzwasser in einem Topf zum Kochen bringen, darin nacheinander die Mangoldstiele 3–4 Minuten, die Mangoldblätter etwa 1 Minute und die Zuckerschoten 2–3 Minuten blanchieren. Das Gemüse in ein Sieb geben, mit kaltem Wasser abschrecken und gut abtropfen lassen.

5. Die Petersilie abspülen und trocken tupfen. Die Blättchen von den Stängeln zupfen. Einige Blättchen zum Garnieren beiseitelegen. Die restlichen Blättchen klein schneiden.

6. Reis, Mangold, Zuckerschoten und Petersilie nacheinander schichtweise in eine Auflaufform (gefettet) geben, mit Salz und Pfeffer bestreuen.

7. Die Eier verschlagen, Sahne und Quark unterrühren. Die Eiersahne mit Salz, Pfeffer und Muskat würzen. Die Eiersahne auf den eingeschichteten Zutaten verteilen.

8. Den Auflauf mit Parmesan bestreuen. Die Butter in Flöckchen daraufsetzen. Form auf dem Rost in den vorgeheizten Backofen schieben. Den Auflauf **etwa 30 Minuten garen.** Zum Servieren den Auflauf mit den beiseitegelegten Petersilienblättchen bestreuen.

Rettich

Die mittellange, keilförmige weiße Rübe ist bei uns wohl der bekannteste Vertreter vom Rettich. Die Senföle der Wurzel machen den charakteristischen scharfen Geschmack aus. Rettich wird meist frisch geschält als rohes Gemüse, in Rohkostgerichten oder Salaten verzehrt. Obwohl ganzjährig angebaut, sind vor allem die Winterrettiche gut lagerfähig.

Rohkost mit Beefsteak-Röllchen I

Zum Mitnehmen

4 Portionen

Pro Portion: E: 35 g, F: 9 g, Kh: 11 g, kJ: 1120, kcal: 268, BE: 0,5

1 Salatgurke (etwa 350 g)
2 Kohlrabi (je etwa 200 g)
½ Rettich (etwa 350 g)
250 g Cocktailtomaten

Für die Beefsteak-Röllchen:

1 Schalotte (etwa 25 g)
500 g Rindertatar
1 geh. EL Magerquark (40 g)
Salz
gem. Pfeffer
Paprikapulver rosenscharf
2 EL Speiseöl, z. B. Sonnenblumenöl (20 g)

Für den Petersilien-Dip:

1 Bund Petersilie
300 g Joghurt (1,5 % Fett)
2–3 TL körniger Senf

Zubereitungszeit: 30 Minuten

1. Die Salatgurke abspülen, abtrocknen und die Enden abschneiden. Gurke längs halbieren, entkernen und in Streifen schneiden.

2. Die Kohlrabi schälen, abspülen und abtropfen lassen. Kohlrabi in Scheiben schneiden, diese je nach Größe nochmals halbieren.

3. Den Rettich putzen, schälen, abspülen und abtropfen lassen. Rettich ebenso in Scheiben schneiden. Die Tomaten abspülen, abtrocknen, halbieren oder vierteln und die Stängelansätze herausschneiden.

4. Für die Beefsteak-Röllchen die Schalotte abziehen, fein hacken. Das Rindertatar mit dem Quark und der fein gehackten Schalotte in eine Rührschüssel geben.

5. Die Zutaten mit Salz, Pfeffer und Paprikapulver kräftig würzen. Anschließend alles mit einem Mixer (Knethaken) zu einer geschmeidigen Gehacktesmasse verkneten.

6. Aus der Gehacktesmasse mit angefeuchteten Händen 12 längliche, dünne Röllchen formen.

7. Das Speiseöl in einer großen Pfanne erhitzen. Die Beefsteak-Röllchen darin unter gelegentlichem Wenden bei mittlerer bis großer Hitze in etwa 10 Minuten braun anbraten und garen.

8. Für den Petersilien-Dip in der Zwischenzeit Petersilie abspülen, trocken tupfen und die Blättchen von den Stängeln zupfen. Blättchen fein hacken.

9. Joghurt mit 2 Teelöffeln Senf und der fein gehackten Petersilie in einer Schüssel glatt rühren.

10. Den Petersilien-Dip mit Salz und Pfeffer abschmecken und nach Belieben mit etwas Senf nachwürzen.

11. Die Gemüse-Rohkost mit den Beefsteak-Röllchen und dem Petersilien-Dip anrichten. Oder zum Mitnehmen das vorbereitete Gemüse getrennt mit den Hackröllchen und dem Petersilien-Dip verpacken.

Rohkost mit zweierlei Dips I

Zum Knabbern

4 Portionen

Pro Portion: E: 24 g, F: 32 g, Kh: 23 g, kJ: 2021, kcal: 481, BE: 1,5

2 Möhren
12 Cocktailtomaten
12 Radieschen
8 Stangen Staudensellerie
1–2 Kohlrabi (etwa 300 g)
1 Fenchelknolle (etwa 300 g)
200 g Salatgurke

Für die Dips:

500 g Quark (20 % Fett)
400 g Schmand (Sauerrahm)
2 EL Tomaten-Chili-Sauce
Salz
gem. Pfeffer
½ TL gem. Chili
25 g TK-italienische Kräuter

Zubereitungszeit: 25 Minuten

1. Möhren putzen, schälen, abspülen und abtropfen lassen. Möhren in längere Stücke schneiden. Tomaten abspülen, abtrocknen, halbieren und evtl. die Stängelansätze herausschneiden. Radieschen putzen, abspülen, gut abtropfen lassen, halbieren oder in Scheiben schneiden.

2. Staudensellerie putzen und die harten Außenfäden abziehen. Sellerie abspülen und abtropfen lassen. Den Sellerie in etwa 5 cm lange Stücke schneiden. Kohlrabi schälen, abspülen, abtropfen lassen und in dickere Stifte schneiden.

3. Fenchelknolle putzen, abspülen, abtropfen lassen und in Achtel schneiden. Die Salatgurke abspülen, abtrocknen und die Enden abschneiden. Gurke in dünne Scheiben schneiden. Vorbereitetes Gemüse in Schälchen oder auf Tellern anrichten.

4. Für die Dips Quark mit Schmand in einer Schüssel glatt rühren. Den Quarkschmand in 2 gleich große Portionen teilen. Unter eine Hälfte die Tomaten-Chili-Sauce rühren, mit Salz, Pfeffer und Chili pikant abschmecken.

5. Unter die andere Hälfte die Kräuter mischen, mit Salz und Pfeffer abschmecken. Beide Dips zu dem Gemüse servieren.

Beilage: Vollkornbrot.

Rohkostsalat mit Barbecue-Spießen

Für die Party

8 Portionen

Pro Portion: E: 13 g, F: 12 g, Kh: 14 g, kJ: 938, kcal: 224, BE: 1,0

Für die Barbecue-Spieße:

375 g Schweinefilet (ohne Haut und Sehnen)
2 EL Sojasauce
2 EL Tomatenketchup
1 EL Paprikapulver edelsüß
1 EL scharfes Currypulver

Für den Rohkostsalat:

15 g frischer Ingwer
5 EL Limettensaft
3 EL mittelscharfer Senf
4 EL Ahornsirup
5 EL Olivenöl
Salz
400 g Fenchelknollen
75 g Kokosfruchtfleisch
250 g Möhren
1 grüner Apfel, z. B. Granny Smith
100 g Römersalat
8 Basilikumblätter

4 EL Speiseöl

Außerdem:

8 kleine Schaschlikspieße

Zubereitungszeit: 60 Minuten, ohne Marinier- und Durchziehzeit
Garzeit: etwa 5 Minuten

1. Für die Barbecue-Spieße das Schweinefilet mit Küchenpapier trocken tupfen und in 24 etwa gleich große Würfel schneiden.

2. Die Sojasauce mit Ketchup, Paprika- und Currypulver in einer Schüssel mischen. Die Schweinefiletwürfel hinzugeben, mit der Marinade mischen und zugedeckt mindestens 1 Stunde in den Kühlschrank stellen.

3. Für den Rohkostsalat den Ingwer schälen und fein reiben. Den Limettensaft mit Senf, Ahornsirup, Olivenöl, Salz und fein geriebenem Ingwer verrühren.

4. Die Fenchelknollen putzen, abspülen, abtropfen lassen und auf einem Gemüsehobel in sehr dünne Scheiben hobeln. Vom Kokosfruchtfleisch die braune Haut mit einem Sparschäler entfernen. Kokosfruchtfleisch auf einer Haushaltsreibe fein reiben.

5. Die Möhren putzen, schälen, abspülen, abtropfen lassen und auf der Haushaltsreibe grob raspeln. Den Apfel heiß abspülen, abtrocknen und bis zum Kerngehäuse auf der Haushaltsreibe ebenfalls grob raspeln.

6. Fenchel, Kokosfruchtfleisch, Möhren- und Apfelraspel in einer Schüssel mit der Limetten-Vinaigrette vermischen, mindestens 30 Minuten durchziehen lassen.

7. Den Salat putzen, abspülen, gut abtropfen lassen oder trocken schleudern. Salatblätter in feine Streifen schneiden. Basilikumblätter abspülen, trocken tupfen und ebenfalls in feine Streifen schneiden. Salat- und Basilikumstreifen zugedeckt in den Kühlschrank stellen und kurz vor dem Servieren unter den Rohkostsalat mischen.

8. Jeweils 3 Schweinefiletwürfel auf 1 Schaschlikspieß stecken. Das Speiseöl in einer Pfanne erhitzen. Die Spieße evtl. portionsweise darin bei mittlerer Hitze rundum jeweils etwa 5 Minuten braten. Die Spieße erkalten lassen und mit dem Rohkostsalat servieren.

Romanesco

Diese gelbgrüne Blumenkohlsorte hat einen „türmchenförmigen" Kopf. Vor allem die interessante Optik macht den Kohlkopf auch bei uns immer beliebter. Die heimische Saison dauert etwa von Ende Mai bis Ende Oktober.

Romanesco-Blumenkohl-Ragout mit Ente I

Für Gäste – mit Alkohol

4 Portionen

Pro Portion: E: 42 g, F: 20 g, Kh: 5 g, kJ: 1633, kcal: 391, BE: 0,5

4 Entenkeulen (je etwa 250 g)
Salz
gem. Pfeffer
1 1/2 EL Speiseöl
3 Schalotten (etwa 125 g)
1 EL Tomatenmark
150 ml Geflügelbrühe
1/2 kleiner Kopf Blumenkohl (etwa 400 g)
1/2 kleiner Romanesco (etwa 400 g)
1 kleiner Topf Basilikum
100 ml trockener Weißwein
100 g Schlagsahne
evtl. etwas Speisestärke

Zubereitungszeit: 50 Minuten
Garzeit: etwa 80 Minuten

1. Das Fleisch der Entenkeulen von Knochen und Haut lösen. Das Fleisch unter fließendem kalten Wasser abspülen, trocken tupfen und in große Stücke schneiden, eventuell Sehnen entfernen. Das Entenfleisch mit Salz und Pfeffer würzen.

2. Das Speiseöl in einem Bräter erhitzen. Die Fleischstücke darin von allen Seiten kräftig anbraten.

3. Schalotten abziehen, in Scheiben schneiden, zu den Fleischstücken geben und mit andünsten. Tomatenmark unterrühren. Brühe hinzugießen und zum Kochen bringen.

4. Die Fleischstücke etwa 70 Minuten garen, evtl. etwas Wasser hinzugießen.

5. Von Blumenkohl und Romanesco die Blätter und schlechten Stellen entfernen. Den Strunk abschneiden. Blumenkohl und Romanesco abspülen, abtropfen lassen, in Röschen teilen. Salzwasser in einem Topf zum Kochen bringen.

6. Die Blumenkohl- und Romanescoröschen darin etwa 8 Minuten vorgaren.

7. Anschließend die Röschen in ein Sieb geben, mit kaltem Wasser abschrecken und abtropfen lassen.

8. Basilikum abspülen und trocken tupfen. Die Blättchen von den Stängeln zupfen (einige Blättchen zum Garnieren beiseitelegen). Die Blättchen in Streifen schneiden.

9. Wein und Sahne zu den gegarten Fleischstücken in den Bräter gießen. Danach die Basilikumstreifen unterrühren.

10. Die Blumenkohl- und Romanesco-Röschen zum Ragout geben, mit den Gewürzen abschmecken und unter Rühren aufkochen lassen.

11. Das Ragout nach Belieben mit angerührter Speisestärke binden und mit den beiseitegelegten Basilikumblättchen garniert servieren.

Beilage: Kleine Kartoffelklöße oder Kartoffelpüree.

Rosenkohl

Im Herbst/Winter hat frischer Rosenkohl bei uns Hochsaison. Sein hoher Vitamin-C-Gehalt und seine Mineralstoffkombination machen Rosenkohl zu einem wertvollen Wintergemüse und zu einem natürlichen Erkältungsschutz. Durch Frost wird der Zuckergehalt erhöht, was den Kohl schmackhafter und leichter verdaulich macht. Rosenkohl enthält viel Kalium, Vitamin C und Folsäure. 100 g geputzter Rosenkohl hat etwa 36 kcal.

Rosenkohl | Winterliche Beilage (ohne Foto)

4 Portionen

Pro Portion: E: 9 g, F: 9 g, Kh: 7 g, kJ: 615, kcal: 146, BE: 0,0

2 l Wasser
1 kg Rosenkohl
2 TL Salz
40 g Butter
ger. Muskatnuss
gem. Pfeffer

Zubereitungszeit: 15 Minuten
Garzeit: 10–15 Minuten

1. Wasser in einem Topf zum Kochen bringen. Inzwischen Rosenkohl von schlechten, äußeren Blättchen befreien und etwas von dem Strunk abscheiden. Die Rosenkohlröschen am Strunk kreuzförmig einschneiden. Rosenkohl abspülen und abtropfen lassen.

2. Rosenkohl und Salz in das kochende Wasser geben und zum Kochen bringen. Bei schwacher Hitze 10–15 Minuten zugedeckt garen.

3. Rosenkohl in einem Sieb abtropfen lassen. Butter zerlassen, den Rosenkohl darin schwenken, mit Salz, Muskat und Pfeffer würzen.

Tipp: Rosenkohl als Beilage zu deftigem Braten (z. B. Wild-, Schweine-, Gänse- oder Rinderbraten) servieren.

Rosenkohl-Pfifferling-Suppe mit roten Linsen | Raffiniert

4 Portionen

Pro Portion: E: 32 g, F: 10 g, Kh: 26 g, kJ: 1353, kcal: 323, BE: 2,0

Für die Suppe:

1 Zwiebel
300 g festkochende Kartoffeln
500 g Rosenkohl
250 g frische Pfifferlinge oder abgetropfte Pfifferlinge (aus der Dose)
300 g Putenbrustfilet
3 EL Speiseöl, z. B. Rapsöl
Salz, gem. Pfeffer
ger. Muskatnuss
1 Prise grob geschroteter Chili
1 l heiße Geflügelbrühe
80 g rote Linsen

Zum Bestreuen:

2 EL gehackte Petersilie

Zubereitungszeit: 35 Minuten

1. Für die Suppe die Zwiebel abziehen und in Würfel schneiden. Die Kartoffeln schälen, abspülen, abtropfen lassen und in etwa 1 cm große Würfel schneiden. Den Rosenkohl putzen, abspülen und abtropfen lassen, am Strunk kreuzweise einschneiden. Frische Pfifferlinge putzen.

2. Die Putenbrust unter fließendem kalten Wasser abspülen, gut trocken tupfen und in Streifen schneiden. Das Speiseöl in einem großen Topf erhitzen.

3. Die Putenbruststreifen darin unter Wenden anbraten, mit Salz und Pfeffer würzen, herausnehmen und beiseitestellen. Die Pfifferlinge in dem verbliebenen Bratfett kräftig anbraten, herausnehmen und ebenfalls beiseitestellen.

4. Die Zwiebel- und Kartoffelwürfel in den Topf geben und andünsten. Rosenkohl hinzugeben, mit Salz, Pfeffer, Muskat und Chili würzen. Die Brühe hinzugießen. Die Zutaten zum Kochen bringen und zugedeckt etwa 10 Minuten bei mittlerer Hitze kochen lassen.

5. Linsen und Pfifferlinge in die Suppe geben und zugedeckt weitere etwa 8 Minuten kochen lassen. Die Suppe mit Salz und Pfeffer abschmecken.

6. Die Putenbruststreifen kurz vor dem Servieren in die Suppe geben und darin erwärmen. Die Rosenkohl-Pfifferling-Suppe mit roten Linsen in tiefen Tellern oder Suppentassen verteilen.

7. Die Suppe mit gehackter Petersilie bestreuen und heiß servieren.

Rosenkohlsalat mit Meerrettich-Senf-Dressing I

Einfach – raffiniert

4 Portionen

Pro Portion: E: 16 g, F: 38 g, Kh: 14 g, kJ: 1937, kcal: 463, BE: 1,0

100 g Frühstücksspeck in Scheiben (Bacon)
800 g Rosenkohl
Salz

Für das Dressing:

2 Schalotten
1 Bund glatte Petersilie
100 g Walnusskerne
2 EL Himbeeressig
gem. Pfeffer
1–2 EL Honig
1 EL mittelscharfer Senf
1 EL frisch ger. Meerrettich
5 EL Sonnenblumenkernöl

Zubereitungszeit: 40 Minuten

1. Den Frühstücksspeck in Streifen schneiden und in einer Pfanne ohne zusätzliches Fett bei schwacher Hitze unter Rühren auslassen. Die Speckstreifen mit einem Schaumlöffel aus der Pfanne nehmen und auf Küchenpapier abtropfen lassen.

2. Rosenkohl putzen, vierteln, abspülen und abtropfen lassen. Salzwasser in einem Topf zum Kochen bringen. Den Rosenkohl darin etwa 5 Minuten kochen. Rosenkohl in ein Sieb geben, mit eiskaltem Wasser abschrecken und abtropfen lassen. Rosenkohl zugedeckt warm halten.

3. Schalotten abziehen und fein würfeln. Petersilie abspülen und trocken tupfen. Die Blättchen von den Stängeln zupfen. Die Blättchen fein hacken. Die Walnusskerne grob hacken.

4. Eine gute Prise Salz in dem Himbeeressig auflösen. Pfeffer, Honig, Senf, Meerrettich und Schalottenwürfel unterrühren. Das Sonnenblumenkernöl unterschlagen.

5. Den lauwarmen Rosenkohl mit dem Dressing, Speck, Petersilie und den Nüssen gut durchmischen und noch einmal abschmecken.

Tipp: Servieren Sie dazu gebratene Geflügelleber oder gebratenes Schweinefilet.

Rosenkohltopf mit karamellisierten Nüssen

Raffiniert

4 Portionen

Pro Portion: E: 13 g, F: 21 g, Kh: 51 g, kJ: 1850, kcal: 442, BE: 4,0

800 g Rosenkohl
Salz
4 Möhren
500 g festkochende Kartoffeln
1 Zwiebel
2 EL Rapsöl
250 ml Gemüsebrühe
gem. Pfeffer

60 g Walnusskerne
20 g Butter
60 g Zucker
40 g Honig
1–2 EL kaltes Wasser

1–2 EL Schnittlauchröllchen

Zubereitungszeit: 40 Minuten
Garzeit: etwa 25 Minuten

1. Rosenkohl putzen, abspülen, abtropfen lassen und am Strunk kreuzweise einschneiden.

2. Salzwasser in einem Topf zum Kochen bringen. Den Rosenkohl darin etwa 5 Minuten kochen. Dann den Rosenkohl mit kaltem Wasser abschrecken und abtropfen lassen.

3. Inzwischen Möhren putzen. Möhren und Kartoffeln schälen, abspülen, abtropfen lassen und in kleine Würfel schneiden. Zwiebel abziehen und würfeln.

4. Das Rapsöl in einem Topf erhitzen. Die Zwiebelwürfel darin glasig andünsten. Die Möhren- und Kartoffelwürfel hinzugeben und mit andünsten.

5. Die Brühe hinzugießen. Das Gemüse mit Salz und Pfeffer würzen, etwa 10 Minuten bei schwacher Hitze garen, dabei gelegentlich umrühren.

6. Die Walnusskerne grob hacken. Die Butter in einer Pfanne zerlassen. Den Zucker darin unter Rühren karamellisieren. Walnüsse, Honig und kaltes Wasser mit einem Holzlöffel unterrühren und kurz aufköcheln lassen. Die karamellisierten Walnusskerne auf einen Bogen Backpapier geben und erkalten lassen.

7. Den vorgegarten Rosenkohl unter das Gemüse rühren. Den Rosenkohltopf weitere etwa 10 Minuten garen.

8. Karamellisierte Walnusskerne hacken oder auseinanderbrechen. Den Rosenkohltopf mit den karamellisierten Nüssen und den Schnittlauchröllchen bestreut servieren.

Rote Bete

Vor allem im Winter gibt es ein großes Angebot an den rundlichen Rüben. Es ist zwar etwas aufwendiger, die Rüben frisch zuzubereiten, aber nicht so schwierig wie oft angenommen. Wichtig ist, die gewaschenen Knollen nicht zu verletzen, damit sie beim Kochen nicht „ausbluten". Die gegarten Rote-Bete-Knollen lassen sich dann ganz einfach schälen und können zu Salaten, Gemüsebeilagen und sauer Eingelegtem verarbeitet werden. Einfacher und schneller fertig sind Gerichte mit den gegarten, geschälten und vakuumverpackten Rote-Bete-Knollen aus der Gemüseabteilung.

Rote Bete mit Kartoffelpüree-Walnuss-Haube I

Raffiniert

4 Portionen

Pro Portion: E: 12 g, F: 49 g, Kh: 29 g, kJ: 2556, kcal: 610, BE: 2,5

500 g	*mehligkochende Kartoffeln*
	Salz
etwa 125 ml	*heiße Milch (3,5 % Fett)*
25 g	*Butter*
	ger. Muskatnuss
1 kleines Bund	*frischer Salbei*
4 EL	*Butter*
500 g	*gegarte Rote Bete (geschält, vakuumverpackt)*
	gem. Pfeffer
50–75 g	*milder Gorgonzola*
75 g	*Schlagsahne*
75 g	*Walnusskernhälften*

Zubereitungszeit: 30 Minuten
Garzeit: etwa 18 Minuten

1. Für das Kartoffelpüree die Kartoffeln schälen, abspülen, abtropfen lassen und in Stücke schneiden. Die Kartoffelstücke knapp mit Wasser bedeckt zugedeckt zum Kochen bringen. Salz hinzufügen und die Kartoffeln in 15–20 Minuten gar kochen.

2. Kartoffeln abgießen und sofort mit einem Stampfer zerdrücken. Die heiße Milch nach und nach unter die Kartoffelmasse rühren (je nach Beschaffenheit der Kartoffeln kann die Milchmenge etwas variieren).

3. Das Püree bei schwacher Hitze mit einem Schneebesen rühren, bis eine lockere, einheitliche Masse entstanden ist. Die Butter unterrühren. Das Püree mit wenig Salz und Muskat abschmecken.

4. Den Backofen vorheizen.
Ober-/Unterhitze: etwa 220 °C
Heißluft: etwa 200 °C

5. Salbei abspülen und trocken tupfen. Die Blättchen von den Stängeln zupfen. Butter in einer Pfanne zerlassen. Die Salbeiblättchen darin bei mittlerer Hitze anbraten. Die Pfanne beiseitestellen.

6. Rote Bete abtropfen lassen, in Viertel oder Achtel schneiden und in einer großen, flachen Auflaufform (gefettet) verteilen. Rote Bete mit Pfeffer und etwas Salz würzen. Einige angebratene Salbeiblättchen darauf verteilen. Käse fein zerbröckeln und daraufstreuen. Sahne hinzugießen.

7. Die Form auf dem Rost in den vorgeheizten Backofen schieben. Das Ganze **etwa 8 Minuten vorgaren.** Walnusskerne grob hacken.

8. Die Form auf einen Kuchenrost stellen. Das Kartoffelpüree in Klecksen auf den vorgegarten Rote-Bete-Stücken verteilen. Walnusskerne daraufstreuen. Restliche Salbei-Blätter-Butter darauf verteilen.

9. Die Form wieder in den Backofen schieben. Den Auflauf **bei gleicher Backofeneinstellung weitere etwa 10 Minuten garen.**

Rote-Bete-Apfel-Salat mit Entenbrust | Für Gäste

4 Portionen

Pro Portion: E: 32 g, F: 19 g, Kh: 22 g, kJ: 1651, kcal: 394, BE: 2,0

3	*Entenbrüste (je etwa 200 g)*
2 EL	*Feigensenf*
2 EL	*flüssiger Honig*
4 EL	*Himbeeressig*
4 EL	*Olivenöl*
	Salz, gem. Pfeffer
100 g	*Feldsalat*
1	*rotschaliger Apfel*
500 g	*gegarte Rote Bete (geschält, vakuumverpackt)*
1 Bund	*Schnittlauch*

Zubereitungszeit: 30 Minuten

1. Den Backofen vorheizen.
Ober-/Unterhitze: etwa 180 °C
Heißluft: etwa 160 °C

2. Die Entenbrüste unter fließendem kalten Wasser abspülen und trocken tupfen. Eine feuerfeste Pfanne ohne Fett erwärmen. Die Haut der Entenbrüste vorsichtig mit einem scharfen Messer kreuzweise einschneiden. Die Entenbrüste mit der Hautseite nach unten nebeneinander in die erwärmte Pfanne legen, etwa 5 Minuten goldbraun braten.

3. Die Entenbrüste wenden. Die Pfanne auf dem Rost im unteren Drittel in den vorgeheizten Backofen schieben. Die Entenbrüste **etwa 10 Minuten garen.**

4. In der Zwischenzeit den Feigensenf mit Honig und Himbeeressig verrühren. Olivenöl unterschlagen. Die Vinaigrette mit Salz und Pfeffer würzen.

5. Feldsalat verlesen, waschen, in einem Sieb gut abtropfen lassen oder in einer Salatschleuder trocken schleudern. Die Wurzelenden vom Feldsalat abzupfen.

6. Apfel abspülen, abtrocknen, vierteln, entkernen und in dünne Spalten schneiden. Rote Bete halbieren, ebenfalls in dünne Spalten schneiden. Feldsalat mit Apfel-, Rote-Bete-Spalten und Vinaigrette mischen.

7. Entenbrüste aus dem Ofen nehmen, zugedeckt kurz ruhen lassen. Schnittlauch abspülen, trocken tupfen und in Röllchen schneiden. Die Entenbrüste in dünne Scheiben schneiden, diese leicht salzen und auf dem Salat anrichten. Salat mit Schnittlauchröllchen bestreut servieren.

Rote Zwiebeln

Die roten Zwiebeln sind beliebt, weil sie gegenüber den normalen Speisezwiebeln nicht so scharf schmecken, sondern ein leicht süßliches Aroma haben. Ihre Farbe verleiht so manchem Salat oder Gericht eine hübsche Note.

Rotes Zwiebelgemüse mit Entenbrust | Mit Alkohol

4 Portionen

Pro Portion: E: 24 g, F: 31 g, Kh: 32 g, kJ: 2274, kcal: 544, BE: 2,0

Für das Zwiebelgemüse:

1 kg rote Zwiebeln
4 EL Rapsöl
2 EL Puderzucker
250 ml Rotwein
2 EL Johannisbeergelee
1 TL gerebelter Thymian

Für die Entenbrust:

2 Entenbrustfilets (je 300 g)
Salz
gem. Pfeffer
2 TL flüssiger Honig
15 g Butter
3–4 EL Orangenlikör

Zubereitungszeit: 25 Minuten, ohne Ruhezeit
Garzeit: etwa 45 Minuten

1. Zwiebeln abziehen und je nach Größe vierteln oder sechsteln. Das Öl in einem Bräter erhitzen und die Zwiebeln unter häufigem Wenden etwa 10 Minuten darin anbraten.

2. In der Zwischenzeit die Entenbrustfilets unter fließendem kalten Wasser abspülen, trocken tupfen und mit Salz und Pfeffer bestreuen.

3. Eine Pfanne ohne Fett erhitzen. Die Filets mit der Fettseite nach unten hineinlegen und etwa 6 Minuten braten. Die Filets dann wenden und von der anderen Seite ebenfalls etwa 6 Minuten braten.

4. Die Zwiebeln mit Puderzucker bestreuen, kurz karamellisieren lassen und mit Rotwein ablöschen. Das Johannisbeergelee zugeben, aufkochen lassen und etwa 20 Minuten leise köcheln lassen.

5. Kurz vor Beendigung der Bratzeit die Haut der Entenbrustfilets mithilfe eines Backpinsels mit Honig bestreichen, Butter dazugeben. Die Entenbrüste mit Orangenlikör übergießen, aus dem Bratensatz nehmen, warm gestellt etwa 10 Minuten ruhen lassen.

6. Die Zwiebeln mit Salz, Pfeffer und Thymian würzen. Die Entenbrustfilets in Scheiben schneiden und mit dem Zwiebelgemüse servieren.

Beilage: Kartoffelklöße oder Herzoginkartoffeln.

Rotkohl

Die ganzjährig angebotenen Kohlköpfe mit ihren rot gefärbten Blättern sind etwas kleiner als die Weißkohlköpfe. Sie werden in verschiedenen Sorten angebaut, aber nur der Dauerrotkohl ist länger lagerfähig. In frischem Zustand hat Rotkohl einen hohen Vitamin-C-Gehalt. 100 g davon enthalten etwa 50 mg Vitamin C. Die Hauptsaison für heimischen Rotkohl ist von September bis März.

Rotkohl I

Klassische Beilage

4 Portionen

Pro Portion: E: 4 g, F: 13 g, Kh: 32 g, kJ: 1116, kcal: 268, BE: 2,0

1 kg Rotkohl
375 g saure Äpfel, z. B. Cox Orange oder Boskop
2 Zwiebeln
5 EL Speiseöl oder 50 g Gänseschmalz
1 Lorbeerblatt
3 Gewürznelken
5 Wacholderbeeren
5 Pimentkörner
Salz, gem. Pfeffer
Zucker
1 Stange Zimt
2 EL Rotweinessig
3 EL Johannisbeergelee
125 ml Wasser

Zubereitungszeit: 35 Minuten
Garzeit: 45–60 Minuten

1. Von dem Rotkohl die äußeren, welken Blätter entfernen. Kohl vierteln, abspülen und abtropfen lassen. Strunk herausschneiden. Kohl sehr fein schneiden oder hobeln. Äpfel schälen, vierteln, die Kerngehäuse entfernen und Äpfel klein schneiden. Zwiebeln abziehen und würfeln.

2. Öl oder Schmalz in einem Topf erhitzen. Die Zwiebelwürfel darin unter Rühren kurz dünsten. Rotkohlstreifen und Apfelstücke zugeben und mitdünsten.

3. Lorbeerblatt, Gewürznelken, Wacholderbeeren, Pimentkörner, Salz, Pfeffer, Zucker, Zimt, Essig, Johannisbeergelee und Wasser zufügen. Den Rotkohl zugedeckt bei schwacher Hitze 45–60 Minuten gar dünsten, dabei gelegentlich umrühren. Rotkohl mit Salz und Zucker abschmecken.

Tipps: Es ist empfehlenswert, Rotkohl in größeren Mengen zuzubereiten und ihn dann portionsweise einzufrieren. Der Rotkohl sollte noch „Biss“ haben, also nicht zu gar sein. Sie können den Rotkohl statt mit Wasser mit der gleichen Menge Weiß- oder Rotwein dünsten oder anstelle von Johannisbeergelee 2 Esslöffel Preiselbeerkompott unterrühren.

Rübeneintopf mit Pökelfleisch

Macht richtig satt

4–6 Portionen

Pro Portion: E: 30 g, F: 31 g, Kh: 48 g, kJ: 2500, kcal: 597, BE: 4,0

1 kg kleine, neue Kartoffeln
800 g gepökelte Schweineschulter (ohne Knochen)
2 EL Butter
1 1/2–2 l Gemüsebrühe
1 Lorbeerblatt
1 Stange Porree (Lauch)
1 Bund Möhren (etwa 500 g)
1 Bund gelbe Möhren (etwa 500 g)
2 Bund kleine, weiße Rübchen (je etwa 250 g)
1 Bund Schnittlauch
Salz
gem. Pfeffer

Zubereitungszeit: 35 Minuten
Garzeit: 40–45 Minuten

1. Die Kartoffeln unter fließendem kalten Wasser waschen, abbürsten, abtropfen lassen und halbieren.

2. Die Schweineschulter mit Küchenpapier trocken tupfen und in etwa 2 cm große Würfel schneiden.

3. Butter in einem großen Topf zerlassen. Kartoffeln und Fleischwürfel darin evtl. in 2 Portionen andünsten. So viel Gemüsebrühe hinzugießen, dass die Zutaten bedeckt sind. Das Lorbeerblatt hinzufügen. Alles zum Kochen bringen. Den Eintopf zugedeckt etwa 20 Minuten bei schwacher Hitze leicht kochen lassen.

4. In der Zwischenzeit den Porree putzen, längs einschneiden, gründlich waschen, abtropfen lassen und in Streifen schneiden. Möhren und Rübchen putzen, schälen, abspülen, abtropfen lassen und in Scheiben schneiden. Das Gemüse in den Eintopf geben. Den Eintopf wieder zum Kochen bringen und weitere 20–25 Minuten leicht kochen lassen.

5. Den Schnittlauch abspülen, trocken tupfen und in feine Röllchen schneiden. Den Rübentopf mit Salz und Pfeffer abschmecken und mit Schnittlauchröllchen bestreut servieren.

Rübensuppe mit Bratwurstklößchen | Einfach

4 Portionen

Pro Portion: E: 16 g, F: 20 g, Kh: 32 g, kJ: 389, kcal: 371, BE: 3,0

380 g Teltower Rübchen
500 g Steckrübe
500 g Möhren
600 g Kartoffeln
einige Stängel Petersilie
2 l Gemüsebrühe
400 g Bratwurstbrät
Salz
gem. Pfeffer

Zubereitungszeit: 25 Minuten
Garzeit: 13–15 Minuten

1. Rüben und Möhren putzen. Rüben, Möhren und Kartoffeln schälen, abspülen, abtropfen lassen und in Stifte schneiden.

2. Petersilie abspülen, trocken tupfen und die Blättchen von den Stängeln zupfen. Die Blättchen fein schneiden.

3. Gemüsestifte mit der Brühe in einen Topf geben und zum Kochen bringen. Gemüsestifte 8–10 Minuten köcheln lassen.

4. In der Zwischenzeit das Bratwurstbrät aus der Pelle (Haut) drücken und zu kleinen Bällchen formen. Die Bällchen mit in die Suppe geben. Die Suppe weitere etwa 5 Minuten köcheln lassen.

5. Die Suppe zum Servieren mit Salz und Pfeffer abschmecken, mit Petersilie bestreut servieren.

Tipps: Teltower Rübchen sind je nach Region nicht so einfach zu bekommen. Ersetzen können Sie sie z.B. durch kleine Rübchen wie Mai- oder Herbstrübchen. Statt aus Bratwurstbrät können Sie die Klößchen auch aus Thüringer Mett zubereiten.

Rübensuppe mit Salami und Petersilie | Schnell (ohne Foto)

4 Portionen

Pro Portion: E: 9 g, F: 29 g, Kh: 12 g, kJ: 1418, kcal: 341, BE: 1,0

400–500 g Rüben, z. B. Steckrübe oder Herbstrüben
200 g Möhren
1 Zwiebel
3 Schalotten
100 g Salami (am Stück)
3 EL Butter
1 l heiße Fleischbrühe
1 Bund glatte Petersilie
150 g Crème fraîche
Salz, gem. Pfeffer

Zubereitungszeit: 30 Minuten

1. Rüben und Möhren putzen, schälen, abspülen, abtropfen lassen und in etwa 1 cm große Würfel schneiden. Zwiebel und Schalotten abziehen, halbieren und in Scheiben schneiden. Salami in etwa 1 cm große Würfel schneiden.

2. Einen Esslöffel Butter in einem Topf zerlassen und die Zwiebelscheiben darin andünsten. Rüben- und Möhrenwürfel hinzugeben und etwa 5 Minuten unter gelegentlichem Rühren mitdünsten. Brühe hinzufügen und zum Kochen bringen. Die Zutaten zugedeckt etwa 15 Minuten bei schwacher Hitze kochen lassen.

3. In der Zwischenzeit die restliche Butter in einer Pfanne zerlassen. Salamiwürfel und Schalottenscheiben darin anbraten. Petersilie abspülen, trocken tupfen und die Blättchen von den Stängeln zupfen. Blättchen in feine Streifen schneiden.

4. Die Suppe von der Kochstelle nehmen. Crème fraîche unterrühren. Die Suppe pürieren. Suppe mit Salz und Pfeffer abschmecken.

5. Die Rübensuppe in tiefen Tellern oder Suppentassen verteilen. Salamiwürfel, Schalottenscheiben und Petersilienstreifen daraufgeben und servieren.

Rucola

Rucola oder Rauke hat einen angenehm scharfen bis bitteren, pfefferartigen, leicht nussartigen und senfähnlichen Geschmack. Rucola ist reich an Kalium und Kalzium. Rucola wird hauptsächlich als Salat verwendet, aber auch klein geschnitten als Ergänzung zu Nudel- und Kartoffelsalaten. In ein feuchtes Küchenpapier eingeschlagen oder in einer aufgeblasenen, verschlossenen Frischhaltetüte hält sich Rucola im Kühlschrank etwa 2 Tage. Saisonzeiten für Rucola aus dem Freilandanbau sind Sommer und Herbst.

Rucolasuppe mit Möhrennocken I

Etwas Besonderes

4 Portionen

Pro Portion: E: 7 g, F: 16 g, Kh: 20 g, kJ: 1061, kcal: 254, BE: 1,5

Für die Möhrennocken:

300 g Möhren
1 EL Butter
1 TL Zucker
Salz
1–2 EL Wasser
1 Eigelb (Größe M)
1 EL Magerquark
1 EL gehackte Petersilie
2–3 EL Vollkorn-Semmelbrösel

1 l Gemüsebrühe

Für die Rucolasuppe:

125–150 g Rucola (Rauke)
40 g Butter, 1 Zwiebel
25 g Weizenmehl
250 ml Milch (1,5 % Fett)
500 ml Gemüsebrühe (von den Möhrenklößchen)
gem. Pfeffer

Zubereitungszeit: 40 Minuten, ohne Abkühlzeit
Garzeit: etwa 20 Minuten

1. Für die Möhrennocken Möhren putzen, schälen, abspülen, abtropfen lassen und in Scheiben schneiden. Möhren mit Butter, Zucker, Salz und Wasser in einem Topf zum Kochen bringen. Die Möhrenscheiben zugedeckt etwa 10 Minuten weich garen. Möhren pürieren. Die Möhrenmasse etwas abkühlen lassen.

2. Die Möhrenmasse mit Eigelb, Quark und Petersilie vermischen. Von den Semmelbröseln so viel untermischen, dass sich gut Nocken abstechen lassen. Die Masse mit Salz abschmecken.

3. Die Gemüsebrühe in einem Topf kurz aufkochen. Von der Möhrenmasse mit zwei Teelöffeln Nocken abstechen und diese evtl. portionsweise in die heiße, nicht mehr kochende Brühe geben. Die Klößchen in etwa 5 Minuten gar ziehen lassen. Die Möhrenklößchen mit einer Schaumkelle aus der Brühe nehmen und beiseitestellen. Die Brühe durch ein Sieb gießen. Dabei die Brühe auffangen, 500 ml davon abmessen und für die Suppe beiseitestellen.

4. Für die Suppe Rucola verlesen, evtl. dicke Stängel abschneiden, abspülen, abtropfen lassen und einige Blätter zum Garnieren beiseitelegen. Restlichen Rucola evtl. etwas kleiner zupfen oder schneiden.

5. Butter in einem Topf zerlassen. Zwiebel abziehen, fein hacken und in der Butter andünsten. Mehl daraufstäuben, unter Rühren so lange darin erhitzen, bis es hellgelb ist. Milch hinzugießen, mit einem Schneebesen gut durchrühren, dabei darauf achten, dass keine Klümpchen entstehen.

6. Die beiseitegestellte, abgemessene Gemüsebrühe unterrühren und zum Kochen bringen. Die Suppe etwa 5 Minuten köcheln lassen, dabei gelegentlich umrühren. Die Suppe mit Salz und Pfeffer abschmecken.

7. Rucola in die Suppe geben und pürieren. Die Möhrenklößchen hinzugeben und vorsichtig kurz miterwärmen. Die Suppe mit beiseitegelegtem Rucola garniert servieren.

Tipp: Servieren Sie die Suppe statt mit den Möhrenklößchen mit gerösteten Brotwürfeln. Dazu 4 dickere Brotscheiben in Würfel schneiden und in 1–2 Esslöffeln zerlassener Butter anrösten.

Salat mit French-Dressing und Croûtons I

Preiswert

4 Portionen

Pro Portion: E: 8 g, F: 12 g, Kh: 26 g, kJ: 1026, kcal: 245, BE: 1,5

etwa 750 g gemischte Blattsalate, z. B. Kopfsalat- und Römersalatherzen, Feldsalat
200 g Cocktailtomaten
1 kleine Salatgurke
1 Bund Schnittlauch

Für die Salatsauce:

2–3 EL Salatcreme
3 EL Joghurt (3,5 % Fett)
2 EL Crème légère
1–2 EL Tomatenketchup
Salz
gem. Pfeffer
1 Prise Zucker

100 g Salatcroûtons

Zubereitungszeit: 30 Minuten

1. Blattsalate putzen, die Blätter vom Strunk zupfen und vom Feldsalat die Wurzelspitzen abzupfen. Die Blätter vorsichtig waschen und gut abtropfen lassen oder trocken schleudern. Die Salatblätter in eine große Salatschüssel geben.

2. Tomaten und Salatgurke ebenfalls abspülen und abtrocknen. Tomaten halbieren und die Stängelansätze entfernen. Die Gurke in Scheiben schneiden. Schnittlauch abspülen, trocken tupfen und in feine Röllchen schneiden. Die Tomatenhälften, Gurkenscheiben und Schnittlauchröllchen zum Blattsalat geben, die Zutaten vermengen.

3. Für die Salatsauce Salatcreme, Joghurt, Crème légère und Ketchup verrühren, mit Salz, Pfeffer und Zucker abschmecken. Die Salatzutaten mit der Sauce vermengen und den Salat mit Croûtons bestreut servieren.

Tipp: Verfeinern Sie den Salat mit in Streifen geschnittenem Kasseler- oder Putenbrustaufschnitt oder mit gegarten Garnelen.

Salat mit gebratenem Hähnchenfilet I

Raffiniert

4 Portionen

Pro Portion: E: 32 g, F: 10 g, Kh: 34 g, kJ: 1488, kcal: 357, BE: 2,0

350 g Hähnchenbrustfilet
Salz
gem. Pfeffer
2 TL Olivenöl
1 Knoblauchzehe
300 g fettarmer Naturjoghurt
2 TL frische, gehackte oder TK-Kräuter
4 Scheiben Vollkornbrot (je 50 g)
1 EL Olivenöl
1 Bund Frühlingszwiebeln (etwa 250 g)
2 Bund Radieschen (etwa 500 g)
400 g Eisbergsalat
300 g Kohlrabi
2 EL ungesalzene Erdnusskerne

Zubereitungszeit: 30 Minuten

1. Filet unter fließendem kalten Wasser abspülen, trocken tupfen und mit Salz und Pfeffer bestreuen. Olivenöl in einer Pfanne erhitzen. Filet darin von allen Seiten gut anbraten, unter gelegentlichem Wenden 8–10 Minuten braten.

2. In der Zwischenzeit Knoblauch abziehen und fein hacken. Joghurt mit Knoblauch und Kräutern verrühren, mit Salz und Pfeffer abschmecken.

3. Hähnchenfilet aus der Pfanne nehmen. Das Brot in kleine Würfel schneiden. Öl in der Pfanne erhitzen und die Brotwürfel darin unter Rühren knusprig braten.

4. Frühlingszwiebeln, Radieschen und Salat putzen, abspülen und gut abtropfen lassen. Kohlrabi schälen, abspülen und abtropfen lassen. Gemüse in kleine Stücke schneiden und mit dem Kräuterjoghurt gut vermischen.

5. Hähnchenfilet in Scheiben schneiden und mit dem Salat anrichten. Salat mit Erdnüssen und Brotwürfeln bestreut servieren.

Salat nach griechischer Art mit gefülltem Toastbrötchen I

Sommerlicher Genuss – schnell

4 Portionen

Pro Portion: E: 33 g, F: 30 g, Kh: 33 g, kJ: 2252, kcal: 537, BE: 2,5

350 g Tomaten
250 g Salatgurke
1 Zwiebel
2 gelbe Paprikaschoten (400 g)
etwa 150 g Eisbergsalat
2 EL Weißweinessig
4–5 EL Olivenöl
Salz, gem. Pfeffer
1 Prise Zucker
20 schwarze Oliven (mit Stein), z. B. Kalamata
4 Toastbrötchen (Toasties, je etwa 50 g)
4 Minzeblätter
250 g Sahnequark
½ gebratenes, abgekühltes Hähnchen (vom Grill oder Imbiss, etwa 400 g)

Zubereitungszeit: 30 Minuten

1. Tomaten abspülen, abtrocknen, halbieren und die Stängelansätze herausschneiden. Tomatenhälften in Scheiben schneiden. Die Gurke abspülen, abtrocknen und die Enden abschneiden. Gurke in dünne Scheiben schneiden. Etwa 20 Gurkenscheiben beiseitelegen.

2. Zwiebel abziehen und in dünne Ringe schneiden. Paprikaschoten halbieren, entstielen, entkernen, die weißen Scheidewände entfernen. Schoten abspülen, abtropfen lassen und in kleine Stücke schneiden.

3. Eisbergsalat abspülen und gut abtropfen lassen. 8 Blätter lösen und je 2 Blätter servierschalenartig ineinanderlegen. Restlichen Eisbergsalat in feine Streifen schneiden.

4. Essig mit Olivenöl verschlagen, mit Salz, Pfeffer und Zucker würzen. Salatsauce mit Tomaten-, Gurkenscheiben, Zwiebelringen, Eisbergsalatstreifen und Oliven vermischen, in den Eisbergschälchen anrichten.

5. Toastbrötchen toasten. In der Zwischenzeit Minzeblätter abspülen, trocken topfen und klein schneiden. Quark mit Salz und Pfeffer abschmecken. Die Minze unterrühren.

6. Die Haut vom Hähnchen entfernen. Das Hähnchenfleisch vom Knochen lösen und in Streifen schneiden. Toastbrötchen aufschneiden, die Unterhälften mit Minzequark bestreichen. Hähnchenstreifen und beiseitegelegte Gurkenscheiben darauf verteilen. Die oberen Toastbrötchenhälften darauflegen und mit dem Salat servieren.

Sauerkrauteintopf mit Fischfilet I

Einfach

4 Portionen

Pro Portion: E: 24 g, F: 11 g, Kh: 20 g, kJ: 1196, kcal: 286, BE: 1,5

500 g Kartoffeln
1 gestr. TL Salz
1 Zwiebel
2 EL Speiseöl, z. B. Sonnenblumenöl
100 g gewürfelter Schinken (aus dem Kühlregal)
750 g Sauerkraut
750 ml Gemüsebrühe
1 TL schwarze Pfefferkörner
1/2 TL Wacholderbeeren
1 Lorbeerblatt
250 g Seelachsfilet
Salz, gem. Pfeffer
Zucker

1 EL Schnittlauchröllchen

Zubereitungszeit: 25 Minuten
Garzeit: 20–27 Minuten

1. Kartoffeln schälen, abspülen, abtropfen lassen und in kleine Würfel schneiden. Die Kartoffelwürfel knapp mit Wasser bedeckt zum Kochen bringen und das Salz hinzugeben. Kartoffelwürfel zugedeckt in etwa 15 Minuten gar kochen.

2. In der Zwischenzeit Zwiebel abziehen und würfeln. Das Öl in einem Topf erhitzen. Die Schinkenwürfel darin in 2–3 Minuten unter gelegentlichem Rühren anbraten. Zwiebelwürfel hinzugeben und alles unter Rühren 2–3 Minuten dünsten.

3. Sauerkraut dazugeben, kurz mitschmoren. Kartoffelwürfel abgießen. Kartoffelwürfel mit Brühe, Pfefferkörnern, Wacholderbeeren und Lorbeerblatt zum Sauerkraut geben. Alles zum Kochen bringen und zugedeckt 15–20 Minuten köcheln lassen.

4. Das Fischfilet unter fließendem kalten Wasser abspülen, trocken tupfen und in mundgerechte Stücke schneiden. Fischstücke mit Salz und Pfeffer bestreuen, in den Sauerkrauteintopf geben und 5–7 Minuten mitgaren.

5. Den Eintopf vorsichtig umrühren, mit Salz, Pfeffer und Zucker abschmecken. Den Eintopf mit Schnittlauchröllchen garniert servieren.

Schaumsuppe von Wintergemüse I

Einfach

6 Portionen

Pro Portion: E: 6 g, F: 11 g, Kh: 22 g, kJ: 905, kcal: 216, BE: 2,0

250 g Petersilienwurzel
350 g Möhren
350 g Steckrübe
600 g mehligkochende Kartoffeln
2 l Gemüsebrühe
1 Bund glatte Petersilie
200 g Schlagsahne (mind. 30 % Fett)
Salz
gem. Pfeffer

Zubereitungszeit: 25 Minuten
Garzeit: etwa 30 Minuten

1. Petersilienwurzel, Möhren und Steckrübe putzen. Petersilienwurzel, Möhren, Steckrübe und Kartoffeln schälen, abspülen, abtropfen lassen und in grobe Würfel schneiden.

2. Gemüsewürfel mit der Brühe zum Kochen bringen und in etwa 30 Minuten gar kochen.

3. Petersilie abspülen, trocken tupfen, die Blättchen von den Stängeln zupfen und fein hacken. Etwas Petersilie zum Garnieren beiseitestellen.

4. Die Sahne steif schlagen. Die Suppe einige Minuten mit einem Pürierstab pürieren und schaumig aufschlagen.

5. Die Suppe mit Salz und Pfeffer abschmecken, gehackte Petersilie unterrühren. Dann die geschlagene Sahne unter die Suppe heben.

6. Die Suppe mit der beiseitegestellten Petersilie bestreut servieren.

Tipp: Dazu Knoblauchbrot oder Roggenbaguette reichen.

Schmorgemüse mit Heilbuttfilets I

Für Kinder (ohne Foto)

4 Portionen

Pro Portion: E: 34 g, F: 12 g, Kh: 16 g, kJ: 1294, kcal: 310, BE: 1,0

250 g Möhren
250 g Kohlrabi
250 g Kartoffeln
1 Bund Frühlingszwiebeln
4 Heilbuttfilets (je etwa 150 g)
Salz, gem. Pfeffer
4 EL Sonnenblumenöl
25 g TK-Kräuter der Provence
200 ml Gemüsebrühe
1 EL Crème fraîche

Zubereitungszeit: 35 Minuten
Garzeit: etwa 10 Minuten

1. Möhren putzen. Kohlrabi, Möhren und Kartoffeln schälen, abspülen, abtropfen lassen und in Stifte schneiden. Frühlingszwiebeln putzen, abspülen, abtropfen lassen, in etwa 2 cm große Stücke schneiden.

2. Fischfilets unter fließendem kalten Wasser abspülen, trocken tupfen, mit Salz und Pfeffer würzen.

3. Etwa die Hälfte des Sonnenblumenöls in einer großen Pfanne erhitzen. Fischfilets darin kurz von beiden Seiten anbraten. Die Filets aus der Pfanne nehmen und beiseitestellen.

4. Restliches Sonnenblumenöl in der Pfanne erhitzen. Zuerst die Kartoffelstifte darin unter gelegentlichem Rühren anbraten. Dann die Kohlrabi- und Möhrenstifte und die Frühlingszwiebeln hinzugeben und mitbraten.

5. Die Kräuter unterrühren. Das Gemüse mit Salz und Pfeffer würzen. Gemüsebrühe hinzugießen, kurz aufkochen lassen und zugedeckt etwa 5 Minuten schmoren lassen.

6. Die Crème fraîche unterrühren. Die angebratenen Fischfilets auf das Gemüse legen und zugedeckt alles weitere etwa 5 Minuten schmoren lassen.

Schwarzwurzeln

Schwarzwurzeln werden auch Winterspargel genannt, weil sie zubereitet ähnlich aussehen. Saison haben Schwarzwurzeln von Oktober bis April. Sie zeichnen sich durch einen hohen Anteil an Eisen und Kalium aus. Der Kaloriengehalt von 100 g geputzter Ware liegt bei 16 kcal. Im Kühlschrank halten sich Schwarzwurzeln etwa 1 Woche frisch. Schwarzwurzeln mit Gummihandschuhen schälen oder ungeschält kochen und dann die Haut abziehen.

Schwarzwurzelauflauf I

Einfach – vegetarisch
4 Portionen

Pro Portion: E: 24 g, F: 33 g, Kh: 40 g, kJ: 2296, kcal: 551, BE: 3,0

1375 ml Wasser
4 EL Weißweinessig
1 kg Schwarzwurzeln
1 TL Salz

40 g frischer Ingwer
1 Stange Porree (Lauch)
400 g Eierspätzle oder Gnocchi (aus dem Kühlregal)
3 Eier (Größe M)
100 ml Schwarzwurzelkochwasser
150 g Crème fraîche
Salz
gem. Pfeffer
ger. Muskatnuss
125 g ger. Emmentaler
2 EL Sesamsamen

Zubereitungszeit: 50 Minuten
Garzeit: etwa 40 Minuten

1. Ein Liter vom Wasser mit der Hälfte des Essigs verrühren. Die Schwarzwurzeln unter fließendem kalten Wasser gründlich abbürsten, dünn schälen, abspülen und abtropfen lassen.

2. Die Schwarzwurzeln einige Zeit in das Essigwasser legen, damit die Stangen weiß bleiben, abtropfen lassen und in Stücke schneiden.

3. Das restliche Wasser mit Salz und dem restlichen Essig zum Kochen bringen. Die Schwarzwurzeln hineingeben und anschließend in etwa 15 Minuten knapp gar kochen.

4. Die Schwarzwurzeln in einem Sieb abtropfen lassen, dabei das Kochwasser auffangen, 100 ml abmessen und beiseitestellen.

5. Den Backofen vorheizen.
Ober-/Unterhitze: etwa 200 °C
Heißluft: etwa 180 °C

6. Ingwer schälen und in kleine Würfel schneiden.

7. Porree putzen. Die Stange seitlich einschneiden, gründlich abspülen, abtropfen lassen und in etwa 2 cm lange Stücke schneiden.

8. Schwarzwurzeln mit Spätzle oder Gnocchi, Porreestücken und Ingwerwürfeln vermischen und in eine Auflaufform (gefettet) geben.

9. Die Eier mit dem abgemessenen Schwarzwurzelkochwasser und Crème fraîche verrühren.

10. Eier-Crème-fraîche mit Salz, Pfeffer und Muskat würzen und gleichmäßig über auf den Auflauf geben.

11. Den Auflauf zuerst mit Käse und anschließend mit den Sesamsamen bestreuen.

12. Die Form auf dem Rost im unteren Drittel in den vorgeheizten Backofen schieben. Den Schwarzwurzelauflauf **etwa 40 Minuten garen.**

Schwarzwurzeln in Balsamico-Marinade

Gut vorzubereiten

4 Portionen

Pro Portion: E: 15 g, F: 26 g, Kh: 12 g, kJ: 1459, kcal: 348, BE: 1,0

600 g Schwarzwurzeln
Salz

Für die Marinade:
2 EL Crema di Balsamico
3 EL dunkler Balsamico-Essig
4 EL Olivenöl
gem. Pfeffer

Für den Salat:
1 Kopf Lollo biondo
1 Chicorée
1 Radicchio
1 Knoblauchzehe
3 EL heller Balsamico-Essig
4 EL Olivenöl
1 Prise Zucker

200 g hauchdünn geschnittener Schweine-Krustenbraten-Aufschnitt oder Putenbrustaufschnitt

Zubereitungszeit: 30 Minuten, ohne Marinierzeit
Garzeit: etwa 15 Minuten

1. Die Schwarzwurzeln unter fließendem Wasser gründlich abbürsten, dünn schälen, abspülen und abtropfen lassen. Die Stangen in etwa 5 cm lange Stücke schneiden.

2. Salzwasser in einem großen Topf zum Kochen bringen und die Schwarzwurzelstücke darin in 10–15 Minuten bissfest garen. Dann die Stücke in ein Sieb geben und abtropfen lassen.

3. Für die Marinade Crema di Balsamico mit Balsamico-Essig, Olivenöl und etwas Wasser verschlagen. Die Marinade mit Salz und Pfeffer würzen und mit den Schwarzwurzelstücken vermischen. Das Ganze zugedeckt etwa 30 Minuten durchziehen lassen.

4. Für den Salat Lollo biondo putzen und die Blätter vom Strunk zupfen. Die Blätter abspülen und trocken schleudern.

5. Chicorée und Radicchio putzen, längs halbieren, abspülen und abtropfen lassen. Die Strünke herausschneiden. Salate in Streifen schneiden oder in mundgerechte Stücke zupfen.

6. Knoblauch abziehen und fein würfeln. Balsamico-Essig mit Olivenöl verschlagen, mit Salz, Pfeffer, Zucker und Knoblauch abschmecken. Das Dressing mit den Salatblättern vermischen.

7. Die marinierten Schwarzwurzeln mit dem Salat und dem Bratenaufschnitt anrichten und servieren.

Tipp: Probieren Sie **Schwarzwurzeln in Sesam.** Dazu 800–900 g Schwarzwurzeln wie im Rezept beschrieben vorbereiten und schräg in etwa 2 mm dünne Scheiben schneiden. 2–3 Esslöffel Speiseöl in einem Wok erhitzen. Schwarzwurzeln darin nach und nach unter ständigem Rühren einige Minuten braten, bis sie hellbraun sind, mit Salz und Pfeffer würzen. 2 Esslöffel Sesamöl, 2 Esslöffel geröstete Sesamsamen und 1 Esslöffel gehackte Petersilienblättchen unterrühren.

Sellerie

Knollensellerie und Staudensellerie sind bei uns am bekanntesten. Knollensellerie wird durch seinen Gehalt an ätherischen Ölen und B-Vitaminen eine gesundheitsfördernde Wirkung zugesprochen. Verwendung findet er meistens zum Würzen von Brühen, Suppen und Eintöpfen. Aber auch roh in Salaten oder als Gemüse wird er ebenso wie Staudensellerie verarbeitet. Verfügbar ist Sellerie ganzjährig, Hauptsaison für das Angebot aus heimischem Anbau ist von Juli bis Oktober.

Sellerie-Apfel-Salat mit Putenschnitzeln I

Herzhaft-fruchtig

4 Portionen

Pro Portion: E: 23 g, F: 24 g, Kh: 26 g, kJ: 1707, kcal: 408, BE: 2,0

Für die Vinaigrette:

4 EL Apfelessig
3 EL Ahornsirup
2 EL mittelscharfer Senf
2 EL Walnussöl
3 EL Sonnenblumenöl
Salz
gem. Pfeffer

Für den Salat:

1 rotschaliger Apfel
600 g Knollensellerie
25 g gesalzene, geröstete Pekannusskerne
1/2 Bund Schnittlauch
100 g Romana-Salatherzen

Für die Putenschnitzel:

4 dünne Putenschnitzel (je etwa 80 g)
2 EL Sonnenblumenöl
1 EL frische Thymianblättchen
2 EL Orangenmarmelade

Zubereitungszeit: 30 Minuten

1. Essig mit Ahornsirup und Senf verrühren. Walnuss- und Sonnenblumenöl unterrühren. Die Vinaigrette mit Salz und Pfeffer würzen.

2. Apfel abspülen, abtrocknen und mit der Schale bis zum Kerngehäuse auf der Haushaltsreibe grob raspeln. Sofort die Apfelraspel mit der Vinaigrette vermischen.

3. Sellerie schälen, abspülen, abtropfen lassen und ebenfalls grob raspeln. Auch die Sellerieraspel sofort mit der Vinaigrette vermischen.

4. Pekannusskerne grob hacken. Schnittlauch abspülen, trocken tupfen und in Röllchen schneiden.

5. Salat putzen. Salatblätter vom Strunk zupfen und vorsichtig waschen, aber nicht drücken. Den Salat in einem Sieb gut abtropfen lassen oder in einer Salatschleuder trocken schleudern. Salatblätter in feine Streifen schneiden.

6. Die Putenschnitzel unter fließendem kalten Wasser abspülen, trocken tupfen, mit Salz und Pfeffer würzen. Sonnenblumenöl in einer Pfanne erhitzen.

7. Die Putenschnitzel darin von jeder Seite bei starker Hitze etwa 2 Minuten braten.

8. Thymian und Orangenmarmelade dazugeben und unterrühren. Die Pfanne von der Kochstelle nehmen.

9. Sellerie-Apfel-Salat mit Romana-Salat, Pekannusskernen und Schnittlauchröllchen vermischen und mit den Putenschnitzeln anrichten.

Tipp: Lecker schmeckt in Scheiben geschnittenes und getoastetes Fladenbrot dazu.

Sellerie-Apfel-Suppe mit Wasabi

Mit feiner Schärfe

4 Portionen

Pro Portion: E: 19 g, F: 25 g, Kh: 26 g, kJ: 1689, kcal: 404, BE: 2,0

500 g junger Knollensellerie
350 g mehligkochende Kartoffeln
180 g Staudensellerie
1 Zwiebel
250 g säuerliche Äpfel (etwa 2 Stück)
2 EL Butter oder Margarine
Salz
gem. Pfeffer
1 l heiße Gemüsebrühe
250 g geräuchertes Fischfilet, z. B. Forelle, Lachsforelle oder Lachs
150 g Schlagsahne
4–5 TL Wasabipulver (ersatzweise Meerrettich aus dem Glas)
2–3 EL Zitronensaft

Zubereitungszeit: 30 Minuten

1. Für die Suppe Knollensellerie und Kartoffeln schälen, abspülen, abtropfen lassen und in etwa 1 cm große Würfel schneiden. Staudensellerie putzen und die harten Außenfäden abziehen. Das zarte Grün beiseitelegen. Selleriestangen abspülen, abtropfen lassen und in feine Scheiben schneiden. Zwiebel abziehen und in feine Würfel schneiden.

2. Die Äpfel heiß abwaschen, abtrocknen, halbieren und entkernen. Die Hälfte der Äpfel in feine Spalten schneiden. Butter oder Margarine in einem Topf zerlassen. Die Apfelspalten darin anbraten, herausnehmen und beiseitestellen.

3. Knollensellerie- und Kartoffelwürfel, Staudenselleriescheiben und Zwiebelwürfel im Bratfett unter Wenden etwa 4 Minuten andünsten. Mit Salz und Pfeffer würzen. Die Gemüsebrühe hinzugießen, zum Kochen bringen und etwa 12 Minuten bei schwacher Hitze kochen.

4. In der Zwischenzeit Fischfilet in mundgerechte Stücke zupfen oder in Streifen schneiden.

5. Restliche Apfelhälften in Stücke schneiden und in die Suppe geben. Die Suppe weitere etwa 3 Minuten bei schwacher Hitze kochen lassen.

6. Die Suppe pürieren. Sahne hinzugießen und kurz aufkochen. Das Wasabipulver mit etwas Wasser glatt rühren. Suppe mit Salz, Pfeffer, Wasabimischung und Zitronensaft abschmecken.

7. Beiseitegelegtes Selleriegrün abspülen, trocken tupfen und fein schneiden. Die Suppe mit Fisch, angebratenen Apfelspalten und Selleriegrün anrichten.

Tipp: Die Suppe schmeckt auch lecker mit Kasseler-Aufschnitt oder geräuchertem Schinken.

Sellerie-Kartoffel-Auflauf mit Lachsforellenfilet I

Für Gäste

4 Portionen

Pro Portion: E: 34 g, F: 30 g, Kh: 28 g, kJ: 2182, kcal: 521, BE: 2,5

600 g festkochende Kartoffeln
1 EL Butter
1 Zwiebel
Salz, gem. Pfeffer
½ TL Instant-Gemüsebrühen-Pulver
200 g Schlagsahne
100 ml heißes Wasser
1–2 TL körniger Senf
500 g Knollensellerie
2 EL Zitronensaft
500 g Lachsforellenfilet (ohne Haut)
60 g Frühstücksspeck in feinen Scheiben (Bacon)
2 EL Semmelbrösel
1½ EL Butter

Zubereitungszeit: 25 Minuten
Garzeit: etwa 20 Minuten

1. Die Kartoffeln schälen, abspülen, abtropfen lassen und in etwa ½ cm dicke Scheiben schneiden. Butter in einem weiten Topf zerlassen. Zwiebel abziehen, fein würfeln und darin andünsten.

2. Kartoffelscheiben hinzufügen, andünsten, mit Salz, Pfeffer und Instant-Gemüsebrühe würzen. Sahne mit Wasser verrühren, hinzugießen und das Ganze zugedeckt aufkochen. Senf unterrühren.

3. Sellerie putzen, schälen, abspülen, abtropfen lassen und zuerst in etwa ½ cm dicke Scheiben, dann in Stücke schneiden. Diese unter die Kartoffelscheiben mischen. Mischung zugedeckt weitere etwa 7 Minuten garen, mit Salz, Pfeffer und Zitronensaft würzen.

4. In der Zwischenzeit den Backofen vorheizen.
Ober-/Unterhitze: etwa 200 °C
Heißluft: etwa 180 °C

5. Lachsforellenfilet unter fließendem kalten Wasser abspülen, trocken tupfen und in 4 gleich große Stücke schneiden. Die Sellerie-Kartoffel-Mischung in einer großen, flachen Auflaufform (gefettet) verteilen. Die Filets daraufgeben. Den Frühstückspeck in feine Streifen schneiden, mit den Semmelbröseln mischen und auf den Forellenfilets verteilen. Butter in Flöckchen daraufsetzen.

6. Die Form auf dem Rost in den vorgeheizten Backofen schieben. Den Auflauf **etwa 20 Minuten garen.**

Spargel

Je nach Region und Witterung beginnt die Erntesaison von Spargel Anfang bis Ende April und dauert bis zum 24. Juni. Es gibt weißen und grünen Spargel. Weißer Spargel wächst unter der Erde in Hügelbeeten, grüner oberirdisch. Grüner Spargel schmeckt etwas herzhafter und er enthält mehr Vitamin C und Karotin. Mit einem Wassergehalt von 95 % ist Spargel sehr kalorienarm. 100 g geputzte Ware haben nur etwa 18 kcal.

Spargel mit gebratenem Zanderfilet I

Etwas teurer

2 Portionen

Pro Portion: E: 38 g, F: 22 g, Kh: 6 g, kJ: 1562, kcal: 373, BE: 0,0

500 g	*weißer Spargel*
250 ml	*Wasser*
1 TL	*Salz*
1 Prise	*Zucker*
1/2–1 EL	*Zitronensaft*
75 g	*Tomaten*
300 g	*Zanderfilet (mit Haut, ohne Gräten)*
1 TL	*Zitronensaft*
	Salz, gem. Pfeffer
etwas	*Weizenmehl zum Bestäuben*
2 Stängel	*Thymian*
2–3 EL	*Olivenöl*
2 EL	*Olivenöl*
1 EL	*Schnittlauchröllchen*
2 EL	*fein ger. Parmesan*
evtl. einige	*Kerbelstängel*

Zubereitungszeit: 45 Minuten

1. Den Spargel von oben nach unten schälen. Darauf achten, dass die Schalen vollständig entfernt, die Köpfe aber nicht verletzt werden. Die unteren Enden abschneiden (holzige Stellen vollkommen entfernen).

2. Wasser mit Salz, Zucker und Zitronensaft in einem Topf zum Kochen bringen. Spargelstangen hinzufügen, zum Kochen bringen und zugedeckt je nach Spargeldicke in 8–10 Minuten bissfest oder in 12–15 Minuten weich garen.

3. In der Zwischenzeit die Tomaten kreuzweise einschneiden und mit kochendem Wasser übergießen. Nach 1–2 Minuten herausnehmen, mit kaltem Wasser abschrecken, enthäuten, vierteln und die Stängelansätze herausschneiden. Die Tomatenviertel entkernen und in Würfel schneiden.

4. Das Zanderfilet unter fließendem kalten Wasser abspülen, trocken tupfen und in 4 gleich große Stücke schneiden.

5. Zanderfiletstücke auf der Innenseite mit Zitronensaft beträufeln und mit Salz und Pfeffer würzen. Die Hautseite jeweils mit etwas Mehl bestäuben. Thymianstängel abspülen und trocken tupfen.

6. Olivenöl in einer großen Pfanne erhitzen. Zanderfiletstücke mit der Hautseite nach unten hineinlegen. Thymianstängel hinzufügen.

7. Zanderfiletstücke auf der Hautseite so lange braten, bis das Fischfleisch noch etwas glasig ist. Dann die Zanderfiletstücke umdrehen und noch kurz auf der Seite ohne Haut braten.

8. Den Spargel abtropfen lassen. Spargel und Zander auf vorgewärmten Tellern oder Platten anrichten.

9. Zum Schluss den Spargel mit Olivenöl beträufeln und mit Schnittlauchröllchen, Tomatenwürfeln und Käse bestreuen. Nach Belieben das Zanderfilet mit Kerbel garniert servieren.

Beilage: Neue, kleine Petersilienkartoffeln.

Spargel mit Maibockrückenfilet I

Raffiniert – für Gäste

4–6 Portionen

Pro Portion: E: 38 g, F: 25 g, Kh: 9 g, kJ: 1731, kcal: 413, BE: 0,5

800 g Maibockrückenfilet
Salz
gem. Pfeffer
2 EL Olivenöl

Für die Kräuterhaube:

75 g Butter (zimmerwarm)
4–5 EL gemischte, gehackte Kräuter, z. B. Thymian, Rosmarin, Petersilie, Schnittlauch
3 EL Semmelbrösel

Für den Spargel:

1–1 1/4 kg weißer Spargel
1 Prise Zucker
1 TL Butter

400 ml Wildfond
20 g Butter
1 TL Speisestärke
1 1/4 TL gem. Koriander

Zum Bestreuen:

1 EL gehackte Petersilie oder Kerbel

Zubereitungszeit: 60 Minuten

1. Den Backofen vorheizen.
Ober-/Unterhitze: etwa 120 °C
Heißluft: etwa 100 °C

2. Das Filet mit Küchenpapier trocken tupfen, evtl. enthäuten, mit Salz und Pfeffer würzen.

3. Das Olivenöl in einer Pfanne erhitzen. Das Filet darin rundherum in 1–2 Minuten kurz anbraten.

4. Anschließend das Filet aus der Pfanne nehmen und in eine Auflaufform (gefettet) legen.

5. Für die Kräuterhaube die Butter mit den Kräutern und Semmelbröseln verrühren.

6. Die Buttermasse mit Salz und Pfeffer abschmecken und auf das Maibockfilet streichen.

7. Die Auflaufform auf dem Rost auf mittlerer Einschubleiste in den vorgeheizten Backofen schieben. Das Filet **etwa 40 Minuten garen**.

8. Für den Spargel in der Zwischenzeit den Spargel von oben nach unten schälen. Darauf achten, dass die Schalen vollständig entfernt, die Köpfe aber nicht verletzt werden. Die unteren Enden abschneiden (holzige Stellen vollkommen entfernen).

9. Den Spargel abspülen, abtropfen lassen und in etwa 3 cm lange Stücke schneiden.

10. Salzwasser mit Zucker und Butter in einem Topf zum Kochen bringen. Die Spargelstücke hinzugeben, wieder zum Kochen bringen und zugedeckt etwa 8 Minuten garen.

11. Den Wildfond in die Pfanne mit dem Bratensatz einrühren und zum Kochen bringen. Anschließend die Sauce etwa 10 Minuten um etwa die Hälfte einkochen lassen.

12. Spargelstücke in einem Sieb abtropfen lassen. Die Butter in einer Pfanne zerlassen. Die Spargelstücke darin anbraten, mit Salz und Pfeffer würzen und warm stellen.

13. Die Stärke mit etwas Wasser anrühren und in die Sauce einrühren. Die Sauce aufkochen lassen, mit Salz, Pfeffer und Koriander abschmecken.

14. Das Maibockrückenfilet in Scheiben schneiden und mit der Sauce und den mit Petersilie oder Kerbel bestreuten, gebratenen Spargelstücken servieren.

Tipps: Schmecken Sie die Sauce zusätzlich mit 2–3 Esslöffeln Sherry ab. Kleine Frühkartoffeln schmecken sehr gut dazu. Das Maibockrückenfilet schmeckt statt mit Spargel auch mit Mai- oder mit Teltower Rübchen sehr gut.

Spargel mit westfälischem Schinken I

Klassisch

4 Portionen

Pro Portion: E: 29 g, F: 27 g, Kh: 8 g, kJ: 1636, kcal: 389, BE: 0,0

2 kg	*weißer Spargel*
	Salz
1 Prise	*Zucker*
100 g	*Butter*
500 g	*fein geschnittener, westfälischer Knochenschinken*

Außerdem:

Küchengarn

Zubereitungszeit: 30 Minuten
Garzeit: etwa 15 Minuten

1. Den Spargel von oben nach unten schälen. Darauf achten, dass die Schalen vollständig entfernt, die Köpfe aber nicht verletzt werden. Die unteren Enden abschneiden (holzige Stellen vollkommen entfernen). Die Stangen nach Möglichkeit gleich lang schneiden.

2. Spargelstangen abspülen und abtropfen lassen. Die Spargelstangen portionsweise mit Küchengarn zusammenbinden.

3. Salzwasser mit Zucker und 10 g der Butter in einem Topf zum Kochen bringen. Die Spargelbündel hineingeben und zum Kochen bringen. Den Spargel zugedeckt in etwa 10 Minuten bissfest garen.

4. Den Spargel mit einem Schaumlöffel vorsichtig aus dem Topf nehmen und auf eine vorgewärmte Platte legen. Das Küchengarn entfernen.

5. Die restliche Butter zerlassen und nach Belieben bräunen. Schinken mit dem Spargel auf Tellern anrichten. Die Butter dazureichen.

Beilage: Kleine Pellkartoffeln.

Tipp: Bestreuen Sie den Spargel mit frisch gehackter Petersilie.

Spargelduo mit gratiniertem Lachs | Einfach

4 Portionen

Pro Portion: E: 42 g, F: 48 g, Kh: 18 g, kJ: 2806, kcal: 670, BE: 1,0

500 g weißer Spargel
500 g grüner Spargel
1 Bund junge Möhren (etwa 500 g)
375 ml Wasser
1 gestr. TL Salz

4 EL Butter (zimmerwarm)
2 EL Semmelbrösel
4 EL gemischte, gehackte Frühlingskräuter, z. B. Kerbel, Petersilie, Dill, Schnittlauch
4 Lachsscheiben (je etwa 180 g)
gem. Pfeffer

2 EL Butter
½ TL Zucker

Zubereitungszeit: 60 Minuten
Garzeit: etwa 10 Minuten

1. Den weißen Spargel von oben nach unten schälen, darauf achten, dass die Schalen vollständig entfernt, die Köpfe aber nicht verletzt werden. Die unteren Enden abschneiden (holzige Stellen vollkommen entfernen).

2. Vom grünen Spargel das untere Drittel schälen und die unteren Enden abschneiden. Möhren putzen und evtl. schälen. Spargel und Möhren abspülen und abtropfen lassen.

3. Den Backofen vorheizen.
Ober-/Unterhitze: etwa 140 °C
Heißluft: etwa 120 °C

4. Wasser mit Salz in einem Topf zum Kochen bringen. Nacheinander den weißen Spargel zugedeckt in etwa 10 Minuten, den grünen Spargel in etwa 5 Minuten und die Möhren zugedeckt in 5–7 Minuten darin bissfest kochen. Das Gemüse jeweils mit einem

Schaumlöffel herausnehmen, mit kaltem Wasser abschrecken und abtropfen lassen.

5. Inzwischen Butter mit Semmelbröseln und Kräutern verrühren. Die Lachsscheiben unter fließendem kalten Wasser abspülen, trocken tupfen, mit Salz und Pfeffer würzen und auf ein Backblech (gefettet) legen. Die Masse gleichmäßig auf den Lachsscheiben verteilen. Das Backblech in den vorgeheizten Backofen schieben. Lachs **etwa 10 Minuten garen.**

6. Dann den Backofen ausschalten und den Grill einschalten (etwa 240 °C). Den Lachs so lange grillen, bis die Kruste goldgelb ist.

7. In der Zwischenzeit Butter in einer großen Pfanne zerlassen. Zucker unterrühren. Spargel und Möhren hinzufügen und unter gelegentlichem Wenden etwa 3 Minuten garen. Gemüse mit Salz abschmecken und auf 4 vorgewärmten Tellern verteilen. Den gratinierten Lachs darauf anrichten.

Tipp: Dazu neue kleine Kartoffeln und Sauce hollandaise servieren.

Spargeleintopf | Vegetarisch
4 Portionen

Pro Portion: E: 9 g, F: 11 g, Kh: 31 g, kJ: 1108, kcal: 264, BE: 2,0

800 g	*weißer Spargel*
300 g	*grüner Spargel*
	Salz
1 gestr. TL	*Zucker*
	gem. Pfeffer
2	*Zwiebeln*
2	*Knoblauchzehen*
30 g	*frischer Ingwer*
25 g	*Butter*
	Spargelfond
500 g	*neue Kartoffeln*
250 g	*Möhren*
1	*kleiner Kohlrabi*
100 g	*Zuckerschoten*
einige Stängel	*Petersilie*

Zubereitungszeit: 30 Minuten
Garzeit: etwa 35 Minuten

1. Den weißen Spargel von oben nach unten schälen. Darauf achten, dass die Schalen vollständig entfernt, die Köpfe aber nicht verletzt werden. Die unteren Enden abschneiden (holzige Stellen vollkommen entfernen). Von dem grünen Spargel nur das untere Drittel schälen und die unteren Enden abschneiden. Spargelstangen, -schalen und -enden abspülen und abtropfen lassen.

2. Spargelschalen und -enden in einen Topf geben, mit Wasser bedeckt zum Kochen bringen, mit Salz, Zucker und Pfeffer würzen. Zugedeckt etwa 15 Minuten bei schwacher Hitze leicht kochen lassen. Anschließend in ein Sieb geben, dabei den Spargelfond auffangen.

3. Zwiebeln und Knoblauch abziehen, klein würfeln. Ingwer schälen, in kleine Würfel schneiden. Die Butter in einem großen Topf zerlassen. Zwiebel-, Knoblauch- und Ingwerwürfel darin unter Rühren andünsten. Den Spargelfond hinzugießen, zum Kochen bringen. Kartoffeln schälen, abspülen, abtropfen lassen, klein würfeln. Kartoffelwürfel in den Spargelfond geben, wieder zum Kochen bringen, zugedeckt etwa 5 Minuten bei schwacher Hitze kochen lassen.

4. Die Möhren putzen, schälen, abspülen, abtropfen lassen, in Scheiben schneiden. Kohlrabi schälen, abspülen, abtropfen lassen. Kohlrabi zuerst in Scheiben, dann in Würfel schneiden. Die weißen Spargelstangen in 2–3 cm lange Stücke schneiden. Möhrenscheiben, Kohlrabiwürfel und Spargelstücke zum Spargelfond in den Topf geben, wieder zum Kochen bringen und zugedeckt etwa 10 Minuten kochen lassen.

5. Die grünen Spargelstangen in 2–3 cm lange Stücke schneiden, in den Eintopf geben, zugedeckt weitere etwa 5 Minuten kochen lassen.

6. Von den Zuckerschoten die Enden abschneiden, evtl. abfädeln. Die Zuckerschoten abspülen, abtropfen lassen, halbieren, in den Eintopf geben und kurz mitkochen lassen. Den Eintopf mit Salz und Pfeffer abschmecken.

7. Petersilie abspülen und trocken tupfen. Die Blättchen von den Stängeln zupfen. Die Blättchen klein schneiden. Den Eintopf mit Petersilie bestreuen und servieren.

Spargel-Kartoffel-Auflauf

Raffiniert

4 Portionen

Pro Portion: E: 37 g, F: 39 g, Kh: 34 g, kJ: 2697, kcal: 646, BE: 2,5

800 g festkochende Kartoffeln
1 kg grüner Spargel
Salz
300 g Kochschinken
1 Knoblauchzehe
150 g Crème fraîche
125 g Schlagsahne
2 Eier (Größe M)
gem. Pfeffer
100 g ger. Emmentaler

Zubereitungszeit: 65 Minuten
Garzeit: etwa 30 Minuten

1. Kartoffeln gründlich waschen, mit Wasser bedeckt zum Kochen bringen und zugedeckt 15–20 Minuten kochen lassen.

2. In der Zwischenzeit von dem Spargel nur das untere Drittel schälen und die Enden abschneiden. Den Spargel abspülen, abtropfen lassen und in 3–4 cm lange Stücke schneiden. Salzwasser in einem Topf zum Kochen bringen. Spargelstücke darin 4–6 Minuten garen.

3. Die Spargelstücke in einem Sieb abtropfen lassen. Kartoffeln abgießen, abdämpfen, heiß pellen und in dünne Scheiben schneiden.

4. Den Backofen vorheizen.
Ober-/Unterhitze: etwa 180 °C
Heißluft: etwa 160 °C

5. Den Schinken in kleine Würfel schneiden. Spargelstücke mit Kartoffelscheiben und Schinkenwürfeln mischen, in einer Auflaufform (gefettet) verteilen.

6. Knoblauch abziehen und durch eine Knoblauchpresse drücken. Crème fraîche mit Sahne, Eiern und Knoblauch verrühren, mit Salz und Pfeffer würzen. Die Crème-fraîche-Eier-Masse auf dem Auflauf verteilen und mit Käse bestreuen.

7. Die Form auf dem Rost in den vorgeheizten Backofen schieben. Den Auflauf **etwa 30 Minuten garen**.

Tipp: Einen gemischten grünen Salat dazureichen.

Spargel-Kerbel-Suppe mit Hackklößchen I

Gut vorzubereiten

4 Portionen

Pro Portion: E: 19 g, F: 34 g, Kh: 15 g, kJ: 1844, kcal: 441, BE: 0,5

Für die Hackklößchen:

200 g Gehacktes (halb Rind-, halb Schweinefleisch)
2 EL Butter (zimmerwarm)
1 Eigelb (Größe M)
30 g Semmelbrösel
1 EL fein gehackte Petersilie
Salz, gem. Pfeffer
ger. Muskatnuss

Für die Suppe:

750 g weißer Spargel
250 g Champignons
1 Bund Suppengrün (Möhren, Sellerie, Porree)
3 Frühlingszwiebeln
3 EL Butter
750 ml Gemüsebrühe
3 EL Crème fraîche
2 EL gehackte Kerbelblättchen

Zubereitungszeit: 40 Minuten
Garzeit: etwa 15 Minuten

1. Für die Klößchen das Gehackte in eine Schüssel geben. Butter, Eigelb, Semmelbrösel und Petersilie hinzugeben. Die Zutaten zu einer geschmeidigen Masse verkneten. Die Hackmasse mit Salz, Pfeffer und Muskat würzen. Aus der Masse mit angefeuchteten Händen Klößchen formen.

2. Für die Suppe den Spargel von oben nach unten schälen. Darauf achten, dass die Schalen vollständig entfernt, die Köpfe aber nicht verletzt werden. Die unteren Enden abschneiden (holzige Stellen vollkommen entfernen). Den Spargel abspülen, abtropfen lassen und in etwa 3 cm lange Stücke schneiden. Champignons putzen, mit Küchenpapier abreiben, evtl. kurz abspülen, trocken tupfen und in Scheiben schneiden.

3. Das Suppengrün putzen, abspülen, abtropfen lassen und in feine Streifen schneiden. Die Frühlingszwiebeln putzen, abspülen, abtropfen lassen und in feine Scheiben schneiden.

4. Die Butter in einem Topf zerlassen. Vorbereitetes Gemüse darin unter Wenden leicht andünsten. Brühe hinzugießen und zum Kochen bringen. Spargelstücke hinzufügen und wieder zum Kochen bringen. Nach etwa 10 Minuten Garzeit Champignonscheiben und Hackklößchen in die Suppe geben, etwa 5 Minuten bei schwacher Hitze gar ziehen lassen. Crème fraîche unterrühren.

5. Die Suppe in Suppentassen füllen und mit Kerbel bestreut servieren.

Tipps: Statt der Hackfleischklößchen rohe oder gekochte Schinkenstreifen oder gebratene Hähnchenbruststreifen in die Suppe geben. Sie können die Suppe auch mit etwas Weißwein abschmecken.

Spargelkuchen

Raffiniert
6 Stücke

Pro Stück: E: 16 g, F: 28 g, Kh: 48 g, kJ: 2162 kcal: 518, BE: 4,0

Für den Hefeteig:
150 ml warmes Wasser
½ Pck. frische Hefe (21 g)
1 Prise Zucker
350 g Weizenmehl
20 g ger. Parmesan
1 gestr. TL Salz
50 ml Olivenöl

Für den Belag:
750 g grüner Spargel
Salz

Für den Guss:
2 Eier (Größe M)
200 g Schlagsahne
200 ml Milch (1,5 % Fett)
gem. Pfeffer
ger. Muskatnuss
50 g ger. Parmesan

Zubereitungszeit: 60 Minuten, ohne Teiggeh- und Ruhezeit
Backzeit: etwa 35 Minuten

1. Für den Teig das Wasser mit der zerbröselten Hefe und Zucker in einer Rührschüssel verrühren. Die Hälfte des Mehls unterrühren. Restliches Mehl, Käse und Salz daraufstreuen. Olivenöl hinzugießen. Den Teig zugedeckt etwa 20 Minuten an einen warmen Ort gehen lassen.

2. Wenn das aufgestreute Mehl Risse zeigt, alles mit einem Mixer (Knethaken) zunächst kurz auf niedrigster, dann auf höchster Stufe zu einem glatten Teig verkneten. Den Teig etwa 10 Minuten ruhen lassen.

3. Den Teig auf einer leicht bemehlten Arbeitsfläche zu einer runden Platte (Ø etwa 34 cm) ausrollen. Die Teigplatte in eine Springform (Ø 28 cm, mit Backpapier belegt, den Rand mit Butter bestrichen) legen und einen etwa 3 cm hohen Rand andrücken.

4. Den Backofen vorheizen.
Ober-/Unterhitze: etwa 200 °C
Heißluft: etwa 180 °C

5. Für den Belag von dem Spargel das untere Drittel schälen und die Enden abschneiden. Salzwasser in einem Topf zum Kochen bringen. Den Spargel darin etwa 2 Minuten blanchieren, mit einer Schaumkelle herausnehmen, in ein Sieb geben, mit kaltem Wasser abschrecken und abtropfen lassen. Den Spargel kreisförmig auf den Teig legen.

6. Für den Guss die Eier mit Sahne und Milch in einer Rührschüssel verschlagen, mit Salz, Pfeffer und 1 Prise Muskat würzen. Den Guss auf dem Spargel verteilen und mit Käse bestreuen.

7. Die Form auf dem Rost in den vorgeheizten Backofen schieben. Den Spargelkuchen **etwa 35 Minuten backen.**

8. Den Spargelkuchen in der Form auf einem Kuchenrost etwas abkühlen lassen und aus der Form lösen. Den Spargelkuchen warm oder kalt servieren.

Spargel-Raclette mit schwedischen Kartoffeln I

Vegetarisch

4 Portionen

Pro Portion: E: 32 g, F: 45 g, Kh: 39 g, kJ: 2902, kcal: 692, BE: 2,5

1 kg festkochende Kartoffeln
50 g zerlassene Butter
Salz, gem. Pfeffer
20–30 g ger. Parmesan

je 750 g weißer und grüner Spargel
1 Prise Zucker
30 g Butter
200 g Höhlenkäse (in Scheiben)
75 g geraspelter Parmesan
40 g Pinienkerne

Zubereitungszeit: 40 Minuten
Garzeit: etwa 60 Minuten

1. Den Backofen vorheizen.
Ober-/Unterhitze: etwa 200 °C
Heißluft: etwa 180 °C

2. Kartoffeln schälen, abspülen und trocken tupfen. Jede Kartoffel auf einen Löffel legen und mit einem Messer bis zum Löffelrand in Abständen von etwa 3 mm quer einschneiden, dabei nicht ganz durchschneiden. Die Kartoffeln in eine flache Auflaufform (gefettet) geben, mit Butter bestreichen, mit Salz und Pfeffer bestreuen.

3. Die Form auf dem Rost in den vorgeheizten Backofen schieben. Die Kartoffeln **etwa 40 Minuten garen.** Dabei die Kartoffeln ab und zu mit der Butter aus der Auflaufform bestreichen.

4. Den Parmesan auf die Kartoffeln streuen und die Kartoffeln **bei gleicher Backofeneinstellung weitere etwa 20 Minuten garen.**

5. Inzwischen den weißen Spargel von oben nach unten schälen. Darauf achten, dass die Schalen vollständig entfernt, die Köpfe aber nicht verletzt werden. Die unteren Enden abschneiden (holzige Stellen vollkommen entfernen). Von dem grünen Spargel nur das untere Drittel schälen und die unteren Enden abschneiden. Spargel in 2–3 cm lange Stücke schneiden.

6. Den grünen Spargel in kochendem Wasser mit Salz, Zucker und 10 g Butter etwa 5 Minuten, den weißen Spargel etwa 10 Minuten kochen. Dann den Spargel abgießen, mit kaltem Wasser abschrecken und abtropfen lassen.

7. Höhlenkäse in Streifen schneiden. Spargel in den Raclette-Pfännchen (gefettet) verteilen. Höhlenkäse auf den Spargel geben, Parmesan daraufstreuen und Pinienkerne darauf verteilen, 12–15 Minuten im Raclette (dabei die Herstelleranleitung beachten) überbacken.

Tipps: Sie können auch nur eine Sorte Spargel verwenden, dann etwa 1 1/2 kg. Wer es mag, gibt Salbeiblättchen in die Kartoffeleinschnitte. Ohne Raclette-Gerät können Sie dieses Gericht auch ganz im Backofen zubereiten. Dazu zuerst die Kartoffeln wie beschrieben im Backofen garen. Dann die Form auf dem Rost nach unten in den Backofen schieben. Den Spargel in eine zweite Auflaufform (gefettet) geben, mit Käse und Pinienkernen bestreuen. Die Form auf dem Rost im oberen Drittel in den Backofen schieben und etwa 10 Minuten überbacken.

Spargelsüppchen

Einfach

4 Portionen

Pro Portion: E: 4 g, F: 10 g, Kh: 4 g, kJ: 531, kcal: 127, BE: 0,0

500 g grüner Spargel (Suppen- oder Bruchspargel)
700 ml Gemüse- oder Hühnerbrühe
100 g Schlagsahne
Salz
gem. Pfeffer
Zucker
ger. Muskatnuss

Zum Bestreuen:

1 EL gehobelte Mandeln
½ Bund Schnittlauch

Zubereitungszeit: 30 Minuten
Garzeit: etwa 15 Minuten

1. Von dem Spargel nur das untere Drittel schälen und die Enden abschneiden. Spargel abspülen, abtropfen lassen und in Stücke schneiden.

2. Brühe in einem Topf zum Kochen bringen. Spargel hinzugeben, wieder zum Kochen bringen und zugedeckt in etwa 15 Minuten gar kochen.

3. Die Suppe mit einem Pürierstab fein pürieren und evtl. durch ein Sieb streichen. Sahne unterrühren. Die Spargelsuppe mit Salz, Pfeffer, Zucker und Muskat abschmecken.

4. Zum Bestreuen Mandeln in einer Pfanne ohne Fett unter Wenden hellbraun rösten und herausnehmen. Schnittlauch abspülen, trocken tupfen und in Röllchen schneiden.

5. Die Suppe in Suppentassen füllen, mit Mandeln und Schnittlauchröllchen bestreut servieren.

Tipp: Die Suppe mit etwas geschlagener Sahne verzieren.

Spinat

Spinat ist kalorienarm – er hat etwa 15 kcal pro 100 g – da er zu über 90 % aus Wasser besteht. Dabei gehört Spinat zu den mineralstoffreichsten Gemüsearten und enthält neben lebenswichtigen Vitaminen wie Folsäure, Vitamin C, A und B auch noch Kalium, Kalzium und Eisen. Junger Spinat kann roh als Salat zubereitet werden. Etwa von Mai bis Oktober bekommen Sie heimischen Blattspinat aus dem Freiland.

Spinat mit Fischfilet

Schnell (ohne Foto)

4 Portionen

Pro Portion: E: 46 g, F: 6 g, Kh: 2 g, kJ: 1084, kcal: 259, BE: 0,0

***1 kg** Blattspinat*
***1** Zwiebel*
***1 EL** Olivenöl*
***4** Fischfilets, z. B. Heilbuttfilets (je etwa 200 g)*
Salz, gem. Pfeffer
ger. Muskatnuss

Zubereitungszeit: 30 Minuten

1. Den Spinat verlesen, dicke Stiele entfernen. Spinat gründlich waschen und abtropfen lassen. Zwiebel abziehen und fein würfeln.

2. Das Olivenöl in einer Pfanne erhitzen. Die Zwiebelwürfel darin andünsten. Den Spinat zugeben und bei mittlerer Hitze zugedeckt etwa 5 Minuten garen. Den Spinat dabei gelegentlich umrühren.

3. In der Zwischenzeit die Fischfilets unter fließendem kalten Wasser abspülen und trocken tupfen. Die Filets mit Salz, Pfeffer und etwas Muskatnuss würzen.

4. Die Fischfilets nebeneinander auf den Spinat in der Pfanne legen und zugedeckt in etwa 10 Minuten gar ziehen lassen.

Spinat mit gebratenem Feta

Vegetarisch

4 Portionen

Pro Portion: E: 26 g, F: 42 g, Kh: 12 g, kJ: 2264, kcal: 540, BE: 0,5

20 g Pinienkerne
1 kg Blattspinat
1 Zwiebel
1 Knoblauchzehe
2 EL Speiseöl, z. B. Sonnenblumenöl
4 Tomaten
Salz, gem. Pfeffer
ger. Muskatnuss

400 g Fetakäse
1 Ei (Größe M)
3–4 EL Semmelbrösel
1/2–1 TL gerebelter Thymian oder frisch gehackte Thymianblättchen
3–4 EL Speiseöl, z. B. Sonnenblumenöl

Zubereitungszeit: 30 Minuten

1. Pinienkerne in einer Pfanne ohne Fett unter mehrmaligem Wenden goldbraun rösten. Dann Pinienkerne auf einen Teller geben und beiseitestellen.

2. Spinat verlesen, dicke Stiele entfernen. Den Spinat gründlich waschen und abtropfen lassen.

3. Zwiebel und Knoblauch abziehen, beides fein würfeln. In einem Topf das Speiseöl erhitzen. Die Zwiebel- und Knoblauchwürfel darin unter Rühren in 2–3 Minuten goldgelb andünsten.

4. Den Spinat zugeben und bei mittlerer Hitze mit Deckel etwa 5 Minuten garen. Spinat dabei gelegentlich umrühren.

5. Inzwischen Tomaten abspülen, abtrocknen, halbieren und die Stängelansätze herausschneiden. Tomaten grob würfeln, zum Spinat geben, kurz miterwärmen. Gemüse mit Salz, Pfeffer und Muskat abschmecken.

6. Käse in etwa 2 cm dicke Streifen schneiden. Das Ei mithilfe einer Gabel in einem tiefen Teller verschlagen. Für die Panade Semmelbrösel mit Thymian in einem anderen Teller mischen. Käsestücke erst in Ei, dann in der Panade wenden. Die Panade etwas andrücken.

7. Speiseöl in der Pfanne erhitzen. Den Käse darin bei mittlerer Hitze von jeder Seite goldbraun braten.

8. Zum Servieren die Pinienkerne auf das Spinatgemüse streuen und die Käsestreifen darauf anrichten.

Tipps: Dazu schmeckt Fladenbrot. Der Käse läuft beim Backen etwas auseinander, deshalb für das Wenden einen Pfannenwender benutzen.

Spinat-Orangen-Salat

Fruchtig

4 Portionen

Pro Portion: E: 5 g, F: 15 g, Kh: 10 g, kJ: 855, kcal: 205, BE: 1,0

250 g feiner Blattspinat oder Babyspinat
20 g Pinienkerne
2 Orangen
60 g abgetropfte, schwarze Oliven
80 g Ziegenfrischkäse
1 EL Balsamico-Essig
½ TL mittelscharfer Senf
1 TL flüssiger Honig
2 EL Olivenöl
Salz, gem. Pfeffer

Zubereitungszeit: 40 Minuten

1. Den Spinat verlesen, gründlich waschen und gut abtropfen lassen. Die Spinatblätter auf Küchenpapier legen und trocken tupfen. Eine Salatschale mit den Spinatblättern auslegen.

2. Pinienkerne in einer Pfanne ohne Fett unter Rühren rösten, herausnehmen und auf einen Teller geben.

3. Orangen so schälen, dass die weiße Haut mit entfernt wird. Die Orangen in dicke Scheiben schneiden, dabei den Orangensaft auffangen. Orangensaft in eine Schüssel geben.

4. Die Oliven und Pinienkerne auf die Spinatblätter streuen. Orangenscheiben darauf verteilen.

5. Ziegenfrischkäse grob zerbröseln und den Salat damit bestreuen.

6. Balsamico-Essig, Senf und Honig unter den aufgefangenen Orangensaft rühren. Olivenöl unterschlagen. Das Dressing mit Salz und Pfeffer abschmecken.

7. Den Salat mit dem Dressing beträufeln. Oder das Dressing zu dem Salat reichen.

Spinat-Puten-Pfanne mit Cashewkernen I

Für Kinder

2–3 Portionen

Pro Portion: E: 68 g, F: 23 g, Kh: 14 g, kJ: 2285, kcal: 548, BE: 1,0

4 Frühlingszwiebeln
500 g junger Blattspinat
2 Knoblauchzehen
8 kleine Putenschnitzel (je etwa 75 g)
Salz
gem. Pfeffer
2 EL Sonnenblumenöl
70 g Cashewkerne
2 EL Sojasauce

Zubereitungszeit: 40 Minuten

1. Die Frühlingszwiebeln putzen, abspülen, abtropfen lassen und in etwa 2 cm lange Stücke schneiden.

2. Den Blattspinat verlesen, dicke Stiele entfernen. Spinat gründlich waschen und in einem Sieb abtropfen lassen. Knoblauch abziehen und in kleine Würfel schneiden.

3. Putenschnitzel kurz unter fließendem kalten Wasser abspülen, trocken tupfen und anschließend mit Salz und Pfeffer würzen.

4. Sonnenblumenöl in einer großen Pfanne erhitzen. Putenschnitzel darin von beiden Seiten anbraten. Die Frühlingszwiebelstücke und Cashewkerne hinzugeben, kurz mit anbraten.

5. Knoblauchwürfel und Blattspinat zu den Putenschnitzeln geben, unterrühren und so lange erhitzen, bis der Blattspinat etwas zusammengefallen ist. Die Spinat-Puten-Pfanne mit Salz, Pfeffer und Sojasauce abschmecken.

Tipps: Statt Putenschnitzel können Sie auch kleine Schnitzel vom Kalbsfilet verwenden. Cashewkerne können durch Pinienkerne ersetzt werden.

Spinat-Spätzle-Auflauf

Vegetarisch

4 Portionen

Pro Portion: E: 31 g, F: 25 g, Kh: 77 g, kJ: 2806, kcal: 666, BE: 6,0

4 l Wasser
4 gestr. TL Salz
400 g getrocknete Spätzle

1 kg Blattspinat
1 Zwiebel
1 EL Olivenöl
1–2 EL Crème légère mit Kräutern
Salz
gem. Pfeffer
ger. Muskatnuss
150 g Butterkäse

2 rote Zwiebeln
2 EL Olivenöl
2 EL Sonnenblumenkerne

Zubereitungszeit: 35 Minuten
Garzeit: etwa 20 Minuten

1. Das Wasser in einem großen Topf zugedeckt zum Kochen bringen. Dann Salz und Spätzle zugeben. Die Spätzle im geöffneten Topf bei mittlerer Hitze nach Packungsanleitung bissfest kochen, dabei gelegentlich umrühren. Die Spätzle in ein Sieb geben, mit heißem Wasser abspülen und abtropfen lassen.

2. In der Zwischenzeit den Blattspinat verlesen, dicke Stiele entfernen. Spinat gründlich waschen und in einem Sieb abtropfen lassen. Zwiebel abziehen und fein würfeln.

3. Olivenöl in einer großen Pfanne erhitzen, die Zwiebelwürfel darin andünsten. Die Spinatblätter hinzufügen und unter gelegentlichem Rühren zusammenfallen lassen. Crème légère unterrühren. Den Spinat mit Salz, Pfeffer und Muskat abschmecken.

4. Käse in kleine Würfel schneiden. Die Zwiebeln abziehen, halbieren und in Ringe schneiden. Olivenöl in einer Pfanne erhitzen. Die Zwiebelringe unter gelegentlichem Rühren darin anbraten.

5. Den Backofen vorheizen.
Ober-/Unterhitze: etwa 200 °C
Heißluft: etwa 180 °C

6. Zuerst die Spätzle, dann ein Drittel von dem Käse und den Zwiebeln und zuletzt den Spinat in eine Auflaufform (gefettet) geben. Die restlichen Käsewürfel mit den Zwiebelringen mischen und darauf verteilen. Die Sonnenblumenkerne daraufstreuen.

7. Die Form auf dem Rost in den vorgeheizten Backofen schieben. Den Auflauf **etwa 20 Minuten garen.**

Spinatsuppe mit gebratenem Ei

Schnell – preiswert

4 Portionen

Pro Portion: E: 7 g, F: 17 g, Kh: 6 g, kJ: 890, kcal: 213, BE: 0,5

Für die Einlage:

15 g Butter
2 Eier (Größe M)

2 Zwiebeln
1 Knoblauchzehe
500 g Blattspinat
25 g Butter
1 EL Weizenmehl
750 ml heiße Gemüsebrühe
75 g Schlagsahne
Salz, gem. Pfeffer
ger. Muskatnuss

Zubereitungszeit: 25 Minuten

1. Für die Einlage Butter in einer Pfanne zerlassen. Eier vorsichtig aufschlagen, von beiden Seiten bei schwacher Hitze braten. Eier aus der Pfanne nehmen und auf einen Teller geben.

2. Zwiebeln und Knoblauch abziehen und fein würfeln. Den Blattspinat verlesen, dicke Stiele entfernen. Spinat gründlich waschen und in einem Sieb abtropfen lassen.

3. Die Butter in einem Topf zerlassen. Zwiebel- und Knoblauchwürfel darin andünsten. Das Mehl zunächst daraufstäuben, dann unterrühren. Nach und nach die Brühe hinzugießen, unter Rühren zum Kochen bringen. Dabei darauf achten, dass keine Klümpchen entstehen. Spinat und Sahne unterrühren. Die Zutaten unter Rühren wieder zum Kochen bringen.

4. Die Spinatsuppe mit Salz, Pfeffer und Muskat abschmecken, etwa 5 Minuten zugedeckt bei schwacher Hitze kochen lassen.

5. In der Zwischenzeit die gebratenen Eier in Streifen schneiden.

6. Spinatsuppe in tiefen Tellern oder Suppentassen verteilen und mit den Eierstreifen garnieren.

Spitzkohl

Er hat sich durch seinen milden Kohlgeschmack mittlerweile sehr beliebt gemacht. Charakteristisch ist sein spitz-kegelförmiger Kopf. Aus regionalem Anbau erhalten Sie ihn schon im Mai/Juni.

Spitzkohl und Kartoffelpüree mit Kabeljau | Für Kinder

4 Portionen

Pro Portion: E: 37 g, F: 25 g, Kh: 46 g, kJ: 2404, kcal: 574, BE: 4,0

Für das Kartoffelpüree:

1 kg mehligkochende Kartoffeln
1 TL Salz
50 g Butter
etwa 250 ml heiße Milch (1,5 % Fett)

Für den Spitzkohl:

800 g Spitzkohl
250 g Möhren
1 Zwiebel
2 EL Rapsöl
125 ml Gemüsebrühe
1 EL Crème fraîche
Salz, ger. Muskatnuss

1 Bio-Zitrone (unbehandelt, ungewachst)
600 g Kabeljaufilet oder Seelachsfilet
gem. Pfeffer
6 EL Rapsöl
3 EL Weizenmehl
1–2 EL gehackte Petersilie

Zubereitungszeit: 40 Minuten

1. Für das Kartoffelpüree die Kartoffeln schälen, abspülen, abtropfen lassen und in Stücke schneiden. Die Kartoffelstücke in einen Topf geben, Salz daraufstreuen, mit Wasser knapp bedecken und zum Kochen bringen. Kartoffeln zugedeckt in etwa 20 Minuten gar kochen.

2. Inzwischen den Spitzkohl putzen, halbieren, den Strunk herausschneiden und den Kohl in etwa 2 cm große Stücke schneiden.

3. Möhren putzen, schälen, abspülen, abtropfen lassen und in dünne Scheiben schneiden. Zwiebel abziehen und würfeln. Öl in einem Topf erhitzen.

4. Die Zwiebelwürfel, Möhrenscheiben und Spitzkohlstücke darin andünsten. Die Brühe zugeben und etwa 10 Minuten garen.

5. Crème fraîche unterrühren und weitere 2–3 Minuten garen. Das Gemüse mit Salz und Muskat abschmecken.

6. Zitrone heiß abwaschen, abtrocknen und halbieren. Eine Hälfte auspressen. Kabeljau unter fließendem kalten Wasser abspülen, trocken tupfen, mit Salz, Pfeffer und Zitronensaft würzen.

7. In einer Pfanne das Öl erhitzen. Kabeljau- oder Seelachsfilet in Mehl wenden, überschüssiges Mehl abschütteln und in dem Öl etwa 10 Minuten braten, dabei einmal wenden.

8. Kartoffeln abgießen, mit einem Kartoffelstampfer zerdrücken und Butter zugeben.

9. Die Milch mit einem Schneebesen oder Kochlöffel nach und nach unterrühren, so lange rühren, bis eine lockere Masse entstanden ist. Püree mit Salz und Muskat abschmecken.

10. Die zweite Zitronenhälfte in Spalten schneiden. Kabeljau mit Zitronenspalten garnieren. Spitzkohl mit Petersilie bestreuen und alles mit Kartoffelpüree servieren.

Steckrübe

Die Steckrübe ist ein Wintergemüse, das wieder an Bedeutung gewinnt. Die Verwendung entspricht der von Möhren. Das Fruchtfleisch ist zart, leicht süßlich und gut verdaulich. Die Steckrübe hat einen hohen Gehalt an Kalium und Beta-Carotin. Die Steckrübensaison ist etwa von Oktober bis Januar.

Steckrübenauflauf mit geräucherter Putenbrust I

Einfach – würzig

4 Portionen

Pro Portion: E: 27 g, F: 30 g, Kh: 27 g, kJ: 2044, kcal: 488, BE: 2,0

600 g Steckrübe
600 g festkochende Kartoffeln
20 g Butter
Salz, gem. Pfeffer
1 TL gerebelter Majoran
200 g Schlagsahne
100 ml heiße Gemüsebrühe
150 g Porree (Lauch)
250 g geräucherter Putenbrustaufschnitt
70 g Frühstücksspeck in Scheiben (Bacon)
50 g ger. Parmesan

Zubereitungszeit: 30 Minuten
Garzeit: 25–30 Minuten

1. Steckrübe und Kartoffeln schälen, abspülen, abtropfen lassen und in etwa ½ cm dicke Scheiben schneiden. Butter in einem weiten Topf zerlassen. Die Steckrübenscheiben in Stifte schneiden und darin andünsten. Die Kartoffelscheiben zu den Steckrübenstiften geben, untermischen und alles weitere etwa 2 Minuten dünsten. Das Ganze mit Salz, Pfeffer und Majoran würzen.

2. Sahne mit Brühe verrühren, zu dem Gemüse gießen und unterrühren. Das Ganze aufkochen und bei schwacher Hitze etwa 12 Minuten zugedeckt köcheln lassen, dabei gelegentlich umrühren.

3. In der Zwischenzeit den Porree putzen. Die Stange längs einschneiden, gründlich waschen, abtropfen lassen und in dünne Stücke schneiden. Etwa 2 Minuten vor dem Ende der Garzeit die Porreestücke zu dem Steckrüben-Kartoffel-Gemüse geben und unterrühren.

4. Gleichzeitig den Backofen vorheizen.
Ober-/Unterhitze: etwa 200 °C
Heißluft: etwa 180 °C

5. Putenbrust in etwa 1 cm dicke Streifen schneiden. Gemüse-Kartoffel-Mischung abwechselnd mit den Putenbruststreifen in eine große, flache Auflaufform (gefettet) schichten. Frühstücksspeck in feine Streifen schneiden und mit dem Parmesan darauf verteilen.

6. Form auf dem Rost in den vorgeheizten Backofen schieben. Den Auflauf **25–30 Minuten garen.**

Steckrübeneintopf I

Preiswert

4 Portionen

Pro Portion: E: 26 g, F: 13 g, Kh: 25 g, kJ: 1390, kcal: 332, BE: 2,0

500 g Kasseler (ohne Knochen)
2 Zwiebeln
1 EL Speiseöl, z. B. Sonnenblumenöl
Salz
gem. Pfeffer
etwa 500 ml Gemüsebrühe
750 g Steckrüben
500 g vorwiegend festkochende Kartoffeln
1 EL gehackte Petersilie

Zubereitungszeit: 30 Minuten
Garzeit: etwa 50 Minuten

1. Kasseler mit Küchenpapier trocken tupfen und in kleine Würfel schneiden. Zwiebeln abziehen und würfeln.

2. Öl in einem Topf erhitzen. Fleischwürfel unter Rühren darin hellbraun braten. Die Zwiebelwürfel zufügen und kurz mitdünsten. Das Fleisch mit wenig Salz und Pfeffer würzen. Etwa die Hälfte der Gemüsebrühe zufügen, zum Kochen bringen und zugedeckt etwa 30 Minuten bei mittlerer Hitze garen.

3. Inzwischen Steckrüben und Kartoffeln schälen, abspülen, abtropfen lassen und in Stifte schneiden. Die Steckrüben- und Kartoffelstifte mit der restlichen Brühe zu dem Fleisch geben, wieder zum Kochen bringen. Den Eintopf weitere etwa 20 Minuten garen.

4. Eintopf nochmals mit den Gewürzen abschmecken und mit Petersilie bestreut servieren.

Tipps: Schmecken Sie den Eintopf mit mittelscharfem Senf ab. Würzen Sie den Eintopf nach Belieben zusätzlich mit getrocknetem, gerebeltem Majoran oder bestreuen Sie den Eintopf vor dem Servieren mit 1–2 abgespülten, abgetropften, in feine Scheiben geschnittenen Frühlingszwiebeln. Anstelle von Kasseler können Sie auch Lammfleisch (aus der Schulter) verwenden.

Steckrüben-Kartoffel-Suppe I

Einfach

4 Portionen

Pro Portion: E: 6 g, F: 12 g, Kh: 25 g, kJ: 974, kcal: 234, BE: 2,0

500 g festkochende Kartoffeln
600 g Steckrübe
1 l Gemüsebrühe
1 kleines Bund Petersilie
einige Stängel Majoran oder
1–2 TL gerebelter Majoran
Salz
gem. Pfeffer

150 g Crème fraîche

Zubereitungszeit: 30 Minuten
Garzeit: etwa 20 Minuten

1. Kartoffeln schälen, abspülen, abtropfen lassen und in kleine Würfel schneiden. Steckrübe putzen, schälen, abspülen, abtropfen lassen, halbieren und ebenfalls in kleine Würfel schneiden.

2. Die Gemüsebrühe in einem Topf zum Kochen bringen. Die Kartoffel- und Steckrübenwürfel hinzugeben, zum Kochen bringen und in etwa 20 Minuten gar kochen.

3. Petersilie und Majoran abspülen, trocken tupfen (vom Majoran einige kleine Stängel beiseitelegen). Die Blättchen jeweils von den Stängeln zupfen. Die Blättchen klein schneiden. Die Kräuter unter die Suppe rühren. Die Suppe mit Salz und Pfeffer abschmecken.

4. Die Suppe auf Tellern anrichten und mit je einem Klecks Crème fraîche und den beiseitegelegten Majoranstängeln garniert servieren.

Beilage: Ofenwarmes Brot oder Brötchen mit Knoblauchbutter.

Stielmus

Stielmus, auch Rübstiel oder Stängelmus genannt, ist eine als Blattgemüse angebaute Speiserübe (z. B. von der Mairübe). Besonders dicht gesät, schießt diese mehr ins Kraut und entwickelt Stiele. Die Stiele können mit den Blättern roh wie Spinat, fein geschnitten als Salat verarbeitet oder als Gemüse gekocht werden. Die dunkelgrüneren oberen Stielmusblätter haben einen herberen Geschmack. Wer den nicht mag, kann die oberen Blätter abschneiden. Etwa von Mai bis Juni kommt er aus dem heimischen Freilandanbau.

Stielmuseintopf

Deftig

4 Portionen

Pro Portion: E: 20 g, F: 29 g, Kh: 23 g, kJ: 1826, kcal: 441, BE: 1,5

1 kg Stielmus
Salz
500 g Kartoffeln
4 Mett- oder Rauchenden (je etwa 80 g)
1 ¼ l Gemüsebrühe
gem. Pfeffer

Zubereitungszeit: 25 Minuten
Garzeit: etwa 25 Minuten

1. Stielmus von schlechten Blättern und Stielen befreien. Den Wurzelansatz, der die Blätter zusammenhält, abschneiden. Stielmus gut waschen und abtropfen lassen. Stielmus in etwa ½ cm breite Stücke schneiden.

2. Salzwasser in einem Topf zum Kochen bringen. Die Stielmusstücke darin 1–2 Minuten blanchieren. Dann die Stielmusstücke in einem Sieb abtropfen lassen.

3. Kartoffeln schälen, abspülen, abtropfen lassen und in kleine Würfel schneiden. Stielmus und Kartoffelwürfel in einen großen Topf geben.

4. Die Mettenden darauflegen und die Gemüsebrühe hinzugeben. Alles zusammen zum Kochen bringen, etwa 25 Minuten kochen.

5. Den Eintopf nach dem Kochen mit Salz und Pfeffer abschmecken. Die Mettenden aus dem Eintopf nehmen, in Scheiben schneiden und wieder in den Eintopf geben.

Stielmus-Kartoffel-Salat |
Gut vorzubereiten (ohne Foto)
4 Portionen

Pro Portion: E: 6 g, F: 19 g, Kh: 24 g, kJ: 1220, kcal: 292, BE: 2,0

750 g Stielmus
1 EL Maiskeimöl
250 ml Gemüsebrühe
500 g festkochende Kartoffeln

Für die Sauce:
1 Zwiebel
1 EL gehackte Petersilie
2 EL mittelscharfer Senf
1 EL Weißweinessig
6 EL Maiskeimöl
gem. Pfeffer
ger. Muskatnuss

Zubereitungszeit: 45 Minuten, ohne Durchziehzeit

1. Das Stielmus von schlechten Blättern und Stielen befreien. Den Wurzelansatz, der die Blätter zusammenhält, abschneiden. Stielmus gut waschen und abtropfen lassen. Stielmus in etwa 2 cm lange Stücke schneiden.

2. Das Maiskeimöl in einem Topf erhitzen. Die Stielmusstücke darin andünsten. Brühe hinzugießen und zum Kochen bringen. Stielmus in etwa 30 Minuten bissfest kochen.

3. In der Zwischenzeit die Kartoffeln gründlich waschen und knapp mit Wasser bedeckt in einem Topf zum Kochen bringen. Die Kartoffeln in etwa 20 Minuten gar kochen, dann abgießen und kurz abkühlen lassen. Die Kartoffeln pellen, noch heiß in Scheiben schneiden und mit dem Stielmus vermengen.

4. Für die Sauce Zwiebel abziehen, fein reiben, mit Petersilie, Senf, Essig und Öl verrühren, mit Pfeffer und Muskat abschmecken. Sauce mit den Salatzutaten vermengen, etwa 30 Minuten durchziehen lassen, evtl. nochmals mit Pfeffer und Muskat abschmecken. Den Salat lauwarm servieren.

Stielmusuntereinander mit Lammkoteletts | Einfach
4 Portionen

Pro Portion: E: 45 g, F: 37 g, Kh: 26 g, kJ: 2633, kcal: 629, BE: 2,0

1 1/4 kg Stielmus
600 g mehligkochende Kartoffeln
4 EL Rapsöl
200 g magere Speckwürfel
250 ml Gemüsebrühe
Salz, gem. Pfeffer
ger. Muskatnuss
8 Lammkoteletts (je etwa 90 g)
2 Knoblauchzehen
2 EL Rapsöl

Zubereitungszeit: 25 Minuten
Garzeit: etwa 30 Minuten

1. Stielmus von schlechten Blättern und Stielen befreien. Den Wurzelansatz, der die Blätter zusammenhält, abschneiden. Stielmus gut waschen und abtropfen lassen. Stielmus in kleine Stücke schneiden.

2. Kartoffeln schälen, abspülen, abtropfen lassen und in kleine Würfel schneiden.

3. Das Rapsöl in einem Bräter erhitzen. Die Speckwürfel darin auslassen. Stielmusstücke und Kartoffelwürfel hinzufügen und unter Rühren darin anbraten.

4. Brühe hinzugießen. Das Gemüse mit Salz, Pfeffer und Muskat würzen, zugedeckt bei schwacher Hitze etwa 30 Minuten schmoren. Die Flüssigkeit sollte danach vom Gemüse aufgenommen sein.

5. Inzwischen die Lammkoteletts unter fließendem kalten Wasser abspülen, trocken tupfen. Knoblauch abziehen und durch eine Knoblauchpresse drücken. Das Öl in einer großen Pfanne erhitzen. Die Lammkoteletts mit Salz, Pfeffer und Knoblauch würzen, in der Pfanne unter Wenden etwa 10 Minuten braten.

6. Die Lammkoteletts auf dem Stielmusuntereinander anrichten und servieren.

Thai-Nudeln mit Brokkoli und Champignons I

Würzig – exotisch

4 Portionen

Pro Portion: E: 11 g, F: 24 g, Kh: 40 g, kJ: 1733, kcal: 416, BE: 3,0

2	*Knoblauchzehen*
2 EL	*Speiseöl, z. B. Sojaöl*
1–2 TL	*Thai-Currypaste (aus dem Glas, erhältlich im Asialaden)*
400 ml	*Kokosmilch*
400 g	*Brokkoli*
1 Bund	*Frühlingszwiebeln*
150 g	*rosé Champignons*
1	*rote Paprikaschote (etwa 200 g)*
125 g	*Cocktailtomaten*
	Salz
	gem. Pfeffer
150 g	*Mie-Nudeln (asiatische Instant-Nudeln)*
etwas	*Sojasauce*

Zubereitungszeit: 30 Minuten

1. Knoblauch abziehen, in Scheiben schneiden. Öl in einer sehr großen Pfanne erhitzen. Knoblauch darin andünsten. Die Currypaste hinzugeben, unter Rühren kurz mit andünsten. Mit Kokosmilch ablöschen, unter Rühren zum Kochen bringen und etwa 2 Minuten kochen lassen.

2. Von dem Brokkoli die Blätter entfernen. Brokkoli in Röschen teilen, die dicken Stiele schälen und klein schneiden. Die Brokkoliröschen und -stiele abspülen und abtropfen lassen. Die Frühlingszwiebeln putzen, abspülen, abtropfen lassen und in Stücke schneiden. Champignons putzen, evtl. kurz abspülen und gut trocken tupfen. Große Pilze halbieren.

3. Paprikaschote halbieren, entstielen, entkernen und die weißen Scheidewände entfernen. Die Schotenhälften abspülen, abtropfen lassen und in feine Streifen schneiden. Tomaten abspülen, abtrocknen, halbieren und die Stängelansätze herausschneiden.

4. Brokkoliröschen, -stiele, Frühlingszwiebelstücke, Champignons und Paprikastreifen zum Kokosfond in die Pfanne geben. Das Ganze mit Salz und Pfeffer würzen, zum Kochen bringen und etwa 5 Minuten bei schwacher Hitze kochen lassen.

5. In der Zwischenzeit die Instant-Nudeln in eine große Schüssel geben. Kochendes Wasser auf die Nudeln gießen und zugedeckt nach Packungsanleitung gar ziehen lassen.

6. Die Gemüse-Kokos-Sauce nochmals mit Salz und Pfeffer abschmecken. Die Tomatenhälften hinzugeben und kurz aufkochen lassen. Die garen Nudeln durchrühren, in einem Sieb gut abtropfen lassen, zur Sauce geben und vermischen. Nochmals kurz erhitzen. Das Gericht mit Sojasauce abschmecken und servieren.

Tipp: Zum Würzen benötigen Sie nicht unbedingt die Thai-Currypaste. Schmecken Sie den Kokosfond stattdessen kräftig mit Sojasauce, Pfeffer und evtl. etwas Chili ab.

Tiroler Krautnudeln

Preiswert

4 Portionen

Pro Portion: E: 19 g, F: 33 g, Kh: 53 g, kJ: 2463, kcal: 587, BE: 4,5

1 kg Weißkohl
2 große Zwiebeln
50 g Schweine- oder Butterschmalz
Salz, gem. Pfeffer
evtl. etwas Gemüsebrühe

2 1/2 l Wasser
2 1/2 gestr. TL Salz
250 g Bandnudeln

250–300 g Fleischwurst mit Knoblauch

Zubereitungszeit: 55 Minuten

1. Den Weißkohl putzen, vierteln, abspülen, abtropfen lassen und den Strunk herausschneiden. Kohl in feine Streifen schneiden.

2. Zwiebeln abziehen und in kleine Würfel schneiden. Schmalz in einem Bratentopf erhitzen. Zwiebelwürfel darin andünsten. Die Kohlstreifen hinzufügen und unter Rühren gut anbraten, mit Salz und Pfeffer würzen. Kohl unter gelegentlichem Rühren etwa 25 Minuten schmoren lassen und evtl. etwas Gemüsebrühe nachgießen.

3. Inzwischen Wasser in einem großen Topf zugedeckt zum Kochen bringen. Dann Salz und Nudeln hinzugeben. Die Nudeln im geöffneten Topf bei mittlerer Hitze nach Packungsanleitung kochen lassen, dabei gelegentlich umrühren.

4. Anschließend die Nudeln in ein Sieb geben, mit heißem Wasser abspülen und abtropfen lassen.

5. Fleischwurst enthäuten, halbieren und in Scheiben schneiden. Die Wurstscheiben mit den Nudeln zu dem Kohl (Kraut) geben und unter Rühren erhitzen. Krautnudeln mit Salz und Pfeffer kräftig abschmecken.

Tipp: Ersetzen Sie die Fleischwurst durch Würfel von übrig gebliebenem kalten Braten.

Tomaten

Die heimische Tomatenhauptsaison dauert von Juli bis September. Dabei sind die unterschiedlichsten Sorten erhältlich: rund, länglich oder eierförmig, von kirschgroß bis hin zu 10 cm großen Fleischtomaten. Tomaten zeichnen sich durch einen hohen Gehalt an Beta-Carotin und Vitamin C sowie an Kalium und Carotinoiden, insbesondere Lycopin, aus. Lycopin wird eine antioxidative Wirkung zugesprochen. Tomaten können roh, gegart oder gegrillt gegessen werden. Verarbeitet zu Saft, Mark oder Ketchup sind sie besonders wertvoll, da der Lycopingehalt hier deutlich höher ist.

Tomaten auf Berner Art I

Vegetarisch
4 Portionen

Pro Portion: E: 16 g, F: 25 g, Kh: 37 g, kJ: 1830, kcal: 436, BE: 2,5

1 kg festkochende Kartoffeln
Salz
8 Tomaten (etwa 750 g)
2 Zweige Rosmarin
2 Stängel Oregano
1 Stängel Thymian
1 Bund glatte Petersilie
2 Knoblauchzehen
gem. Pfeffer
150 g ger. Greyerzer Käse
4 EL Olivenöl

Zubereitungszeit: 30 Minuten
Garzeit: 30–35 Minuten

1. Kartoffeln schälen, abspülen, abtropfen lassen und zunächst in Scheiben, dann in Stifte schneiden.

2. Salzwasser in einem Topf zum Kochen bringen. Die Kartoffelstifte darin etwa 10 Minuten garen. Kartoffelstifte in ein Sieb abgießen und abtropfen lassen.

3. Inzwischen Tomaten abspülen, abtrocknen, längs halbieren und die Stängelansätze herausschneiden.

4. Die Kräuter abspülen, trocken tupfen und die Blättchen oder Nadeln von den Stängeln zupfen. Einige Kräuterblättchen zum Garnieren beiseitelegen. Die restlichen Blättchen und Nadeln fein schneiden. Knoblauch abziehen, durch eine Knoblauchpresse drücken und mit den Kräutern mischen.

5. Den Backofen vorheizen.
Ober-/Unterhitze: etwa 180 °C
Heißluft: etwa 160 °C

6. Die vorgegarten Kartoffelstifte in einer großen, flachen Auflaufform (gefettet) oder 2 kleineren flachen Auflaufformen (gefettet) mit der Hälfte der Kräuter-Knoblauch-Mischung mischen. Das Ganze mit Salz und Pfeffer würzen. Den geriebenen Käse daraufstreuen.

7. Die Form oder Formen auf dem Rost in den vorgeheizten Backofen schieben. Die Kartoffel-Käse-Masse **5–10 Minuten garen,** bis der Käse zerlaufen ist.

8. Dann die Auflaufform aus dem Backofen nehmen und die Tomatenhälften mit der Schnittfläche nach oben auf die Kartoffelstifte setzen.

9. Tomaten mit dem Olivenöl beträufeln, mit der restlichen Kräuter-Knoblauch-Mischung sowie Salz und Pfeffer bestreuen.

10. Die Form wieder auf dem Rost in den heißen Backofen schieben. Die Tomaten auf Berner Art **bei gleicher Backofeneinstellung weitere etwa 25 Minuten garen.**

11. Die Tomaten auf Berner Art mit den beiseitegelegten Kräuterblättchen garnieren und servieren.

Tomaten, karamellisierte

Einfach – schnell

4 Portionen

Pro Portion: E: 27 g, F: 7 g, Kh: 19 g, kJ: 1035, kcal: 246, BE: 1,0

12 große Roma-Tomaten (etwa 1 1/2 kg)
4 EL Olivenöl
Salz
gem. Pfeffer
500 g Riesengarnelen (geschält und entdarmt)
4 Knoblauchzehen
30 g Puderzucker
einige Stängel Thymian

Außerdem:

Alufolie

Zubereitungszeit: 15 Minuten
Garzeit: 12–16 Minuten

1. Den Backofen vorheizen.
Ober-/Unterhitze: etwa 180 °C
Heißluft: etwa 160 °C

2. Die Tomaten abspülen, abtrocknen, halbieren und die Stängelansätze herausschneiden.

3. Die Tomatenhälften mit der Schnittfläche nach unten auf ein Backblech (mit Alufolie belegt) setzen. Die Tomaten mit etwas von dem Olivenöl bestreichen, mit Salz und Pfeffer bestreuen.

4. Backblech in den vorgeheizten Backofen schieben. Die Tomaten **8–10 Minuten garen.**

5. Inzwischen die Garnelen unter fließendem kalten Wasser abspülen und gut abtropfen lassen. Knoblauch abziehen und fein würfeln.

6. Das Backblech aus dem Backofen nehmen und auf einen Kuchenrost stellen. Die Tomaten mit dem Puderzucker bestäuben.

7. Die Backofentemperatur um etwa 40 °C auf Ober-/Unterhitze: etwa 220 °C, Heißluft: etwa 200 °C heraufschalten.

8. Das Backblech wieder in den Backofen schieben. Die Tomaten **weitere etwa 4–6 Minuten karamellisieren lassen**.

9. Das restliche Olivenöl in einer Pfanne erhitzen und die Garnelen mit dem Knoblauch darin unter Rühren braten. Die Garnelen mit Salz und Pfeffer würzen.

10. Thymian abspülen, trocken tupfen und etwas kleiner zupfen. Die karamellisierten Tomaten mit Garnelen und Thymian bestreut servieren.

Rezeptvariante: Lecker sind auch folgende **überbackene Tomaten.** Dazu 4 Fleischtomaten abspülen, abtrocknen, die Stängelansätze herausschneiden und die Tomaten waagerecht halbieren. Die Tomaten mit der Schnittfläche nach oben in eine Auflaufform (gefettet) legen und mit Salz, Pfeffer und Kräutern der Provence bestreuen. 2 Knoblauchzehen abziehen, durch die Knoblauchpresse drücken und auf den Tomaten verteilen. 25 g Butter in Flöckchen daraufsetzen und 30 g geraspelten Gouda daraufstreuen. Die Form auf dem Rost in den vorgeheizten Backofen schieben, bei Ober-/Unterhitze: etwa 220 °C (Heißluft: etwa 200 °C) 5–8 Minuten überbacken.

Tomaten-Bulgur-Salat I

Zum Mitnehmen

4 Portionen

Pro Portion: E: 7 g, F: 6 g, Kh: 41 g, kJ: 1055, kcal: 252, BE: 3,0

200 g Bulgur
etwa 400 ml Gemüsebrühe
5–6 Tomaten (etwa 500 g)
1 kleines Bund Frühlingszwiebeln (etwa 150 g)
½ Salatgurke (etwa 175 g)

Für die Salatsauce:

4–6 EL Zitronensaft
2 EL Olivenöl
Salz, gem. Pfeffer
1 Msp. gem. Kreuzkümmel (Cumin)

1 Bund Petersilie
1 Bund Minze

Zubereitungszeit: 25 Minuten, ohne Abkühl- und Durchziehzeit

1. Bulgur mit der Gemüsebrühe nach Packungsanleitung in einem Topf zubereiten. Den garen Bulgur in eine Salatschüssel geben und abkühlen lassen.

2. In der Zwischenzeit die Tomaten kreuzweise einschneiden und mit kochendem Wasser übergießen. Nach 1–2 Minuten herausnehmen und mit kaltem Wasser abschrecken.

3. Tomaten enthäuten, halbieren und die Stängelansätze herausschneiden. Die Tomaten entkernen und das Fruchtfleisch in kleine Stücke schneiden.

4. Frühlingszwiebeln putzen, abspülen, abtropfen lassen und in feine Scheiben schneiden. Die Salatgurke abspülen, abtrocknen und das Ende abschneiden. Die Gurke längs halbieren, entkernen und in kleine Würfel schneiden.

5. Den beiseitegestellten Bulgur mit 2 Gabeln etwas auflockern. Tomatenstücke, Frühlingszwiebelscheiben und Gurkenwürfel unterheben.

6. Für die Salatsauce 4 Esslöffel Zitronensaft mit dem Olivenöl verschlagen, mit Salz, Pfeffer und Kreuzkümmel würzen. Die Sauce mit den Salatzutaten vermengen und zugedeckt etwa 30 Minuten im Kühlschrank durchziehen lassen.

7. Zum Servieren die Petersilie und Minze abspülen, trocken tupfen und die Blättchen von den Stängeln zupfen. Die Blättchen fein hacken und unter den Salat heben. Den Salat nochmals mit 1–2 Esslöffeln Zitronensaft und den Gewürzen abschmecken und servieren.

Tomaten-Sambal mit Tofu

Vegetarisch – fernöstlich inspiriert

4 Portionen

Pro Portion: E: 25 g, F: 18 g, Kh: 35 g, kJ: 1676, kcal: 399, BE: 2,5

Für das Sambal:

½–1 rote Chilischote
15 g frischer Ingwer
1 Bio-Limette (unbehandelt, ungewachst)
4 EL Ketjap Manis (indonesische Sojasauce)
1 EL Limettensaft
2 EL Zucker
600 g Strauchtomaten

40 g geröstete, gesalzene Erdnüsse
12–16 Blättchen Thai-Basilikum oder Basilikum
2 EL Weizenmehl
1 EL mildes Currypulver
Salz
500 g Tofu
5 EL Speiseöl, z. B. Maiskeimöl
30 g Röstzwiebeln

Zubereitungszeit: 40 Minuten, ohne Abkühlzeit

1. Für das Sambal Chilischote entstielen, halbieren, abspülen, abtropfen lassen und fein hacken. Ingwer schälen und fein reiben.

2. Limette heiß abwaschen, abtrocknen, die Schale fein abreiben und beiseitestellen. Limette halbieren und 1 Esslöffel Saft auspressen. Chili und Ingwer mit Ketjap Manis, Limettensaft und Zucker verrühren.

3. Tomaten abspülen, abtropfen lassen, halbieren und die Stängelansätze herausschneiden. Tomaten in etwa 2 cm breite Spalten schneiden. Aus den Spalten das Fruchtfleisch mit den Kernen herausschneiden. Etwa eine Handvoll des Fruchtfleisches mit den Kernen in einem feinen Sieb auspressen. Dabei den Saft auffangen und zum Sambal geben.

4. Die „Tomatenschiffchen" in einer Pfanne ohne Fett bei starker Hitze etwa ½ Minute schwenken. Sambal dazugeben und unter Rütteln der Pfanne knapp ½ Minute schwenken. Das Tomaten-Sambal sofort aus der Pfanne nehmen und erkalten lassen.

5. Erdnüsse fein hacken. Basilikumblättchen abspülen und trocken tupfen. Blättchen grob zerschneiden. Das Mehl mit Curry und etwas Salz mischen. Den Tofu in etwa 1 cm breite Scheiben schneiden und mit Küchenpapier trocken tupfen. Die Tofuscheiben im Currymehl wenden, überschüssiges Mehl abklopfen.

6. Speiseöl in einer großen Pfanne erhitzen. Die Tofuscheiben darin bei starker Hitze rundherum knusprig und goldbraun braten. Den Tofu sofort mit dem kalten Sambal anrichten, mit Erdnüssen, Röstzwiebeln, Basilikum und beiseitegestellter Limettenschale bestreut servieren.

Tomatensuppe I

Fettarm

4 Portionen

Pro Portion: E: 4 g, F: 6 g, Kh: 11 g, kJ: 505, kcal: 119, BE: 0,5

1 1/2 kg Fleischtomaten
2 Zwiebeln
2 Knoblauchzehen
2 EL Olivenöl
500 ml heiße Gemüsebrühe
1 Lorbeerblatt
1 Prise Zucker
Salz, gem. Pfeffer
Cayennepfeffer
gerebelter Oregano
einige Basilikumblättchen
evtl. geschroteter Pfeffer

Zubereitungszeit: 20 Minuten
Garzeit: etwa 15 Minuten

1. Die Tomaten kreuzweise einschneiden und mit kochendem Wasser übergießen. Nach 1–2 Minuten herausnehmen und mit kaltem Wasser abschrecken. Tomaten enthäuten, halbieren und die Stängelansätze herausschneiden. Die Tomaten in Stücke schneiden. Zwiebeln und Knoblauch abziehen, klein würfeln.

2. Das Olivenöl in einem Topf erhitzen. Zwiebel- und Knoblauchwürfel darin andünsten. Tomatenstücke, Gemüsebrühe und Lorbeerblatt hinzugeben. Mit Zucker, Salz, Pfeffer, Cayennepfeffer und Oregano würzen.

3. Die Tomatensuppe zum Kochen bringen und zugedeckt etwa 15 Minuten bei schwacher Hitze kochen lassen.

4. Das Lorbeerblatt entfernen. Die Suppe pürieren. Tomatensuppe nochmals aufkochen lassen und mit den Gewürzen abschmecken.

5. Basilikumblättchen abspülen und trocken tupfen.

6. Die Tomatensuppe in tiefen Tellern oder Suppentassen verteilen und mit den Basilikumblättchen bestreut servieren. Nach Belieben etwas frisch geschroteten Pfeffer auf die Suppe geben.

Tomaten-Wirsing-Tarte I

Für Gäste

6 Portionen

Pro Portion: E: 22 g, F: 47 g, Kh: 30 g, kJ: 2647, kcal: 633, BE: 2,5

Für den Teig:

200 g Weizenmehl
1 Prise Salz
1 Ei (Größe M)
125 g Butter
2 EL Wasser

Für die Füllung:

400 g Wirsing
600 g Tomaten
1–2 EL Olivenöl
250 g Gehacktes (halb Rind-, halb Schweinefleisch)
Salz, gem. Pfeffer
3 Eier (Größe M)
250 g Schlagsahne
50 g ger. Gouda
gem. Muskatnuss

Zubereitungszeit: 30 Minuten
Backzeit: etwa 50 Minuten

1. Einen Bogen Backpapier auf den Boden einer Springform (Ø 26 cm) legen und mit dem Springformrand straff einspannen.

2. Für den Teig das Mehl in eine Rührschüssel geben. Restliche Teigzutaten hinzufügen und mit einem Mixer (Knethaken) zunächst auf niedriger, dann auf höchster Stufe gut durcharbeiten. Teig kurz auf einer leicht bemehlten Arbeitsfläche zu einem glatten Teig verkneten.

3. Den Teig in die Springform geben und mit leicht bemehlten Händen zu einem Boden andrücken, dabei einen etwa 1 1/2 cm hohen Rand am Springformrand hochziehen. Teigboden in den Kühlschrank stellen.

4. Wirsing putzen, abspülen, abtropfen lassen und in feine Streifen schneiden. Tomaten kreuzweise einschneiden und mit kochendem Wasser übergießen. Nach 1–2 Minuten herausnehmen und mit kaltem Wasser abschrecken. Tomaten enthäuten, halbieren und die Stängelansätze herausschneiden. Die Tomaten in Scheiben schneiden, evtl. nochmals halbieren.

5. Den Backofen vorheizen.
Ober-/Unterhitze: etwa 200 °C
Heißluft: etwa 180 °C

6. Öl in einer Pfanne erhitzen. Gehacktes hinzugeben und unter Rühren darin anbraten, dabei die Fleischklümpchen mit einer Gabel zerdrücken. Wirsingstreifen hinzugeben und etwa 5 Minuten unter gelegentlichem Rühren mitbraten, mit Salz und Pfeffer würzen.

7. Die Eier mit Sahne verschlagen. Geriebenen Käse unterrühren. Eiersahne kräftig mit Salz, Pfeffer und Muskatnuss abschmecken. Hack-Wirsing-Masse in die Springform geben und auf dem Teigboden gleichmäßig verteilen. Die Tomatenscheiben kreisförmig nebeneinander darauflegen, leicht andrücken. Die Eiersahne daraufgießen.

8. Die Form auf dem Rost im unteren Drittel in den vorgeheizten Backofen schieben. Tomaten-Wirsing-Tarte **etwa 50 Minuten backen.** Tarte in der Form auf einem Kuchenrost etwas abkühlen lassen. Springform entfernen. Die Tarte lauwarm servieren.

Topinambur

Die Knolle war ursprünglich in Nordamerika beheimatet und wird bei uns nur in kleineren Mengen regional angebaut. Von Oktober bis Mai können Sie die Knollen dann erhalten. Die fast vergessene Knolle ist vielseitig einsetzbar. Sie kann nach dem Schälen roh, blanchiert, aber auch als Gemüse zubereitet gegessen werden.

Topinambur |

Schnelle Beilage (ohne Foto)
4 Portionen

Pro Portion: E: 4 g, F: 6 g, Kh: 8 g, kJ: 499, kcal: 120, BE: 0,5

800 g Topinambur
einige Scheiben von
1 Bio-Zitrone
(unbehandelt, ungewachst)
30 g Butter, Salz
100 ml Gemüsebrühe
gem. Pfeffer
1 EL gehackte glatte Petersilie

Zubereitungszeit: 30 Minuten
Garzeit: 8–10 Minuten

1. Topinambur unter fließendem kalten Wasser gründlich abbürsten, abtropfen lassen, evtl. dünn schälen. Topinambur in dünne Scheiben schneiden. Etwas Wasser in eine Schüssel geben, Zitronen- und Topinambur-Scheiben zugeben.

2. Butter in einem Topf zerlassen. Topinambur mit einer Schaumkelle aus dem Wasser nehmen, etwas abtropfen lassen, unter Rühren in der Butter andünsten, dann salzen. Gemüsebrühe zugießen und Topinambur zugedeckt bei schwacher Hitze in 8–10 Minuten gar dünsten, dabei gelegentlich umrühren.

3. Topinambur mit Salz und Pfeffer würzen, mit gehackter Petersilie bestreut servieren.

Tipp: Topinambur als Beilage zu kurz gebratenem Fleisch oder Geflügel servieren.

Topinambur-Gratin | Einfach

4 Portionen

Pro Portion: E: 25 g, F: 54 g, Kh: 16 g, kJ: 2742, kcal: 656, BE: 1,5

1 1/4 kg Topinambur
Salz
gem. Pfeffer
1 TL Kümmelsamen
400 g Schlagsahne
3 Eier (Größe M)
200 g ger. Gouda

1 EL gehackte Petersilie

Zubereitungszeit: 30 Minuten
Garzeit: etwa 30 Minuten

1. Topinambur unter fließendem kalten Wasser gründlich abbürsten, abtropfen lassen, evtl. dünn schälen. Topinambur in dünne Scheiben schneiden.

2. Salzwasser in einem großen Topf zum Kochen bringen und die Topinambur-Scheiben darin kurz blanchieren. Dann die Scheiben in ein Sieb abgießen und gut abtropfen lassen.

3. Den Backofen vorheizen.
Ober-/Unterhitze: etwa 200 °C
Heißluft: etwa 180 °C

4. Topinambur-Scheiben in eine große, flache Auflaufform (gefettet) oder 4 feuerfeste, flache Portionsförm-

chen (gefettet) geben und anschließend mit Salz, Pfeffer und Kümmel würzen.

5. Die Sahne mit den Eiern verschlagen und mit Salz würzen. Die Eiersahne über die Topinambur-Scheiben gießen. Den Käse daraufstreuen.

6. Die Form oder Formen auf dem Rost in den vorgeheizten Backofen schieben. Das Gratin **etwa 30 Minuten garen.**

7. Zum Servieren das Gratin mit der Petersilie bestreut servieren.

Weißkohl

Weißkohl enthält wichtige Mineralstoffe wie Kalium und Vitamin C. Er ist reich an Ballaststoffen und kalorienarm, 100 g enthalten etwa 25 kcal. Zur besseren Bekömmlichkeit den Kohl mit Kümmel würzen oder vor der Mahlzeit einige Kümmelsamen unzerkaut mit Wasser schlucken. Weißkohl erhalten Sie das ganze Jahr aus heimischem Anbau, da die verschiedenen Sorten – früher Weißkohl, Herbstweißkohl und Dauerweißkohl – für dieses Angebot sorgen.

Weißkohl-Kartoffel-Gulasch mit Speck | Einfach

4 Portionen

Pro Portion: E: 16 g, F: 10 g, Kh: 32 g, kJ: 1206, kcal: 287, BE: 2,5

500 ml Wasser
1 TL Salz
1 Lorbeerblatt
2 Gewürznelken
1 TL schwarze Pfefferkörner
200 g mild geräucherter, magerer Schinkenspeck
1 kleiner Kopf Weißkohl (etwa 750 g)
750 g festkochende Kartoffeln
1 Gemüsezwiebel (etwa 250 g)
2 EL Sonnenblumenöl
100 ml Gemüsebrühe
½ TL Kümmelsamen
Salz, gem. Pfeffer
einige Petersilienblättchen
1–2 EL Schnittlauchröllchen

Zubereitungszeit: 40 Minuten
Garzeit: etwa 25 Minuten

1. Wasser in einem Topf zum Kochen bringen. Salz, Lorbeerblatt, Gewürznelken, Pfefferkörner und Speck hinzufügen, zum Kochen bringen und zugedeckt etwa 15 Minuten kochen.

2. In der Zwischenzeit von dem Weißkohl die äußeren, schlechten Blätter entfernen. Weißkohl vierteln, abspülen, abtropfen lassen und den Strunk herausschneiden. Kohl in Streifen schneiden.

3. Kartoffeln schälen, abspülen, abtropfen lassen und in kleine Würfel schneiden. Die Zwiebel abziehen und würfeln.

4. Sonnenblumenöl in einem Bräter oder Bratentopf erhitzen. Die Zwiebelwürfel darin glasig dünsten. Die Kohlstreifen hinzufügen und unter Rühren anbraten.

5. Etwas von der Gemüsebrühe hinzugießen. Kartoffelwürfel hinzugeben und ebenfalls unter Rühren mit anbraten. Kümmelsamen, Salz und Pfeffer hinzugeben. Restliche Brühe hinzugießen.

6. Das Ganze zum Kochen bringen. Den gekochten Speck aus dem Specksud nehmen. Etwa die Hälfte des Specksuds zum Kartoffel-Kohl-Gemüse geben und unterrühren. Den gekochten Speck darauflegen. Gemüsegulasch zugedeckt etwa 25 Minuten garen. Dabei gelegentlich umrühren. Evtl. verkochte Flüssigkeit durch Specksud ersetzen.

7. Den garen Speck aus dem Gulasch nehmen, in dünne Scheiben schneiden und unter das Gemüsegulasch rühren.

8. Petersilienblättchen abspülen und trocken tupfen. Weißkohl-Kartoffel-Gulasch mit Schnittlauchröllchen bestreuen und mit Petersilie garniert servieren.

Tipp: Wenn Sie den Speck lieber knusprig mögen, dann den gekochten Speck in Scheiben schneiden und in einer erwärmten Pfanne knusprig ausbraten. Die Speckscheiben dann erst zum Servieren auf das Gulasch legen.

Weißkohl-Rote-Bete-Topf mit Schweinefilet | Raffiniert

4 Portionen

Pro Portion: E: 33 g, F: 18 g, Kh: 37 g, kJ: 1900, kcal: 452, BE: 3,0

1 1/2 kg Weißkohl
600 g festkochende Kartoffeln
3 Zwiebeln
3 EL Sonnenblumenöl
750 ml Gemüsebrühe
1 TL Kümmelsamen
Salz, gem. Pfeffer

160 g gegarte Rote Bete (geschält, vakuumverpackt)
450 g Schweinefilet
1 EL Sonnenblumenöl
15 g Butter
1 EL Crème fraîche

Zubereitungszeit: 30 Minuten
Garzeit: etwa 40 Minuten

1. Vom Weißkohl die äußeren Blätter entfernen. Den Kopf abspülen, abtropfen lassen, achteln und jeweils den Strunk herausschneiden. Die Kohlachtel in grobe Stücke schneiden.

2. Die Kartoffeln schälen, abspülen, abtropfen lassen und in Würfel schneiden. Zwiebeln abziehen und grob würfeln. Das Sonnenblumenöl in einem Bräter erhitzen. Die Kohlstücke, Kartoffel- und Zwiebelwürfel darin unter Rühren etwa 10 Minuten anbraten.

3. Inzwischen den Backofen vorheizen.
Ober-/Unterhitze: etwa 200 °C
Heißluft: etwa 180 °C

4. Die Brühe zum Gemüse gießen. Das Kohlgemüse mit Kümmel, Salz und Pfeffer würzen. Den Bräter auf dem Rost in den vorgeheizten Backofen schieben. Das Gemüse **etwa 30 Minuten schmoren lassen.**

5. In der Zwischenzeit Rote Bete in Streifen schneiden. Das Schweinefilet mit Küchenpapier trocken tupfen, evtl. entfetten und enthäuten. Das Filet in Würfel schneiden.

6. Das Sonnenblumenöl in einer Pfanne erhitzen. Die Filetwürfel mit Salz und Pfeffer würzen, in der Pfanne rundherum braten. Die Filetwürfel aus der Pfanne nehmen und warm stellen.

7. Butter in der Pfanne zerlassen. Rote-Bete-Streifen darin andünsten und mit etwas Salz abschmecken.

8. Das Kohlgemüse mit Crème fraîche, Salz und Pfeffer abschmecken, mit den Filetwürfeln und den Rote-Bete-Streifen servieren.

Tipp: Sie haben noch Weißkohl übrig? Dann bereiten Sie daraus einen **Weißkohlsalat** zu. Dafür 350 g vorbereiteten Weißkohl in feine Streifen hobeln, mit 1 schwach gehäuften Teelöffel Salz gut verkneten und etwa 60 Minuten durchziehen lassen. Entstandene Flüssigkeit abgießen. 1 Zwiebel abziehen und fein würfeln. 2 Esslöffel Kräuteressig mit 3 Esslöffeln Sonnenblumenöl verschlagen, mit Salz, Zucker und Pfeffer würzen. Zwiebelwürfel und 1 Esslöffel Kümmelsamen unterrühren. Den Kohl mit der Sauce vermengen, gut 60 Minuten durchziehen lassen. 100 g durchwachsenen, gewürfelten Speck in einer erwärmten Pfanne knusprig braten, auf Küchenpapier abtropfen lassen. Den Salat mit Salz und Pfeffer abschmecken, mit Speckwürfeln bestreut servieren.

Winterliches Ratatouille

Schnell

4 Portionen

Pro Portion: E: 13 g, F: 9 g, Kh: 34 g, kJ: 1161, kcal: 276, BE: 2,5

300 g	*Porree (Lauch)*
300 g	*Fenchelknollen*
250 g	*Möhren*
2 Stangen	*Staudensellerie*
500 g	*Rosenkohl*
1	*Zwiebel*
1 TL	*Fenchelsamen*
3 EL	*Olivenöl*
1 TL	*getrocknete Kräuter der Provence*
100 g	*Perlgraupen (mittel)*
1 l	*heiße Gemüsebrühe*
1	*Lorbeerblatt*
	Salz, gem. Pfeffer
einige Stängel	*frischer Thymian*
450 g	*stückige Tomaten (aus der Dose)*
	Kräutersalz

Zubereitungszeit: 35 Minuten
Garzeit: etwa 18 Minuten

1. Für die Suppe Porree putzen, die Stangen längs halbieren, gründlich waschen und abtropfen lassen. Porree in Streifen schneiden. Fenchelknollen putzen, abspülen, abtropfen lassen, halbieren und in kleine Stücke schneiden.

2. Möhren putzen, schälen, abspülen, abtropfen und in Scheiben schneiden. Staudensellerie putzen und die harten Außenfäden abziehen. Sellerie abspülen, abtropfen lassen und in Scheiben schneiden.

3. Rosenkohl putzen, abspülen und abtropfen lassen, am Strunk kreuzweise einschneiden. Zwiebel abziehen und fein würfeln. Den Fenchelsamen in einem Mörser zerdrücken.

4. Olivenöl in einem großen Topf erhitzen. Die Zwiebelwürfel darin hellgelb andünsten. Fenchelsamen, Kräuter der Provence, Fenchelstücke, Rosenkohl, Möhren- und Selleriescheiben hinzugeben und unter Rühren andünsten.

5. Perlgraupen, Gemüsebrühe und Lorbeerblatt hinzugeben. Das Ganze zum Kochen bringen, mit Salz und Pfeffer würzen. Die Zutaten zugedeckt bei mittlerer Hitze etwa 8 Minuten kochen lassen.

6. Thymian abspülen und trocken tupfen. Die Blättchen von den Stängeln zupfen.

7. Tomatenstücke und Porreestreifen in die Suppe geben. Die Suppe wieder zum Kochen bringen und zugedeckt weitere etwa 10 Minuten kochen. Die Suppe mit Kräutersalz und Pfeffer würzen. Winterliches Ratatouille in tiefen Tellern oder Suppentassen verteilen, mit Thymianblättchen bestreut servieren.

Winterwurzel-Kartoffel-Gemüse aus dem Bratschlauch I

Fettarm

4 Portionen

Pro Portion: E: 6 g, F: 1 g, Kh: 42 g, kJ: 863, kcal: 206, BE: 3,5

400 g Pastinaken
600 g Möhren
750 g festkochende Kartoffeln
1 Zwiebel
einige Stängel Dill
1 TL Kümmelsamen
Salz
gem. Pfeffer
1/2 TL Kurkuma (Gelbwurz)
250 ml Gemüsebrühe

Außerdem:

2 Bratschläuche

Zubereitungszeit: 30 Minuten
Garzeit: etwa 40 Minuten

1. Pastinaken und Möhren putzen. Pastinaken, Möhren und Kartoffeln schälen, abspülen und abtropfen lassen. Pastinaken und Möhren in Scheiben schneiden. Kartoffeln würfeln.

2. Zwiebel abziehen und würfeln. Dill abspülen, trocken tupfen und die Spitzen von den Stängeln zupfen. Die Spitzen fein schneiden. Einige Spitzen zum Garnieren beiseitelegen.

3. Gemüsescheiben und Kartoffelwürfel mit den Zwiebelwürfeln in eine Schüssel geben. Dill und Kümmel untermischen. Das Ganze mit Salz, Pfeffer und Kurkuma würzen.

4. Den Backofen vorheizen.
Ober-/Unterhitze: etwa 200 °C
Heißluft: etwa 180 °C

5. Die Bratschläuche zunächst von einer Seite nach Packungsanleitung fest verschließen. Jeweils die Hälfte der Gemüsemischung und der Brühe in die Bratschläuche füllen. Bratschläuche nach Packungsanleitung verschließen und nebeneinander auf ein Backblech legen.

6. Das Backblech in den vorgeheizten Backofen schieben. Das Gemüse **etwa 40 Minuten garen.**

7. Zum Servieren die Bratschläuche öffnen und das Gemüse auf Tellern anrichten, mit den beiseitegelegten Dillspitzen bestreuen.

Wirsing

Wirsing wird wie Weißkohl in verschiedenen Sorten zu jeder Jahreszeit angeboten. Man unterscheidet frühe, mittelfrühe, Herbst- und Wintersorten, wobei die späten Sorten einen ausgeprägteren Kohlgeschmack aufweisen. Doch lediglich der Dauerwirsing ist längere Zeit lagerfähig. Wirsing liefert vor allem Vitamin C und B-Vitamine. Der Energiegehalt liegt bei etwa 25 kcal pro 100 g geputzter Ware. Achten Sie beim Einkauf von Wirsing darauf, dass die Blätter frisch und knackig sind. Im Gemüsefach des Kühlschranks bleibt Wirsing etwa 1 Woche frisch.

Wirsingeintopf I

Klassisch

4 Portionen

Pro Portion: E: 33 g, F: 16 g, Kh: 17 g, kJ: 1458, kcal: 349, BE: 1,0

500 g Rind- oder Lammfleisch (aus der Schulter)
2 Zwiebeln
3 EL Speiseöl, z. B. Sonnenblumen- oder Rapsöl
Salz
gem. Pfeffer
gem. Kümmel oder Kümmelsamen
750 ml heiße Gemüsebrühe
1 kg Wirsing
375 g mehligkochende Kartoffeln

Zubereitungszeit: 30 Minuten
Garzeit: etwa 40 Minuten

1. Fleisch mit Küchenpapier trocken tupfen und in etwa 2 cm große Würfel schneiden. Zwiebeln abziehen, halbieren und in Scheiben schneiden.

2. Öl in einem großen Topf erhitzen. Die Fleischwürfel darin unter Rühren leicht anbraten. Zwiebelscheiben zufügen und kurz mitdünsten.

3. Die Fleischwürfel mit Salz, Pfeffer und Kümmel würzen. Gemüsebrühe zugießen, zum Kochen bringen und etwa 30 Minuten kochen.

4. Inzwischen von dem Wirsing die äußeren welken Blätter entfernen. Wirsing vierteln, abspülen und abtropfen lassen. Den Strunk herausschneiden. Wirsing in Streifen schneiden, Kartoffeln schälen, abspülen und in Würfel schneiden.

5. Nach Beendigung der Kochzeit Wirsingstreifen und Kartoffelwürfel zufügen, wieder zum Kochen bringen und weitere etwa 10 Minuten garen.

6. Den Eintopf nochmals mit den Gewürzen abschmecken und servieren.

Wirsing-Graupen-Topf mit Kräuterdip I

Vegetarisch

4 Portionen

Pro Portion: E: 11 g, F: 14 g, Kh: 39 g, kJ: 1402, kcal: 335, BE: 3,0

1 Zwiebel
800 g Wirsing
40 g Butter oder Margarine
1,2 l Gemüsebrühe
150 g Perlgraupen (aus Gerstengraupen)
800 g Tomaten
Salz
gem. Pfeffer

Für den Kräuterdip:

2 EL Crème fraîche
2 Knoblauchzehen
2 EL dunkler Balsamico-Essig
2 EL gehackte Petersilie
Salz
gem. Pfeffer oder Cayennepfeffer

Zubereitungszeit: 50 Minuten

1. Zwiebel abziehen und fein hacken. Von dem Wirsing die äußeren Blätter entfernen. Den Wirsing je nach Größe halbieren, vierteln oder achteln. Wirsingstücke abspülen und abtropfen lassen. Den Strunk herausschneiden. Wirsing in feine Streifen schneiden.

2. Butter oder Margarine in einem großen Topf zerlassen. Zwiebelwürfel darin bei mittlerer Hitze unter gelegentlichem Rühren in etwa 2 Minuten andünsten. Wirsingstreifen dazugeben und ebenfalls unter gelegentlichem Rühren in etwa 3 Minuten andünsten.

3. Gemüsebrühe hinzugießen, Graupen hinzufügen und unterrühren. Die Zutaten aufkochen lassen und zugedeckt bei schwacher Hitze zunächst 15 Minuten köcheln lassen.

4. In der Zwischenzeit die Tomaten kreuzweise einschneiden und mit kochendem Wasser übergießen. Nach 1–2 Minuten herausnehmen und mit kaltem Wasser abschrecken. Tomaten enthäuten, vierteln, entkernen und die Stängelansätze herausschneiden. Tomatenviertel in kleine Würfel schneiden.

5. Nach den 15 Minuten Garzeit die Tomatenwürfel unter den Wirsing-Graupen-Topf rühren. Die Zutaten einmal kurz aufkochen lassen, dann in 5–10 Minuten fertig garen.

6. Für den Kräuterdip in der Zwischenzeit die Crème fraîche in eine kleine Schüssel geben. Den Knoblauch abziehen, durch eine Knoblauchpresse dazudrücken oder sehr fein hacken und dazugeben. Essig und Petersilie unterrühren. Den Dip mit Salz, Pfeffer oder etwas Cayennepfeffer abschmecken.

7. Den Wirsing-Graupen-Topf in 4 tiefen Tellern verteilen, jeweils 1 gehäuften Esslöffel Kräuterdip dazureichen oder unter den Eintopf rühren.

Wirsing-Möhren-Auflauf mit Speck I

Gut vorzubereiten

4 Portionen

Pro Portion: E: 30 g, F: 39 g, Kh: 18 g, kJ: 2290, kcal: 548, BE: 1,5

800 g Wirsing
400 g Möhren
2 rote Paprikaschoten (je etwa 200 g)
150 g magerer, durchwachsener Speck
Salz
gem. Pfeffer
ger. Muskatnuss
4 Eigelb (Größe M)
4 Eier (Größe M)
250 ml Milch (3,5 % Fett)
200 g Schlagsahne
4 Eiweiß (Größe M)

Zubereitungszeit: 30 Minuten
Garzeit: etwa 35 Minuten

1. Von dem Wirsing die groben, äußeren Blätter entfernen. Wirsing vierteln, abspülen, abtropfen lassen und den Strunk herausschneiden. Kohlviertel in feine Streifen schneiden.

2. Möhren putzen, schälen, abspülen, abtropfen lassen und in Stifte schneiden.

3. Paprikaschoten halbieren, entstielen, entkernen und weiße Scheidewände entfernen. Schotenhälften abspülen, abtropfen lassen und in Streifen schneiden.

4. Den Backofen vorheizen.
Ober-/Unterhitze: etwa 200 °C
Heißluft: etwa 180 °C

5. Speck in feine Streifen schneiden. Eine Pfanne ohne Fett erwärmen und die Speckstreifen darin knusprig ausbraten.

6. Wirsingstreifen, Möhrenstifte, Paprika- und Speckstreifen mischen, anschließend mit Salz, Pfeffer und Muskat würzen.

7. Die Masse in eine große, flache Auflaufform (gefettet) schichten.

8. Eigelb, Eier, Milch und Sahne verschlagen. Eiweiß steif schlagen und unterheben. Den Auflauf mit der Eier-Sahne-Masse übergießen.

9. Die Form auf dem Rost in den vorgeheizten Backofen schieben und den Wirsing-Möhren-Auflauf **etwa 35 Minuten garen.**

Tipp: Für **Wirsing als Gemüsebeilage** eignet sich das folgende Rezept. 1 kg Wirsing wie im Rezept beschrieben vorbereiten. 1 Esslöffel Butter in einem Topf zerlassen und die Wirsingstreifen darin andünsten, mit Salz und Pfeffer bestreuen. 125 ml Gemüsebrühe hinzufügen. Den Wirsing 15–20 Minuten garen. Dann 1–2 Esslöffel Crème fraîche oder Schlagsahne unterrühren und kurz miterwärmen. Vor dem Servieren den Wirsing nochmals abschmecken. Nach Belieben das Wirsinggemüse zum Servieren noch mit Schnittlauchröllchen oder gehackter Petersilie bestreuen.

Wirsingsuppe mit Kräuter-Pesto I

Gut vorzubereiten

4 Portionen

Pro Portion: E: 39 g, F: 21 g, Kh: 34 g, kJ: 2003, kcal: 478, BE: 2,5

1,3 l Wasser
2 EL körnige Brühe (Instant)
1 Lorbeerblatt
2 Gewürznelken
2 Pimentkörner
1 Zwiebel
1 1/2 gestr. TL Salz
gem. Pfeffer
1 Hähnchenbrust (mit Knochen, etwa 500 g)
1 mittelgroßer Kohlrabi (etwa 450 g)
3 Möhren (etwa 300 g)
1 kleiner Wirsing (etwa 500 g)
125 g Suppennudeln, z. B. Mini-Muschelnudeln

Für das Pesto:

1 großes Bund glatte Petersilie
6 EL Olivenöl
2 EL Brühe (von der Suppe)
1 TL abgeriebene Schale von 1 Bio-Zitrone (unbehandelt, ungewachst)
2 EL ger. Parmesan
Salz

Zubereitungszeit: 25 Minuten

1. Wasser, Brühe, Lorbeerblatt, Gewürznelken und Pimentkörner in einem Topf zum Kochen bringen. Die Zwiebel abziehen, in Spalten schneiden und hinzugeben. Mit Salz und Pfeffer würzen.

2. Hähnchenbrust kurz unter fließendem kalten Wasser abspülen, abtropfen lassen und in die kochende Brühe geben. Die Hähnchenbrust etwa 20 Minuten bei schwacher Hitze kochen lassen.

3. In der Zwischenzeit Kohlrabi schälen, abspülen und abtropfen lassen. Möhren putzen, schälen und abtropfen lassen. Kohlrabi und Möhren in kleine Stücke schneiden. Kohlrabi- und Möhrenstücke nach etwa 10 Minuten Garzeit der Hähnchenbrust in die Brühe geben und mitgaren lassen.

4. Wirsing putzen, halbieren und den Strunk herausschneiden. Kohlhälften abspülen, abtropfen lassen, in grobe Streifen schneiden. Kohlstreifen und Nudeln in die Suppe geben, wieder zum Kochen bringen und weitere etwa 8 Minuten mitgaren.

5. Die Hähnchenbrust mit einer Schaumkelle aus der Brühe nehmen und kurz abkühlen lassen. Das Fleisch von den Knochen lösen und die Haut entfernen. Das Fleisch in Scheiben schneiden, in die Suppe geben und nochmals kurz erhitzen. Von der Brühe etwa 2 Esslöffel abnehmen.

6. Für das Pesto die Petersilie abspülen und trocken tupfen. Die groben Stiele abschneiden. Petersilie, Olivenöl, Brühe und Zitronenschale in einen hohen Rührbecher geben und pürieren. Parmesan unterrühren. Pesto mit Salz und Pfeffer würzen.

7. Die Suppe mit den Fleischscheiben in tiefen Tellern anrichten. Das Kräuter-Pesto nach Geschmack daraufgeben oder dazureichen.

Wurzelgemüse mit Kasseler und Schupfnudeln | Preiswert

4 Portionen

Pro Portion: E: 43 g, F: 35 g, Kh: 51 g, kJ: 2879, kcal: 684, BE: 4,0

2 Bund Suppengrün (Sellerie, Möhren, Porree)
500 ml Gemüsebrühe
Salz
2 EL Butter
gem. Pfeffer
ger. Muskatnuss
4 Scheiben Kasseler (aus dem Kotelettstück ohne Knochen, je etwa 200 g)
4 EL Speiseöl, z. B. Sonnenblumenöl
500 g Schupfnudeln (aus dem Kühlregal)
2 EL gehackte Petersilie

Zubereitungszeit: 20 Minuten
Garzeit: etwa 10 Minuten

1. Das Suppengrün vorbereiten. Dazu Sellerie und Möhren putzen und schälen. Porree putzen und die Stange längs halbieren. Gemüse gründlich waschen, abtropfen lassen und in grobe Stücke schneiden.

2. Die Gemüsebrühe zugedeckt zum Kochen bringen. Dann etwas Salz und die Gemüsestücke zugeben und etwa 10 Minuten darin garen.

3. Anschließend das Gemüse in ein Sieb abgießen, abtropfen lassen und in den Topf zurückgeben. Von der Butter 1 Esslöffel hinzugeben und das Gemüse darin schwenken. Die Gemüsewürfel mit Salz, Pfeffer und Muskatnuss würzen.

4. Kasseler mit Küchenpapier trocken tupfen, mit Salz und Pfeffer würzen. Von dem Öl 2 Esslöffel in einer Pfanne erhitzen und die Kasselerscheiben darin von beiden Seiten jeweils 2–3 Minuten braten.

5. Das restliche Öl in einer weiteren Pfanne erhitzen. Die Schupfnudeln darin nach Packungsanleitung braten. Dann die restliche Butter und die Petersilie hinzugeben. Die Schupfnudeln mit Salz und Muskatnuss würzen.

6. Das Gemüse mit den Kasselerscheiben und den Schupfnudeln auf Tellern anrichten und servieren.

Wurzel-Wirsing-Gemüse mit gelacktem Spanferkel I

Etwas Besonderes

4 Portionen

Pro Portion: E: 32 g, F: 40 g, Kh: 31 g, kJ: 2568, kcal: 613, BE: 2,5

Für das Spanferkel:

600 g Karree vom Spanferkel mit Schwarte (ohne Knochen)
Salz
gem. Pfeffer
4 EL Crema di Balsamico
2 EL Rapsöl

Für das Wurzel-Wirsing-Gemüse:

250 g Mairübchen oder andere kleine Rübchen
300 g Möhren
400 g festkochende Kartoffeln
400 g Wirsing
4 Schalotten
einige Stängel Petersilie
1 Bund Schnittlauch
40 g Butterschmalz
200 ml Gemüsebrühe

Zubereitungszeit: 30 Minuten
Garzeit: etwa 50 Minuten

1. Den Backofen vorheizen.
Ober-/Unterhitze: etwa 180 °C
Heißluft: etwa 160 °C

2. Das Fleischstück mit Küchenpapier trocken tupfen. Die Spanferkelschwarte mit einem scharfen Messer längs und quer einritzen, mit Salz und Pfeffer bestreuen und mit etwas Crema di Balsamico einstreichen.

3. Das Rapsöl in einer feuerfesten Pfanne erhitzen. Das Fleisch darin von allen Seiten anbraten. Die Pfanne auf dem Rost im unteren Drittel in den vorgeheizten Backofen schieben. Das Fleisch **etwa 50 Minuten garen.** Dabei die Schwarte alle 10 Minuten mit dem austretenden Bratenfond und Crema di Balsamico einstreichen.

4. In der Zwischenzeit Rübchen und Möhren putzen. Rübchen, Möhren und Kartoffeln schälen, abspülen abtropfen lassen und in etwa gleich große Würfel schneiden.

5. Wirsing putzen, abspülen, abtropfen lassen, vierteln und den Strunk herausschneiden. Wirsing in Streifen schneiden. Die Schalotten abziehen und anschließend längs halbieren.

6. Salzwasser in einem Topf zum Kochen bringen. Darin nacheinander die Kartoffel-, Gemüsewürfel, die Wirsingstreifen und Schalotten kurz blanchieren.

7. Das Gemüse und die Schalotten mit kaltem Wasser abschrecken und in einem Sieb abtropfen lassen.

8. Petersilie und Schnittlauch abspülen und trocken tupfen. Die Blättchen von den Stängeln zupfen. Die Blättchen klein schneiden. Einige Schnittlauchhalme zum Garnieren beiseitelegen. Restlichen Schnittlauch in feine Röllchen schneiden.

9. Das Butterschmalz in einer Pfanne zerlassen. Zuerst die Kartoffelwürfel darin unter Rühren anbraten.

10. Die Gemüsewürfel, Wirsingstreifen und Schalottenhälften hinzugeben und leicht anbraten.

11. Die Brühe hinzugießen. Das Gemüse kurz unter Rühren garen, mit Salz und Pfeffer abschmecken.

12. Das Fleisch aus dem Backofen nehmen, zugedeckt kurz ruhen lassen und in 4 Stücke schneiden.

13. Das Wurzel-Wirsing-Gemüse mit der Petersilie und den Schnittlauchröllchen bestreuen, mit den beiseitegelegten Schnittlauchhalmen garnieren und mit den gelackten Spanferkelstücken servieren.

Tipps: Statt der Möhren können Sie für das Gemüse auch Petersilienwurzeln oder Pastinaken verwenden. Das Gemüse schmeckt auch zu Schweinesteaks oder gebratenen Hähnchenbrustfilets sehr gut.

Zucchini

Zucchini gehören zur Familie der Kürbisgewächse. Es gibt Sorten mit einer grünen, einer gelben und einer weißen Schale, alle haben ein weißliches Fruchtfleisch, das viele Kerne enthält. Man erntet Zucchini bei einer Größe von 15–20 cm, weil sie dann besonders schmackhaft sind. Zucchini enthalten pro 100 g nur etwa 18 kcal, dafür aber Kalium, Magnesium, Eisen und Beta-Carotin. Im Gemüsefach des Kühlschranks bleiben sie 3–4 Tage frisch. Von Juni bis Oktober gibt es Zucchini aus deutschem Anbau.

Zucchini-Auberginen-Gemüse mit Lollo rosso

Raffinierte Beilage oder Vorspeise

4 Portionen

Pro Portion: E: 3 g, F: 12 g, Kh: 7 g, kJ: 627, kcal: 150, BE: 0,0

1 Gemüsezwiebel (etwa 250 g)
1 Zucchini (etwa 250 g)
1 Aubergine (etwa 300 g)
4 1/2 EL Olivenöl
1 Lollo rosso (etwa 200 g)
2 EL kalte Gemüsebrühe
1 1/2 EL Zitronensaft
1/2–1 EL Apfelessig (ersatzweise Weißweinessig)
1 TL Dijon-Senf (3 g)
2–3 TL abgetropfte, rote Pfefferkörner (in Lake)
Salz
evtl. gem. Pfeffer
1 Prise Zucker

Zubereitungszeit: 30 Minuten, ohne Abkühlzeit

1. Gemüsezwiebel abziehen, halbieren und in dünne Ringe schneiden. Zucchini und Aubergine abspülen, abtrocknen, und die Enden bzw. den Stängelansatz abschneiden. Die Zucchini und Aubergine in dünne Scheiben schneiden.

2. In einer großen Pfanne 1 Esslöffel von dem Olivenöl erhitzen. Die Hälfte der Zwiebelringe und der Zucchinischeiben darin bei mittlerer bis großer Hitze in etwa 5 Minuten unter gelegentlichem Rühren goldbraun anbraten und herausnehmen.

3. Einen weiteren Esslöffel Olivenöl in der Pfanne erhitzen. Die restlichen Zwiebelringe und Zucchinischeiben darin ebenso anbraten und herausnehmen.

4. Je die Hälfte der Auberginenscheiben in je 1 Esslöffel Olivenöl bei mittlerer bis starker Hitze in je 5 Minuten braun anbraten, dabei die Auberginenscheiben einmal wenden. Das Gemüse herausnehmen und zum Abkühlen beiseitestellen.

5. In der Zwischenzeit Lollo rosso putzen, abspülen und abtropfen lassen oder trocken schleudern. Den Salat in mundgerechte Stücke zupfen.

6. Das restliche Olivenöl mit der Gemüsebrühe, dem Zitronensaft und dem Essig in einer Schüssel verrühren. Den Senf und die abgetropften Pfefferkörner unterrühren.

7. Die Marinade mit Salz, nach Belieben mit etwas Pfeffer sowie mit Zucker abschmecken.

8. Den Lollo rosso auf 4 Tellern verteilen. Das angedünstete, etwas abgekühlte Gemüse darauf verteilen. Die Marinade daraufträufeln. Den Salat sofort servieren.

Tipps: Lollo rosso gehört wie Lollo biondo zur Familie der Endiviensalate. Knackige rot-grüne Blätter mit leicht bitterem, nussigem Geschmack zeichnen ihn aus. Wenn Sie keinen Lollo rosso bekommen, können Sie den Salat auch mit klassischem Kopfsalat zubereiten.

Zucchinicremesuppe mit Muscheln

Mit Alkohol

4 Portionen

Pro Portion: E: 8 g, F: 7 g, Kh: 8 g, kJ: 593, kcal: 142, BE: 0,0

1 Knoblauchzehe
1 Zwiebel (etwa 65 g)
800 g Zucchini
2 EL Olivenöl (20 g)
750 ml Gemüsebrühe
Salz
gem. Pfeffer
500 g frische Miesmuscheln (ersatzweise vakuumverpackt)
1 Zwiebel (etwa 65 g)
75 ml trockener Weißwein
150 ml Milch (1,5 % Fett)
einige Basilikumblättchen

Zubereitungszeit: 30 Minuten

1. Knoblauch und Zwiebel abziehen und beides fein würfeln. Zucchini abspülen, abtrocknen und die Enden abschneiden. Die Zucchini in Scheiben schneiden.

2. In einem Topf 1 Esslöffel Olivenöl erhitzen. Knoblauch- und Zwiebelwürfel darin unter gelegentlichem Rühren andünsten. Die Zucchinischeiben hinzugeben und alles unter Rühren etwa 2 Minuten weiterdünsten.

3. Die Brühe hinzugießen. Die Zutaten mit Salz und Pfeffer würzen, zum Kochen bringen. Die Suppe zugedeckt etwa 15 Minuten leicht köcheln lassen.

4. In der Zwischenzeit die Miesmuscheln in reichlich kaltem Wasser gründlich waschen und einzeln abbürsten, bis sie nicht mehr sandig sind. Muscheln die sich beim Waschen geöffnet haben, aussortieren. Sie sind ungenießbar. Evtl. die Fäden (Bartbüschel) entfernen. Zwiebel abziehen, halbieren und fein würfeln.

5. Die gegarte Suppe mit einem Pürierstab fein pürieren.

6. In einem weiten Topf das restliche Olivenöl erhitzen. Die Zwiebelwürfel darin unter gelegentlichem Rühren goldgelb andünsten.

7. Wein und Muscheln hinzugeben und zugedeckt bei mittlerer Hitze 5–7 Minuten darin garen, bis sich alle Muscheln geöffnet haben. Den Topf dabei mehrmals schwenken. Die Miesmuscheln in ein großes Sieb abgießen, dabei den Weinsud auffangen. Ungeöffnete Muscheln (diese sind ungenießbar) und die leeren Schalenhälften aussortieren.

8. Das Muschelfleisch aus den Schalen lösen und mit Weinsud und Milch zur pürierten Zucchinisuppe geben. Die Zucchinisuppe erneut erwärmen, mit Salz und Pfeffer abschmecken. Basilikum abspülen, trocken tupfen und fein schneiden. Die Suppe mit Basilikum bestreut servieren.

Tipp: Ganzjährig gibt es beim Fischhändler vakuumverpackte Miesmuscheln zu kaufen. Diese Muscheln müssen vor dem Kochen nur noch gewaschen werden. Da die Ware frisch verpackt wird, gibt es so gut wie keinen Ausschuss.

Zucchini-Fenchel-Risotto mit Kabeljaukoteletts I

Für Gäste
4 Portionen

Pro Portion: E: 35 g, F: 28 g, Kh: 47 g, kJ: 2424, kcal: 577, BE: 3,5

2 Zwiebeln
1 gelbe oder grüne Zucchini (etwa 300 g)
1 Fenchelknolle (etwa 350 g)
3 EL Olivenöl
200 g Risottoreis, z. B. Arborio-Reis
400 ml Fischfond
200 g Schlagsahne
Salz
gem. Pfeffer
Cayennepfeffer

4 Kabeljaukoteletts (je etwa 150 g) oder Kabeljaufilets

Zubereitungszeit: 40 Minuten
Garzeit: 15–20 Minuten

1. Zwiebeln abziehen und in kleine Würfel schneiden. Die Zucchini abspülen, abtrocknen und die Enden abschneiden. Zucchini in kleine Würfel schneiden.

2. Von der Fenchelknolle die Stiele dicht oberhalb der Knolle abschneiden. Braune Stellen und Blätter entfernen, das Wurzelende gerade schneiden. Die Knolle abspülen, abtropfen lassen, vierteln und in kleine Würfel schneiden. Fenchelgrün abspülen, trocken tupfen, klein schneiden und beiseitelegen.

3. Olivenöl in einem Topf erhitzen. Reis hinzufügen und unter Rühren andünsten. Fischfond hinzugießen, zum Kochen bringen. Den Reis etwa 10 Minuten bei schwacher Hitze quellen lassen. Dann Sahne und das vorbereitete Gemüse hinzugeben, zum Kochen bringen und weitere etwa 10 Minuten garen. Gemüsereis mit Salz und Pfeffer würzen und in eine Auflaufform (gefettet) geben.

4. Den Backofen vorheizen.
Ober-/Unterhitze: etwa 200 °C
Heißluft: etwa 180 °C

5. Die Kabeljaukoteletts oder -filets unter fließendem kalten Wasser abspülen, trocken tupfen und mit Salz bestreuen. Kabeljaukoteletts oder -filets auf den Gemüsereis legen. Die Form auf dem Rost in den vorgeheizten Backofen schieben. Den Fisch mit dem Risotto **15–20 Minuten garen.**

6. Die Kabeljaukoteletts oder -filets mit Zucchini-Fenchel-Risotto und beiseitegelegtem Fenchelgrün garniert servieren.

Zucchini-Pasta-Salat mit Bergsalami | Schmeckt warm und kalt

4 Portionen

Pro Portion: E: 19 g, F: 22 g, Kh: 50 g, kJ: 1976, kcal: 472, BE: 4,0

2 ½ l Wasser
2 ½ gestr. TL Salz
250 g Nudeln, z. B. Rigatoni oder Penne
50 g getrocknete Tomaten
400 g Zucchini
½ Topf Basilikum
100 g luftgetrocknete Bergsalami
50 g Parmesan
3–4 EL Olivenöl
1–2 Knoblauchzehen
2 EL Weißweinessig
gem. Pfeffer

Zubereitungszeit: 30 Minuten

1. Das Wasser in einem großen Topf zugedeckt zum Kochen bringen. Dann Salz und Nudeln zugeben. Die Nudeln im geöffneten Topf bei mittlerer Hitze nach Packungsanleitung bissfest kochen, dabei gelegentlich umrühren.

2. In der Zwischenzeit Tomaten klein würfeln. Zucchini abspülen, abtrocknen und die Enden abschneiden. Die Zucchini grob raspeln. Basilikum abspülen, trocken tupfen und die Blättchen von den Stängeln zupfen. Die Blättchen grob schneiden.

3. Von der Salami die Haut (Pelle) entfernen. Salami in hauchdünne Scheiben schneiden. Parmesan grob raspeln.

4. Die Nudeln in ein Sieb geben, mit heißem Wasser abspülen und abtropfen lassen. Nudeln zugedeckt warm stellen.

5. Das Olivenöl in einer großen Pfanne erhitzen. Knoblauch abziehen und durch eine Knoblauchpresse in die Pfanne drücken. Knoblauch kurz andünsten.

6. Dann Zucchiniraspel und Tomatenwürfel dazugeben und unter Rühren etwa 2 Minuten garen. Die Pfanne von der Kochstelle nehmen. Essig unterrühren. Die Zucchini-Vinaigrette mit Salz und Pfeffer würzen.

7. Die Nudeln noch warm mit der Zucchini-Vinaigrette und dem geschnittenen Basilikum mischen. Salat auf Tellern anrichten und mit Salami, Basilikumblättchen und Parmesan garniert servieren.

Zucchini-Pie | Vegetarisch

6 Portionen

Pro Portion: E: 19 g, F: 44 g, Kh: 27 g, kJ: 2418, kcal: 578, BE: 2,5

Für den Pie-Boden:

200 g Weizenmehl
100 g Butter
1 Ei (Größe M)
½ TL Salz

Für die Füllung:

50 g Pinienkerne
1 kleines Bund Petersilie
200 g Zucchini
200 g Doppelrahm-Frischkäse
3 Eier (Größe M)
2 EL Olivenöl
100 g ger. Gouda
1 TL gerebelter Majoran
Salz
gem. Pfeffer
ger. Muskatnuss
1 EL Olivenöl

Zubereitungszeit: 30 Minuten
Backzeit: 35–40 Minuten

1. Für den Pie-Boden Mehl, Butter Ei und Salz mit einem Mixer (Knethaken) zunächst auf niedriger, dann auf höchster Stufe gut durcharbeiten. Anschließend kurz auf einer leicht bemehlten Arbeitsfläche zu einem Teig verkneten.

2. Den Teig in eine Tarteform (Ø etwa 26 cm, gefettet) geben und mit leicht bemehlten Händen zu einem Boden ausdrücken, dabei die Ränder hochziehen. Den Teigboden kalt stellen.

3. Für die Füllung Pinienkerne in einer Pfanne ohne Fett goldbraun rösten und auf einen Teller geben.

4. Den Backofen vorheizen.
Ober-/Unterhitze: etwa 200 °C
Heißluft: etwa 180 °C

5. Petersilie abspülen, trocken tupfen und die Blättchen von den Stängeln zupfen. Einige Blättchen zum Garnieren beiseitelegen. Die restlichen Blättchen fein hacken.

6. Zucchini abspülen, abtrocknen und die Enden abschneiden. Zwei Drittel der Zucchini grob raspeln.

7. Frischkäse mit Eiern und Olivenöl in einen Rührbecher geben, glatt rühren. Zucchiniraspel, geriebenen Käse, etwa zwei Drittel der Pinienkerne, gehackte Petersilie und Majoran unterrühren. Die Füllung mit Salz, Pfeffer und Muskatnuss abschmecken.

8. Die Füllung auf dem vorbereiteten Pie-Boden verteilen. Die Form auf dem Rost im unteren Drittel in den vorgeheizten Backofen schieben und die Pie **35–40 Minuten backen.**

9. In der Zwischenzeit die restliche Zucchini in dünne Scheiben schneiden. Das Olivenöl in einer Pfanne erhitzen. Die Zucchinischeiben darin von beiden Seiten anbraten.

10. Die gebackene Zucchini-Pie zum Servieren mit den gebratenen Zucchinischeiben, den restliche Pinienkernen und Petersilienblättchen garniert servieren.

Zucchini-Tomaten-Pfanne mit Bulgur I

Beliebt

4 Portionen

Pro Portion: E: 10 g, F: 12 g, Kh: 54 g, kJ: 1543, kcal: 368, BE: 3,5

1 Zwiebel
2 Knoblauchzehen
2 EL Olivenöl
250 g Bulgur
1–2 gestr. TL gem. Kreuzkümmel (Cumin)
600 ml Gemüsebrühe
6 Tomaten (etwa 600 g)
1 Bund Frühlingszwiebeln
2 mittelgroße Zucchini
2 EL Olivenöl
Salz
gem. Pfeffer
2–4 TL Zitronensaft

Zubereitungszeit: 45 Minuten

1. Zwiebel und Knoblauch abziehen. Beides in kleine Würfel schneiden.

2. Olivenöl in einem Topf erhitzen. Zwiebel- und Knoblauchwürfel darin unter gelegentlichem Rühren bei mittlerer Hitze in etwa 2 Minuten andünsten. Bulgur und Kreuzkümmel hinzugeben und unter gelegentlichem Rühren 1–2 Minuten kurz mit andünsten. Die Gemüsebrühe hinzugießen. Die Zutaten einmal aufkochen lassen, dann zugedeckt bei schwacher Hitze etwa 10 Minuten ausquellen lassen, dabei 2–3-mal umrühren.

3. In der Zwischenzeit Tomaten kreuzweise einschneiden und mit kochendem Wasser übergießen. Nach 1–2 Minuten herausnehmen und mit kaltem Wasser abschrecken. Tomaten enthäuten, vierteln, entkernen und die Stängelansätze herausschneiden. Die Tomatenviertel halbieren.

4. Frühlingszwiebeln putzen, abspülen, abtropfen lassen und in feine Scheiben schneiden. Zucchini abspülen, abtrocknen und die Enden abschneiden. Zucchini längs halbieren, dann quer in Scheiben schneiden.

5. Olivenöl in einer großen Pfanne erhitzen. Zucchini- und Frühlingszwiebelscheiben evtl. portionsweise darin bei mittlerer bis starker Hitze in 3–4 Minuten leicht braun anbraten, dabei gelegentlich umrühren.

6. Den gegarten Bulgur mit den Tomaten unter das Gemüse mischen und etwa 2 Minuten bei schwacher Hitze darin erwärmen, dabei gelegentlich umrühren. Die Zucchini-Tomaten-Pfanne mit Salz, Pfeffer, etwas Kreuzkümmel und Zitronensaft abschmecken.

Tipp: Dazu einen **Petersilien-Joghurt-Dip** servieren. Dazu 150 g Joghurt (1,5 % Fett) mit 2 gehäuften Teelöffeln gehackter Petersilie (frisch oder TK) und etwas gemahlenem Kreuzkümmel (Cumin) verrühren. Den Dip nach Belieben mit etwas Salz und Pfeffer abschmecken.

Zuckerschoten

Sie gehören zu den Erbsenschoten, wobei die dickfleischige Hülle mit den kleinen Samen verzehrt wird. Sie besitzen im Gegensatz zu den Mark-, Pal- oder Schalerbsen keine pergamentartige Innenhaut. Zuckerschoten aus heimischem Anbau sind nur selten zu finden. Ein Anbau im eigenen Garten lohnt sich für die süßlich schmeckenden und eiweißreichen Schoten. Dann können Sie die Schoten je nach Aussaat und Sorte etwa von Juni bis September ernten.

Zuckerschoten-Rucola-Salat mit Kartoffeldressing I

Für Gäste (ohne Foto)

4 Portionen

Pro Portion: E: 5 g, F: 6 g, Kh: 19 g, kJ: 649, kcal: 155, BE: 1,5

200 g Zuckerschoten
Salz
1 Kohlrabi (etwa 250 g)
1 gelbe Paprikaschote (etwa 200 g)
1/2 Salatgurke (etwa 175 g)
1 Bund Radieschen (etwa 300 g)
125 g Rucola (Rauke)

Für das Kartoffeldressing:

150 g gegarte Pellkartoffel, z. B. vom Vortag
etwa 200 ml Gemüsebrühe
2 EL Olivenöl
1/2–1 TL mittelscharfer Senf
1/2–1 TL flüssiger Honig
2 EL Zitronensaft
1 EL Balsamico-Essig
gem. Pfeffer
1 TL gehackte TK-Petersilie

Zubereitungszeit: 30 Minuten, ohne Abkühlzeit

1. Von den Zuckerschoten die Enden abschneiden. Die Schoten evtl. abfädeln. Zuckerschoten abspülen und in kochendem Salzwasser etwa 2 Minuten blanchieren. Danach mit kaltem Wasser abschrecken und abtropfen lassen. Zuckerschoten evtl. quer halbieren und abkühlen lassen.

2. Kohlrabi schälen, abspülen und abtropfen lassen. Kohlrabi in feine Stifte schneiden. Paprikaschote halbieren, entstielen, entkernen und die weißen Scheidewände entfernen. Schotenhälften abspülen, abtropfen lassen und in kleine Würfel schneiden.

3. Die Salatgurke abspülen, abtrocknen und das Ende abschneiden. Gurke längs halbieren, entkernen und in dünne Scheiben schneiden.

4. Die Radieschen putzen. Die Blätter und Stiele entfernen. Radieschen abspülen, abtropfen lassen und in dünne Scheiben schneiden.

5. Rucola verlesen und dicke Stängel abschneiden. Rucola abspülen, gut abtropfen lassen oder trocken schleudern und evtl. etwas kleiner zupfen.

6. Für das Kartoffeldressing die Pellkartoffel pellen und in Stücke schneiden. Die Kartoffelstücke und die Gemüsebrühe in einen hohen Rührbecher geben.

7. Die Zutaten mit einem Pürierstab so fein pürieren, dass ein cremiges Dressing entsteht. Das Olivenöl, den Senf und den Honig hinzufügen und unterrühren.

8. Das Kartoffeldressing mit Zitronensaft, Balsamico-Essig, Salz und Pfeffer abschmecken. Zuletzt die Petersilie unter das Dressing rühren.

9. Vor dem Servieren Zuckerschoten, Kohlrabistifte, Paprikawürfel, Gurken- und Radieschenscheiben mit Rucola vermischen und auf Tellern verteilen. Das Kartoffeldressing auf den Salat träufeln.

Zwiebel

Die gewöhnliche braune Speisezwiebel wird bei uns am häufigsten angebaut. Die Hauptsaison für Zwiebeln aus heimischem Anbau ist von Juli bis Oktober. Doch Zwiebeln sind das ganze Jahr über in zahlreichen Sorten erhältlich. Neben den roten Zwiebeln sind die größeren Gemüsezwiebeln aufgrund ihres milderen Geschmacks beliebt.

Zwiebelsalat I

Preiswert – einfach

6 Portionen

Pro Portion: E: 8 g, F: 16 g, Kh: 12 g, kJ: 951, kcal: 228, BE: 0,5

750 g Gemüsezwiebeln
25 ml Weißweinessig
½ gestr. TL Salz
1 EL Zucker
180 g abgetropfte Gewürzgurken (aus dem Glas)
250 g Fleischwurst
2 Äpfel (etwa 250 g)

Für die Marinade:

185 g Salatcreme (10 % Fett)
150 g Joghurt (3,5 % Fett)

Zubereitungszeit: 30 Minuten, ohne Durchziehzeit

1. Die Gemüsezwiebeln abziehen, halbieren und in schmale Streifen schneiden. Die Zwiebelstreifen in eine große Schüssel geben. Essig mit Salz und Zucker gut verrühren. Anschließend die Zwiebelscheiben damit übergießen.

2. Die Zwiebelscheiben mit einem Teller beschweren und die Schüssel mit Frischhaltefolie bedecken. Die Zwiebelscheiben etwa 2 Stunden durchziehen lassen (Zwiebelscheiben müssen nicht kalt gestellt werden).

3. Die Zwiebelscheiben in ein Sieb geben und gut abtropfen lassen. Die Gewürzgurken in schmale Streifen schneiden.

4. Von der Fleischwurst die Pelle abziehen. Fleischwurst zuerst in Scheiben, dann in schmale Streifen schneiden. Äpfel schälen, vierteln, entkernen und in Stifte schneiden.

5. Die Zwiebelscheiben wieder in die Schüssel geben. Gurken-, Fleischwurststreifen und Apfelstifte hinzugeben und gut untermengen.

6. Für die Marinade Salatcreme mit Joghurt verrühren und unter den Zwiebelsalat mischen. Zwiebelsalat mit Frischhaltefolie zugedeckt im Kühlschrank mindestens 1 Stunde durchziehen lassen.

Tipps: Den Zwiebelsalat vor dem Servieren mit Schnittlauchröllchen bestreuen. Der Salat kann gut am Vortag zubereitet werden und zugedeckt im Kühlschrank über Nacht durchziehen.

Zwiebelsuppe I

Klassisch – mit Alkohol

4 Portionen

Pro Portion: E: 12 g, F: 14 g, Kh: 7 g, kJ: 933, kcal: 223, BE: 0,0

Für die Suppe:

600 g Zwiebeln
25 g Butter
100 g Schinkenwürfel (aus dem Kühlregal)
1 l Fleischbrühe
100 ml trockener Weißwein
Salz, gem. Pfeffer

Zum Bestreuen:

1 Bund Schnittlauch
50 g ger. Parmesan

Zubereitungszeit: 35 Minuten

1. Für die Suppe Zwiebeln abziehen, zuerst in Scheiben schneiden, dann in Ringe teilen. Butter in einem Topf zerlassen. Die Schinkenwürfel darin etwa 2 Minuten unter Wenden andünsten. Dann die Zwiebelringe hinzugeben und etwa 5 Minuten unter gelegentlichem Rühren mitdünsten.

2. Brühe hinzugießen und zum Kochen bringen. Die Suppe zugedeckt etwa 10 Minuten bei schwacher Hitze kochen.

3. Zum Bestreuen in der Zwischenzeit Schnittlauch abspülen, trocken tupfen und mit einer Küchenschere in feine Röllchen schneiden.

4. Wein hinzugießen, die Suppe nochmals aufkochen und mit Salz und Pfeffer abschmecken.

5. Die Suppe in tiefen Tellern oder Suppentassen verteilen. Die Zwiebelsuppe mit Schnittlauchröllchen und Parmesan bestreut sofort servieren.

Saisonkalender Gemüse

Hier finden Sie eine Orientierung zu den Saisonzeiten aus heimischem Anbau und Importen. Je nach Region und Witterung können die Zeiten abweichen.

Gemüse/Monat	Januar	Februar	März	April	Mai	Juni
Artischocken						
Auberginen						
Avocado						
Bärlauch						
Blumenkohl						
Brokkoli						
Champignon						
Chicorée						
Chinakohl						
Dicke Bohnen						
Erbsen						
Fenchel						
Frühlingszwiebeln						
Grüne Bohnen						
Grünkohl						
Gurke						
Kartoffeln						
Kohlrabi						
Kürbis						
Mairübchen						
Mangold						
Möhren						
Okraschoten						
Pak Choi						
Paprika						
Pastinaken						
Petersilienwurzel						
Porree						
Radieschen						
Rettich						
Romanesco						
Rosenkohl						
Schwarzwurzel						
Sellerie (Knollensellerie)						
Spargel						
Spinat						
Spitzkohl						
Steckrübe						
Stielmus						
Tomaten						
Topinambur						
Weißkohl						
Wirsing						
Zucchini						
Zuckerschoten						
Zwiebel						

geringes einheimisches Angebot oder Lagerware

hohes einheimisches Angebot

Juli	August	September	Oktober	November	Dezember	
						Artischocken
						Auberginen
						Avocado
						Bärlauch
						Blumenkohl
						Brokkoli
						Champignon
						Chicorée
						Chinakohl
						Dicke Bohnen
						Erbsen
						Fenchel
						Frühlingszwiebeln
						Grüne Bohnen
						Grünkohl
						Gurke
						Kartoffeln
						Kohlrabi
						Kürbis
						Mairübchen
						Mangold
						Möhren
						Okraschoten
						Pak Choi
						Paprika
						Pastinaken
						Petersilienwurzel
						Porree
						Radieschen
						Rettich
						Romanesco
						Rosenkohl
						Schwarzwurzel
						Sellerie (Knollensellerie)
						Spargel
						Spinat
						Spitzkohl
						Steckrübe
						Stielmus
						Tomaten
						Topinambur
						Weißkohl
						Wirsing
						Zucchini
						Zuckerschoten
						Zwiebel

geringeres Importangebot

hohes Importangebot

Salate

Aus einem Topf

Aus dem Ofen

Aus der Pfanne

Neben Fisch und Fleisch

Vegetarisch

Beilagen und Dips

Gemüse-Infos

Für Fragen, Vorschläge oder Anregungen steht Ihnen der Verbraucherservice der Dr. Oetker Versuchsküche Telefon: 00800 71 72 73 74 Mo.–Fr. 8:00–18:00 Uhr (gebührenfrei in Deutschland) oder die Mitarbeiter des Dr. Oetker Verlages Telefon: +49 (0) 521 520658 Mo.-Fr. 9:00–15:00 Uhr zur Verfügung.

Schreiben Sie uns an Dr. Oetker Verlag KG, Am Bach 11, 33602 Bielefeld oder besuchen Sie uns im Internet unter www.oetker-verlag.de, www.facebook.com/Dr.OetkerVerlag oder www.oetker.de.

Umwelthinweis Dieses Buch und der Einband wurden auf FSC®-zertifiziertem, chlorfrei gebleichtem Papier gedruckt. Die Einschrumpffolie – zum Schutz vor Verschmutzung – ist aus umweltfreundlichem und recyclingfähigem PE-Material.

FSC www.fsc.org MIX Papier aus verantwortungsvollen Quellen FSC® C101807

Überarbeitete Sonderausgabe 2015

Redaktion Andrea Gloß

Innenfotos (Bildnachweis: Bei mehreren Bildern auf einer Seite geben die Abkürzungen hinter der Seitenzahl die Position des Bildes an: o. = oben; u. = unten)
Walter Cimbal, Hamburg (S. 44, 80, 146, 184, 229, 234)
Fotostudio Diercks (Thomas Diercks, Kai Boxhammer, Christiane Krüger), Hamburg (S. 5, 7, 8–12, 15, 17, 18, 20, 27–32, 35, 37, 38, 41, 42 u., 43 u., 46–51, 55, 59, 61, 63, 67, 73–78, 82, 84–86, 89, 91, 95, 98, 100, 101, 103, 106, 108, 109, 111, 113, 117, 118, 123, 124, 127 u., 129, 131, 135, 136 o., 139, 140, 143–154, 156–158, 165, 166 o., 168, 169, 173, 175, 176 u., 177, 178, 181, 182, 186, 187, 189, 195, 197, 200–203, 206, 207, 209, 210, 214, 219, 220, 223, 224, 226–228, 231, 233, 235, 237, 240 u., 241, 242, 245, 249, 250, 252, 255–257, 261, 263, 264 u., 269, 271, 273, 277, 280 u., 281)
Ulli Hartmann, Halle/Westf. (S. 6, 14, 16, 22, 24 o., 25 o., 36, 40, 42 o., 43 o., 52, 54, 56, 62, 70, 71, 79, 93, 94, 102, 107, 109 o., 112, 114, 120, 127 o., 137 o., 138, 142 o., 160, 164, 176 o., 180, 185, 190–192, 199, 204, 212, 216, 221, 232, 238, 240 o., 243, 248, 258, 259, 264 o., 267, 272, 279, 280 o.)
Bela Hoche, Hamburg (S. 53, 119)
Bernd Lippert (S. 34, 104, 251)
Janne Peters, Hamburg (S. 23, 69, 87, 128, 167, 171, 198, 208, 217, 253, 276)
Antje Plewinski, Berlin (S.19, 25 u., 60, 65, 68, 88, 92, 110, 122, 142 u., 174, 188, 225, 230, 236, 265)
Christiane Pries (S. 179, 247, 278)
Hans-Joachim Schmidt, Hamburg (S. 24 u., 81, 105, 121, 136 u., 194, 205, 213, 239, 274, 275)
Axel Struwe, Bielefeld (S. 58, 260)
Norbert Toelle, Bielefeld (S. 45, 57, 166 u., 183, 266)
Brigitte Wegner, Bielefeld (S. 26, 33, 83, 90, 99, 116, 126, 137 u., 159, 161, 163, 196, 215)
Winkler Studios, Bremen (S. 96, 97, 130, 132, 133, 141, 144, 155, 162, 193, 218, 246, 254, 262, 268)

Lektorat no:vum, Susanne Noll, Leinfelden-Echterdingen

Nährwertberechnungen Nutri Service, Hennef

Rezeptberatung Gerhard Ruhle, Zenting

Grafisches Konzept und Gestaltung MDH Haselhorst, Bielefeld
Titelgestaltung kontur:design GmbH, Bielefeld
Satz MDH Haselhorst, Bielefeld
Druck und Bindung Proost NV, Belgien

ISBN: 978–3–7670–1702–3